理智使人清醒，浮躁使人狂妄

如何做一名不浮躁的好员工

潘道冲　侯兴传◎编著

■拒绝浮躁，从认真做好本职工作开始。

■ 浮躁是各种心理疾病的根源，是成功、幸福和快乐的绊脚石，是我们人生最大的敌人。

中国言实出版社

图书在版编目(CIP)数据

如何做一名不浮躁的好员工/潘道冲,侯兴传编著.
—北京:中国言实出版社,2011.2
ISBN 978-7-80250-424-0

Ⅰ.①如…
Ⅱ.①潘… ②侯…
Ⅲ.①企业—职工—修养
Ⅳ.①F272.92

中国版本图书馆 CIP 数据核字(2010)第 256259 号

出版发行 中国言实出版社
地　址:北京市朝阳区北苑路 180 号加利大厦 5 号楼 105 室
邮　编:100101
电　话:64924716(发行部)　64963101(邮　购)
64924880(总编室)　64914138(四编部)
网　址:www.zgyscbs.cn
E-mail:zgyscbs@263.net

经　销 新华书店
印　刷 北京毅峰迅捷印刷有限公司
版　次 2012 年 2 月第 1 版　2012 年 2 月第 1 次印刷
规　格 710 毫米×1000 毫米　1/16　14.5 印张
字　数 190 千字
定　价 32.00 元　ISBN 978-7-80250-424-0/F·345

前言
Preface

如今是一个充满浮躁的时代，人们似乎缺乏耐心、冷静和踏实，而是折腾抱怨、不劳而获、急功近利和急于求成。于是，我们每个人的内心，都潜伏着一个思想大敌——浮躁！浮躁是心灵的尘沙，是人生路上的绊脚石。

浮躁是一种冲动性、情绪性与盲目性相交织的病态社会心理，是一种不良的处事态度。浮躁的人通常轻浮，急躁，不沉稳，不冷静，不踏实，对待生活和事业缺乏“执着”的精神和持久的耐力。浮躁容易使优秀的人变得平庸，使聪明的人变得愚蠢，使胜利者跌入失败的深渊。如果我们不加制止，任由浮躁滋生，那么我们的价值取向和行为规范便会发生倾斜，甚至最后发展到人格的严重扭曲。所以，我们一定要认识到“浮躁”的危害，反省自己，战胜“浮躁”！

浮躁不是好的征兆，它只能带给人们虚无缥缈的人生；好高骛远的表现不是应有的作为，它只能让你拥有随波逐流的生活。唯有忠实勤奋地付出，才能带给你实实在在的回报。浮躁是人们前进的绊脚石：顺境时，它使人心高气傲，忘乎所以；逆境时，它让人心灰意冷，随波逐流。它是一种腐蚀剂：能使人们的思想、作风偏离正道，昂扬向上变得消极攀比，团结奋进变得松懈懒散。它更是人们加快发展的大敌：能使人失掉最宝贵的求实精神和严谨的态度，失掉最需要的实干精神和创新精神，使得人们工作时不能从实际出发，不能按照客观规律办事，也会使难得的机遇白白丧失。

浮躁是一种不良情绪，想要事业成功和生活幸福，一定要驱除心灵的浮躁。如果一家企业浮躁，这家浮躁的企业终会没落；如果一个人浮躁，这个浮躁的人终会失去自我。

在我们每个人的心灵深处，总有一种力量使我们茫然不安，让我们无法宁静，这种力量叫“浮躁”。

《如何做一名不浮躁的好员工》是一本针对时下普遍存在于公司职员中，尤其是初入职场、或正处瓶颈期的员工的一些焦躁、烦躁、抱怨等不良情绪，进行分析，并尝试进行心理疏导的职场必读书，是一本具有端正员工工作态度的枕边书。

目录
Contents

第一章 心浮气躁，职业长青的大敌

浮躁是一种极具传染性的“病毒”，它深植在我们心灵的最深处，同时，浮躁也是人生的大敌，我们的人生因浮躁而虚浮乃至肤浅、平庸。它已经渗透到我们每天的工作中，如果我们不加制止，任由浮躁滋生，那么我们的价值取向和行为规范便会发生倾斜，甚至发展到人格的严重扭曲。所以，我们一定要认识到“浮躁”的危害，反省自己，战胜“浮躁”！

1. 职场上到处都是浮躁的员工 /002
2. 浮躁是人生路上的绊脚石 /005
3. 浮躁是思想的腐蚀剂 /007
4. 浮躁让人们逃避责任 /010
5. 好高骛远必然导致浮躁 /011
6. 千万不要让自己心浮气躁 /013
7. 不给浮躁留下空间 /016
8. 工作可以枯燥，但不能浮躁 /017

第二章 踏实工作，做好工作才是王道

一个人要想成功，重要的是学会踏实做事，学会不浮躁。只有淡化锋芒，祛除浮躁，笃实务远，才能做好工作、汲取真知，成为职场的精英，登上成功的巅峰。只要你能够立足本职，在工作中砥砺低调、谦和的品质，你就能登上事

业的高峰，收获成功与幸福的果实。

1. 不敬业就失业 /022
2. 忠诚就是最大的责任 /024
3. 成功需要坚持和耐心 /026
4. 明确你的工作目标 /028
5. 拒绝浮躁，踏实做事 /030
6. 脚踏实地，从每一件小事做起 /032
7. 用自己的努力和汗水收获成功 /034
8. 风头给别人，风采留自己 /036
9. 别被“小聪明”误了一生 /038
10. 真正负责：不以个人功利为目的 /041

第三章 用心工作，你就是公司的下一个精英

在现代企业中，只有用心做事的员工，才是企业真正需要的人。用心做事的员工拥有一种积极主动、乐观向上、兢兢业业、踏踏实实、竭尽全力、追求完美的工作态度。拥有这种态度，才能用心对待工作，变要我工作为我要工作，变被动工作为主动工作，从而将工作完成得更完美、更出色。只有用心工作，才能避免浮躁，由此，你就是公司的下一个精英！

1. 能干，更愿干 /044
2. 不要把难题留给上司 /045
3. 不断地进行自我激励 /047
4. 把工作当成事业去做 /050
5. 让自己成为不可替代的员工 /051
6. 心中有点子，工作有路子 /053
7. 用心工作才能成为优秀员工 /055
8. 用心工作就能成为行业高手 /057

9. 用心工作，充分享受工作中的乐趣 /059

第四章 沉得住气，是克服浮躁心志的法宝

人生在世，谁都希望自己能建功立业，出人头地。但是从古至今，成功的人总是少数。更多的人，却在怨天尤人、碌碌无为中度过一生。究其原因，成功并不是一蹴而就的事情。要想获得成功，需要我们日积月累、锲而不舍地努力。只有沉得住气，不断拼搏的人，才能战胜浮躁的心态，到达胜利的彼岸。

1. 成功属于沉得住气的人 /062
2. 努力工作是获得成功的捷径 /064
3. 沉住气才能多出业绩 /067
4. 为公司赢利就是替自己加薪 /069
5. 在业绩中不断提升自己 /071
6. 忙在点子上才能创造更多业绩 /072
7. 把简单的小事做好就是不简单 /074
8. 平凡的岗位会因你而光芒四射 /075
9. 面对工作不找任何借口 /077
10. 认真做好每一件事 /078
11. 全力以赴是自我升值的砝码 /080
12. 在业绩面前寻找差距 /082
13. 成功是因为比别人做得更完美 /084
14. 追求过得硬才能立于不败 /087

第五章 勤奋工作，才有实实在在的回报

任何非凡的成就，都是以勤奋为基础而实现的。勤奋是一种美德，更是

做人的准则。一个人的成功和勤奋是成正比的，你付出多少就会收获多少。只有经过日积月累的勤奋，才会取得意想不到的收获。勤奋不是先天生就的，而是后天养成的。当你有了坚定的抱负和信念时，勤奋也就因此而产生了。

1. 做到对工作的勤奋 /090
2. 只有行动才会产生结果 /091
3. 勤奋工作才能成功 /093
4. 要想成功就要拒绝拖延 /096
5. 每天多做一点点 /098
6. 勤奋不只为薪水 /100
7. 再努力一点点 /101
8. 努力和用心缺一不可 /103
9. 机会永远垂青努力的人 /105
10. 不要存有任何借口 /108
11. 勤奋工作，成功人生 /110

第六章 认真负责，永远拒绝浮躁

认真负责可以让一个普普通通、毫无背景的人脱颖而出，创造出不凡的业绩。而不认真不负责则可以让一个才华横溢、能力过人的人碌碌无为，成为一个被社会淘汰的对象。只有养成认真的习惯，才能提高工作的效率，充分展现自己的能力，在自己的职业生涯中获得成功！

1. 时时不忘履行自己的责任 /114
2. 认真才能结出丰硕成果 /115
3. 坚持不懈就能走向成功 /118
4. 认真是用头脑去工作 /119
5. 认真才能让你的工作更专业 /121
6. 认真负责胜于能力 /123
7. 积极行动，绝不拖延 /125

8. 工作意味着责任 /127
9. 对公司负责,就是为自己负责 /129
10. 敢于主动承担责任 /132
11. 细节之中体现责任 /134
12. 对工作负责就是对自己负责 /135
13. 敬业是每一个员工的天职 /137
14. 主动承担分外的责任 /141
15. 责任心是事业成功的制胜法宝 /143
16. 今日事必须今日毕 /145
17. 全心全意,尽职尽责 /147
18. 勇敢面对和承担责任 /151
19. 企业不欢迎没有责任心的人 /152

第七章 赢在专注,修炼不浮躁的智慧

不断找工作,不如专注干好一份活。职场中从来不缺少聪明、智慧和技巧,最缺少的是简单事情重复做的专注精神,最缺乏的是重复的事情快乐地做的智慧。做好一件事、一项工作很容易,难的是每天、每月都把要做的事情做好。一个人就是在追求日常工作的完美中成熟和进步的。赢在专注,让我们修炼不浮躁的人生智慧!

1. 专注是职场赢家的特质 /156
2. 专注是成功者最可贵的品质 /158
3. 专注的员工备受上司的青睐 /159
4. 见异思迁只会两手空空 /161
5. 专注才能让你更专业 /163
6. 让专注成为习惯 /165
7. 专注可以使自己变得不可替代 /167
8. 让专注提升你的执行力 /169
9. 专注目标,绝不放弃 /171
10. 第一次就把事情做对 /174
11. 把每件小事都尽力做到完美 /178

第八章 调节情绪，轻松赶走浮躁

浮躁像梦魇一样，时时缠绕着、影响着我们，成为我们走向成功、幸福和快乐人生的最大敌人。工作浮躁的结果是一无所获，这个世界上的人们日益浮躁，而唯有那些工作中淡定的人才会最终获得成功，让我们调节情绪，轻松赶走浮躁。

1. 不要感染职场情绪病毒 /184
2. 安静专注，拒绝浮躁的纷扰 /185
3. 将压力转化为动力 /187
4. 拥有空杯心态才能发挥最佳工作状态 /189
5. 心胸豁达是洒脱快乐的源泉 /191
6. 空发抱怨不如反省自己 /193
7. 激情是战胜一切的力量 /196
8. 把苦难当作垫脚石 /199
9. 懂得感恩是缔造多赢的人生哲学 /200
10. 给浮躁的心一点清凉 /203
11. 克服浮躁心态，化解内心不安 /204
12. 用积极的心态坦然面对人生 /208
13. 调适情绪，拔掉心中浮躁的“杂草” /210
14. 给浮躁的心灵排排毒 /213
15. 释放压力，让我们一起和浮躁说再见 /216

第一章　心浮气躁，职业长青的大敌

浮躁是一种极具传染性的“病毒”，它深植在我们心灵的最深处，同时，浮躁也是人生的大敌，我们的人生因浮躁而虚浮乃至肤浅、平庸。它已经渗透到我们每天的工作中，如果我们不加制止，任由浮躁滋生，那么我们的价值取向和行为规范便会发生倾斜，甚至发展到人格的严重扭曲。所以，我们一定要认识到“浮躁”的危害，反省自己，战胜“浮躁”！

1 职场上到处都是浮躁的员工

浮躁是一种传染性的"病毒",流行于职场中,不断地感染和侵蚀着人们的心灵。踏实肯干的员工也会慢慢地被浮躁所传染,工作开始懈怠和敷衍,最终失去热情。因为工作踏实认真需要投入努力和激情,而敷衍了事却非常容易。特别是一些人因浮躁得到了好处,而原本兢兢业业的人得不到应有的回报后,浮躁就会在人群中广泛传播,并且这种传播速度会成几何级数增加。一旦你被浮躁这种病毒入侵,就很难再回到踏实敬业的状态;一旦你被浮躁所统治而得不到解脱,你这一生将一事无成。

浮躁常常表现为心浮气躁,朝三暮四,浅尝辄止,焦虑不安,患得患失。浮躁是一种不健康的心态,一旦这种心态占据了你的思想,你就很难将它赶走。浮躁的心态决定了你做事情的态度,做事情的态度决定了你的成败,由此,你想真正成长很难,想出人头地获得成功更难。

越来越多的年轻人,当他们走出校园时,总是对自己抱有非常高的期望,认为自己刚开始工作就应该得到重用,就应该得到相当丰厚的报酬,他们在求职时念念不忘高位、高薪。然而,事事不一定就如你心。大公司进不去,或者进去后嫌管理没人性;小公司不愿进,嫌没有发展空间,机会太少。手头的工作不爱干,以为上司瞧不起自己,怎么安排这么点事给我干?总是到处找工作,总是四处碰壁。

最后索性随便找一个工作先做着,也是骑驴找马,这山望着那山高。而工作一段时间,当他们对工作感到厌倦时,就会对自己说:"如此枯燥、单调的工作,如此毫无前途的职业,根本不值得自己付出心血!"于是,便找出各种各样的理由轻视自己的工作,最后选择辞职。

事实上,刚刚踏入社会的年轻人缺乏工作经验,无法委以重任,每个人都是从这个阶段过来的。只有认清自己的实力,脚踏实地,不断调整自己的方向,一步一步才能达到自己的目标。

有些员工经常抱怨,工作一年多了老板也没给升职加薪,可真到工作时便这也做不好,那也做不了,原因是他压根儿没有把心思用在工作上,总想用些小聪明来获取上司的认可,却不去努力工作。刚参加工作,每个人都难免有些不切实际的想法。梦想做出一番成就，使自己的才华有用武之地，这是正常的事情。然而工作是要一步一步、脚踏实地地去做的，不是好高骛远、心浮气躁能够完成的。如果任凭浮躁的情绪不断的蔓延，就会眼高手低、事事无成，我们周围有许多这种浮躁的员工。

章严大学毕业进入华盛公司工作，此外有十多个人同他一起入职，他们的学历背景相差无几。新员工分配的时候，章严去了行政部，而其余的人全被分去了销售部。尽管大家的基本工资都差不多，可销售部的同事们有额外的销售提成，业绩好的人月薪能上万。这让章严着实羡慕，觉得自己所在的部门恐怕一辈子部没什么出息。他考虑了很久，还是觉得自己吃亏，就去找了当时把他招到公司的李总，说自己真的不适合做行政工作，请求调动。李总考虑后说："西安分公司那里还缺少人手，你愿不愿意去那里做销售。"章严正在发愁无处安身，一听说做销售马上就答应了，也不考虑工作情况是什么样的。

章严调职两个月后，业绩非常糟糕，在这里每天跑业务每月才能拿到两千元。可现在每天在外奔波却薪水超低，这是什么原因呢？其实这里才刚打开市场，业务十分艰难，业绩最好的人也只能勉强完成指标任务。章严非常失望，满腹悔恨，他也不奢望什么提成了，只想着怎么保住这个饭碗。所以，他又一次去找李总要求调动。李总非常吃惊："你这是要干什么？开始做工作都比较难嘛！男孩子就应当去闯荡，你可不要让我失望呀。"

章严听后，只得暂时作罢。他后悔自己走了弯路，而且绕得越来越远。可他并未就此安下心来，每天上班都盯着公司的人事变动。哪里有人走了，哪里有了空缺。最终，他打听到上海分公司有个职位空缺。

章严又一次找到了上司，软磨硬泡地说服领导把他调到上海的分公司。可是他去后才发现，那里也并非十全十美：工作强度很大，周末还要不时地加班，几乎没有休息时间。他偶尔会想起在行政部门工作时的轻松悠闲，可是现在也只能发发牢骚了。最后他明白了：根本就没有让人百分百满意的工作，也没有什么百分百适合自己的工作。最重要的是能否把心静下来，认真地对待自己的工作。

在职场里，有许多同章严类似的人。他们具备年轻人的朝气蓬勃，可惜没能认清自己的水平和能力。将你安排在了相对艰苦的部门，那你面临的就是更大的挑战，你也正好获得了锻炼自己的机会。你羡慕其他同事运气好，可他们却因为工作轻松而丧失了上进心。要明白，上司看好的恰恰是那些积极奋进、吃苦耐劳的人！假如你放弃了能够在艰苦部门历练的机会，而换到了条件优越的部门，可能你这辈子也无法进步。做不好这份工作，难道就能做好别的工作吗？

还有一些员工认为，跳槽能更多地积累工作经验，可他们不明白这其实更是一种浮躁的表现。事实上，你不停地在自己的幻想里跳来跳去，那些没有获得提升的跳槽，只不过是自我清零罢了。照这样发展，就算你一辈子都在跳槽也只能一无所获。事实上，不管从事什么职业，最重要的便是"精通"两字。掌握了自己职业领域里的一切问题，比别人更加精通，你便更加有优势，更加容易获得成功。成功的秘诀就是精通！

浮躁的另一种表现便是敷衍了事，还是用事实来说话。

万鸣是一家服装公司的销售员，形象气质都数一流，而且讲话也头头是道。可就是工作不努力，拖拖拉拉不求上进。工作一年后，好多同事都升职或调职了，只有她"依然故我"：上午在拜访某客户时，遭到了冷遇和拒绝，她觉得好像到了世界末日，垂头丧气；下午下班前回到公司，潦草地写了几笔工作报表，就算交了差事……一天便这么结束了。

她好像从未思考过被客户拒绝的原因，究竟客户想要什么样的产品和服务？什么样的沟通才有效？她也从未认真去研究自己的竞争对手，没制定过一个明确的目标和完整的计划。她信守当一天和尚撞一天钟信条，可她却总觉得自己比较适合做主管。但是，谁会相信呢？谁会提拔这种人呢？最终她撑不住了，选择了辞职。

年轻人应当树立远大的抱负，可抱负并非不合实际的幻想。只有脚踏实地工作，不断地提升自身，不断地调整发展方向，才会一步步地接近自己的目标。只停留在幻想而不付诸行动，妄想这样就能达到自己理想的人才是最终的"穷人"。

因此，请你不要浮躁，重新认识你在工作中的职责，思考自己要做些什么。我们缺乏的并非能力或者勇气，而是一颗平常心，一颗责任心，一颗宁静的心！浮躁是人生最大的敌人，无论你要获取幸福快乐的生活，还是要获取成功的事业，你都必须要拭去心灵深处的浮躁。

2　浮躁是人生路上的绊脚石

这是一个浮躁的时代，人们的心态普遍呈现浮躁的心态。或许是受潮流的影响，或许是受各种媒体鼓动与导向的影响，或许是受利益的驱动以及人们之间的相互影响。总之，浮躁气盛，前所未有。

许多人总是感觉自己与成功擦肩而过，这是因为他们对于成功总是抱有一种急切的心态，导致产生浮躁的心理，而正是这种浮躁成为了通往成功道路上的绊脚石。事业发展是一个过程，绝非一蹴而就的事情，但一些刚走上工作岗位的年轻人却似乎没有深刻地认识到这一点。尽管现在的就业形势并不乐观，但他们对此缺乏足够的心理准备。他们认为自己受过高等教育，应该拥有待遇优厚的岗位，享受丰厚的回报。虽然他们对待遇的要求很高，可是实际工作能力却一般。于是，他们认为公司不重用他们，开始频繁跳槽。

俗话说：树挪死，人挪活。适度跳槽并不是坏事，因为它可以激发个人的竞争意识，不断学到新本领。跳出原先的“槽”后，为了能够使自己找到更为理想的岗位，就必须刻苦学习，深入钻研业务知识，以求能够适应新的需要。这样，无形中就树立了人们的竞争意识，有利于日后从容地再就业。同时，用人单位通过人才的竞争也可以推动企业自身的发展。但是，跳槽要讲究一个“度”。如果从“适度”变成了“频繁”，那么就会使人心浮气躁，不能安心工作，不仅达不到发展自己的目的，最终还会因为碌碌无为而遭到淘汰。

江杰是一家快速消费品公司的员工，他已经在这个企业工作3年了。工作条件虽然不算很好，但能学到不少知识。他每天按时上班，按部就班地工作，倒也乐得轻松自在。一次，他参加同学聚会，发现同学们都发展得不错，尤其是上学期间自己瞧不上眼的同学，如今也事业有成。于是他心理开始不平衡起来，对自己的现状非常不满意，考虑向老板要求加薪，否则就找机会跳槽。终于有一天，他找到了一个机会向老板提出了加薪的要求，老板委婉地拒绝了他的要求。从此以后，江杰对工作失去了激情，他开始敷衍了事。半年后，老板逐渐把他的工作转交给了其他员工去做，他日益不受重视。江杰不想在这里“委屈”自己了，于是便递交了辞职报告。让他始料未及的是，接下来的几个月里，他并没有找到适合自己的工作，不是条件更差，就是薪水更低。他只能怀着懊悔的心情找了个不如以前的工作。

现在有相当一部分员工，工作中稍有不如意，便想着跳槽，可是跳来跳去，工作反而越换越差，因为他们根本无暇在自己的专业领域里积累相应的经验和实力，更上一层楼。反倒是那些平常不以跳槽为念、全心全意工作的员工，最后却能在自己的领域里大展宏图。工作就像挖井一样，那些频繁跳槽的人，尽管也挖了许多口井，但都挖得不够深，总是不能出水来。所以，作为年轻员工，要懂得将一口井深入地挖下去，终有一天会挖出水来。因此，实实在在地埋头苦干，才能闯出一片属于自己的天地。

作为年轻的员工，我们需要脚踏实地地不断学习。当职业发展陷入困境时，首先要做的不是考虑跳槽，抱怨环境不好，薪酬太低，而是怎样使自己更加努力，更为优秀。只有把手头上的每一件工作都做得接近完美了，才去考虑“下一步”的事情。如果是因为遇到挫折或者心理不平衡而想要跳槽，那么跳槽之后，处境只会比现在更加糟糕！

人生中的很多失败都是因为渴望某种事物，却又不付诸实际行动争取它而造成的。对于梦想，需要有步骤去发现、去把握、去争取，甚至去创造。这就要踏踏实实开始计划，需要明确方向，确定目标，并用实际行动去努力追求，因为成功永远属于那些充满自信、锲而不舍的追求者。当然，有时候，理想会显得那么遥不可及，或是看上去只是一个无法实现的幻想。原因很可能在于自己太急于求成，这时不妨放慢节奏，循序渐进。成功人士往往比别人先行一步，日积月累，他们的身后便留下一串超越常人的值得骄傲的业绩。无论从事何种职业，无论梦想是什么，这都不要紧，重要的是，你在为自己定下目标以后开始行动，锲而不舍，力戒浮躁。

张冰是一家商贸公司的行政助理。上司不是十分喜欢他，可工作又离不开他，碰到什么麻烦事总是找他。在别人眼里，他简直是个受气包。可他好像并不往心上放，每天努力钻研业务，还乐此不疲地做着一些分外的工作。一天，那个本来要提升为副总的主管突然生病，请了3个月的假，回家休养去了，主管的担子就落在张冰的肩上。整个部门中，唯有他业务全面，后来获得提升就在情理之中，众人心服口服。

职位的提升需要机遇，更需要自身素质的修炼。当机遇不属于自己的时候，忍耐和坚持就显得尤为重要。世界上的事情都是千变万化的，俗语说得好：塞翁失马，焉知非福。浮躁就是清零，忍耐和坚持却常常给人带来机遇，使人峰回路转。

马峰是一个有几年经验的财务主管，也是某职业顾问公司的长期客户。他的职业目标是总监，他的能力和实力很强，可机遇不佳。年底，公司一名主抓营销的副总离职，本来论能力和资格，他都在销售主管之上，是最佳的人选，但老总考虑再三，最终提升了销售主管。气愤之余，马峰想到跳槽，可最终理智战胜冲动，他向职业咨询师诉说了自己的苦闷。咨询师建议，忍耐下来，什么牢骚都不要发，静观一段时间再说。果不其然，千方百计想平衡关系的老总见马峰没有怨言，依旧埋头工作，觉得他是一个能够担当大任的人。不久，他便派马峰到营销基础最好的分部，担任副总兼分部经理。

俗话说：欲速则不达。任何事情都有其规律和顺序，宏大的目标应当以累积诸多小目标为基础。成功不是一天造就的，一切都要下工夫才行。获得了一定的小成功，大成功也就在不远处等着你。

3 浮躁是思想的腐蚀剂

浮躁的情绪表现在工作上，就是不愿做事，消极应付，导致有一些人刚刚走上工作岗位，还没有什么作为，便沉不住气，把心思用在谋求更高的职位上。经验也告诉我们，急于求成往往达不到预期目标。这是因为工作的成绩和事业的成功，需要一个长期积累和奋斗的过程。没有辛勤的付出，就想得到丰厚的回报；或者刚刚有一点付出，就急于得到超出预期的回报，这样的预期本身就是不现实的。

浮躁就像一味腐蚀剂，它会在无形当中腐蚀我们的思想。虽说浮躁情绪的产生与整个社会风气有关，但更与自己的思想有着内在的联系。所以要消除浮躁情绪，重要的是从思想上根除，这就需要我们能够时时持有一颗平常心。

我们不妨来看看下面的这个故事：

春天，禅院的地上光秃秃的。“快撒些草籽吧，好难看啊。”徒弟说。“等天暖和了，”师傅挥挥手，“随时。”

于是，师傅买了一大包草籽，叫徒弟去播种。大风突起，草籽飘舞，“不好，许多草籽被吹飞了。”小和尚喊。“没关系，吹去者多半中空，落下来也不会发芽，”师傅说，“随性。”

撒完草籽，几只小鸟即来啄食，小和尚又急。“没关系，草籽本来就多准备了，吃不完，”师傅继续翻着经书，“随遇。”

半夜一场春雨，弟子冲进禅房：“这下完了，草籽被雨水冲走了。”“冲到哪儿，就在哪儿发芽，”师傅正在打坐，眼睛眨都没眨，“随缘。”

半个多月过去了，光秃秃的禅院长出小草，一些未播种之院角也泛出绿意，小和尚高兴得直拍手。师傅站在禅房前，点点头：“随喜。”

在这个故事中，小和尚的心态是浮躁的，常常为事物的表象所左右，而师傅的平常心看似随意，其实却是洞察了世间玄机后的豁然开朗。

平常心是一种境界，不仅是要对周围环境做到“不以物喜，不以己悲”，更要对周围的人事做到“宠辱不惊，去留无意”，这样才能让我们的生活有一份平静和谐。真正的平常心就是享受生命中的平凡和简单，只要能把心态放平稳，不被外界的诱惑干扰，就能拥有一颗真正的平常心。

生活中，许多员工一味地贪多求全，不求甚解，做什么事都浅尝辄止，应付了事，结果到头来不是一件事情也做不好，就是弄巧成拙，搬起石头砸了自己的脚。这正是浮躁的重要表现。

贾占坡无论做什么都喜欢浅尝辄止，半途而废。由于家境比较富裕，家里给他一些资金让他投资，他拿出10万元投资了一家企业，可他不善于经营，很快把投资的资金消耗殆尽，于是，他以极低的价格把企业转让出去，又开办了一家贸易公司。而运气又不好，生意十分清淡，几乎赚不到钱。听说保健品来钱快，他又搞起了保健品，结果也是亏得一塌糊涂。从那以后，他好像一个滑雪者，在有关的各种行业中滑进滑出，耗光了自己所有的资金。我们是不是从贾占坡身上也找到了自己的影子？或许我们都有过这样的经历，看到别人做销售做得风生水起，羡慕得不行，于是自己也扑通一下扎进去，做起了市场销售，三两天之后，发现其实销售并不好做，便又开始找寻其他目标去了，这样换来换去，最终却什么也没有做成。

世间的行业千千万，哪行做好了都有很好的发展。从事任何一种行业的人，都应该熟悉所经营的主业，把它研究深、研究透，才能在某个领域独占鳌头。总想泛泛地了解各种行业的知识和经验是远远不够的，往往使许多人失去成功的机会。

要想在工作中有所成就，就不能心浮气躁，这山望着那山高，做什么事都“蜻蜓点水”，点到为止。不如静下心来，踏踏实实做事，把该弄懂的彻底弄懂，该精通的彻底精通，并朝着心中的目标持之以恒地前进，唯有这样我们才能到达胜利的终点。

作为一名员工，想要克服内心的浮躁，就要从思想上树立正确的工作态度，以一颗平常心来面对荣誉与地位。因为一心只想着名利、地位的人，很难客观和冷静，更难踏实工作。浮躁非但不能使人进步，反而导致人走入歧途。所以无论在什么行业、什么岗位上，都要保持踏实沉稳的作风，保持一颗淡然的心。只有清除了思想上的“毒瘤”，才能有所作为。

在工作中，让自己坦然、真诚、自信，充满生命的活力，充分展示你的人格魅力，就会赢得成功。要活得积极自主，潇洒自在，努力为自己寻求快乐。认识到焦虑、烦躁等消极情绪解决任何问题都无济于事，要学会心平气和、乐观、勇敢、自信，这些都是克服焦虑的精神良药。

4 浮躁让人们逃避责任

逃避责任是浮躁的一个重要表现。因为浮躁产生的患得患失,加深了人们对失败的恐惧和逃避,使得我们更加喜欢邀功,却不愿承担自己的责任。

逃脱责任是人类的一种心理本能。多数人在“有利”与“不利”两种形势的抉择中都会趋吉避凶。通过各种“免责”行为,人们可以暂时逃脱责任,避免承担额外的心理压力,但这却是一种错误的认知观念和扭曲的心态。

现实生活中,只要我们稍微留心一下就会发现,我们的身边总是有这样一些人,他们做事浮躁,常常出错,还总是不停地在给自己找借口。一遇到事情就急于抵赖、狡辩,或者为了推卸责任而指责别人,甚至为了免受谴责,而选择欺骗手段,结果往往损人不利己。

事实上,工作就意味着责任。在这个世界上,无论你是浮躁,还是踏踏实实,你都必须承担该承担的责任,因为责任不会因为心浮气躁就自动消失。要想在工作中有所表现,就一定要下定决心,承担起自己的工作职责。

凯玛特和沃尔玛是同一年成立的零售商店,凯玛特很快就做到了全美第一的位置,然而经过几十年的较量,沃尔玛最终战胜了凯玛特,成为了位居全球500强前列的公司,而凯玛特却被迫申请破产保护。一个广为流传的关于凯玛特的故事折射出了其中深层的原因:1990年在凯玛特的一次总结会上,一位高级经理认为自己犯了一个“错误”,他向坐在身边的上司请示。这位上司不知如何回答,又向上司请示,而上司的上司又转过身向上询问。这样一个小小的问题,一直问到总经理那里。这位高级经理回忆说:“真是可笑,没有人发表意见,直到最高领导发话。”怕承担责任而不做任何决定,最终葬送了一个公司。

其实,一个人在工作中犯错是很正常的事情。工作出现差错并不可怕,可怕的是不敢承认错误,找借口推卸责任。一个人惧怕承担责任,就不会有勇气提高自己的工作能力，积极寻找解决问题的方法，从而改正错误并更好地完成任务。殊不知，承认错误并改正错误，也是负责的表现。只要你勇于承认错误，积极改正错误，将公司的损失减少到最低，让执行流程得以继续进行，即使老板或者上司责骂你几声，他也会原谅你。因为金无足赤，人无完人，就是老板也很难保证不犯错误。

所以，与其整天说三道四，战战兢兢，时时想着为自己的错误寻找借口，不如改变态度，努力培养自己勇于负责的精神。那么，你将会产生无穷的力量，朝着自己的梦想展翅高飞。

5 好高骛远必然导致浮躁

曾经有人说过：无知与好高骛远是年轻人最容易犯的两个错误，也是导致频繁失败的主要原因。现代社会，许多人虽然内心充满了激情和理想，然而一旦面对平淡的生活和琐碎的工作，就变得无可奈何了。他们总是抱有很高的期望，常常高谈理想与抱负，然而却都是纸上谈兵。一旦运用到实际当中，就会输得很惨。

渤海口有一条小鱼，喜欢挑战，总想游到高原上去看一看，所以一路逆流而上。它的游泳技术确实很精湛，因而游得很精彩。一会儿冲过浅滩，一会儿划过激流。它穿过了湖泊中的层层渔网，也躲过无数水鸟的追逐。它不停地游，最后穿过山涧，挤过石隙，游上了高原。然而，它还没来得及发出一声欢呼，瞬间就被冻成了冰块。若干年后，一群登山者在高原的冰块中发现了它，它还保持着游动的姿势。有人认出这是渤海口的鱼。一个年轻人感叹说："这是一条勇敢的鱼，它逆行了那么远、那么长、那么久。"另一个年轻人却为之叹息，说这的确是一条勇敢的鱼，然而它只有伟大的精神却没有伟大的方向，它极端逆向的追求，最后得到的只能是死亡。

无论什么时候，人都不应该好高骛远，更不应该把目标设立得太空、太大。如果目标太偏离实际，则无益于我们的进步。心性高傲、目标远大固然不错，但目标好像靶子，必须在有效射程之内才有意义。同时，也应该清楚地认识到，要想达到目标，绝不可以不经过程而直奔终点，也不能舍弃细小而直达广大。如果只空怀大志，而不愿为理想的实现付出辛勤劳动，那么“理想”永远只能是空中楼阁，一文不值的东西。

汤姆·布兰德，起初只是美国福特汽车公司一个制造厂的杂工。他在基层、在做好每一件小事的过程中获得成长，最后成为福特公司最年轻的总领班。在有“汽车王国”之称的福特公司里，32岁就升上总领班的职位，的确不是一件简单的事。他是怎么做到的呢？

汤姆是在20岁时进入工厂的。一开始工作，他就对工厂的生产情形做了一次全盘的了解。他知道一部汽车由零件到装配出厂，要经过13个部门的合作，而每一个部门的工作性质都不相同。

他当时就想：既然自己要在汽车制造这一行做点儿事业，必须要对汽车的全部制造过程都能有深刻的了解。于是，他主动要求从最基层的杂工做起。杂工不属于正式工人，也没固定的工作场所，哪里有零星工作就要到哪里去。汤姆通过这项工作，与工厂的各部门都有接触，对各部门的工作性质也有了初步的了解。

在当了一年半的杂工之后，汤姆申请调到汽车椅垫部工作。不久，他就把制椅垫的手艺学会了。后来又申请到焊接部、车身部、喷漆部、车床部去工作。不到5年的时间，他几乎把这个厂各部门的工作都做过了。最后他决定申请到装配线上去工作。

汤姆的父亲对儿子的举动十分不解，他质问汤姆：“你工作已经5年了，总是做些焊接、刷漆、制造零件的小事，恐怕会耽误前途吧？”

“爸爸，你不明白，”汤姆笑着说，“我并不急于当某一部门的小工头。我以整个工厂为工作的目标，所以必须花点时间了解整个工作流程。我是把现有的时间做最有价值的利用，我要学的，不仅仅是一个汽车椅垫如何做，而是整辆汽车是如何制造的。”

当汤姆确认自己已经具备管理者的素质时，他决定在装配线上崭露头角。由于汤姆在其他部门干过，懂得各种零件的制造情形，也能分辨零件的优劣，这为他的装配工作增加了不少便利。没有多久，他就成了装配线上的灵魂人物。很快他就升为领班，并逐步成为15位领班的总领班。

做杂工是做小事，汤姆却可以从中获得对各部门的工作性质和工作环境的认识，为设计合理的职业路线打下基础。做椅垫是做小事，汤姆却可以将做椅垫的手艺透彻掌握，等他晋升为管理者时，他会比其他没有接触过椅垫的人更懂得管理椅垫部应该注意哪些问题。他利用在每一个部门埋头苦干做小事的机会多方面地去体验，对厂里的各部门做了深入的了解，发现了公司现有管理体制上的许多症结。虽然他仍是一个工人，但他的经验、见解，已超越了普通工人。

不要瞧不起身边的小事，正是这些平凡岁月的积累才给了雄鹰搏击长空的能力。如果不肯飞越身边的矮墙，总把目光盯在高高的半空中，雄鹰也是无法上天的。人们应该明白，等待和积累的力量是巨大的。看看那些在事业上取得成就的人，他们无一不在忠实地履行日常的工作职责，在简单的工作和低微的职位上一步步走来。因此，别再夸夸其谈，不要让好高骛远束缚了你的手脚。不如静下心来，学会从一些微小的事情中找到个人成长的支点。而只有当你努力摒弃了那些使人浮躁的念头和习惯后，用恒久的努力打破困境，才能够最终走向卓越与伟大。

6 千万不要让自己心浮气躁

市场经济社会，竞争越来越激烈，人们压力也一天天增大。所以，人们在匆忙的都市生活中，适应了“快餐”人生。在这样的节奏中，人们都急匆匆地赶路，急匆匆地做事情。看似有效地利用了人生，可是却忽略了人生的质量，实际上是在浪费人生。人生中很多美好的事物，都需要我们静心去体会，才能够体味到其间的乐趣。而且在这种匆忙的人生中，我们会连人生的本真都失去了。同样在工作之中，我们需要达到很多目标。这“目标”是维系人生的最基本元素，只有做到了这些，才能够顺利地在人生之路上跋涉。如果不能够平心静气，我们最初的目的也难以达到，而沉着应对才可以把事情做得更好。

浮躁的心态扼杀了人们忠诚敬业、踏实肯干的务实作风。稳重是成功的基石，稳重是成大器的重要因素，而浮躁是走向失败的必然结果。成功者稳健处事，而失败者心浮气躁，急功近利。只有脚踏实地，才不会有一脚踏空的危险。

华人首富李嘉诚的创业历程，极为深刻地体现了不急不躁、脚踏实地的作风。在李嘉诚小学刚毕业的时候，他的父亲不幸病逝，为了帮助母亲分担养活3个弟妹的重任，他不得不辍学谋生。从此以后，他用自己的双肩挑起了家庭的重担。

为了生计，李嘉诚开始四处找工作。当时，到处都是失业的人。李嘉诚由于没有学历，要找一个赖以糊口的工作，也不是件容易的事情。他每天一大早就出门寻找工作。功夫不负有心人，有一家茶楼的老板看他为人忠厚老实，待人态度不错，正好茶楼的生意也非常好，就让他在茶馆里做跑堂。从此，他踏进了复杂的社会，开始了顽强拼搏的人生旅程。每天，在天还没亮的时候，茶楼就要开门，到午夜还有客人逗留。李嘉诚每天清晨5点钟上班，准备茶水及茶点。而他晚上回家时，已经是夜深人静，每天工作时间长达十多个小时。

三年后，李嘉诚决定到一家塑料厂应聘当推销员。要想做一个出色的推销员，首先要勤奋，要跑。这一点对于李嘉诚来说，不在话下。在茶楼里跑堂，能连续十几个小时不落座，也不感到腰酸腿痛。做了推销员后，为了节省路费，李嘉诚上下班从不乘车，四五里路，都是以步代车；出外联系业务，一个上午，他就能在偌大的香港大街上往返一个来回。而且，每天李嘉诚都会比其他的推销员多工作好几个小时。其他人工作8小时，他就工作成倍的时间，天天如此。不仅如此，李嘉诚深知自己的知识有限，无论工作有多么繁忙，他总是利用仅有的闲暇时间到夜校进修，补习文化知识。很快，李嘉诚凭着自己的勤奋好学和精明能干，创下了出色的业绩，成了全公司的佼佼者。次年，李嘉诚升任部门经理，两年后又被提升为这家塑料带制造公司的总经理。

经过几年艰苦生活的磨砺,李嘉诚逐渐成熟起来。他深知做推销虽然取得了一定的成绩,但自己毕竟还只是一名高级“打工仔”。自己所管理的塑料企业、塑料公司的财产毕竟是董事长的,企业的成败与他自己个人的关系并不大,这使得他十分渴望向社会证明自身的价值。于是,李嘉诚下定决心要自立门户。

两年后,李嘉诚毅然辞去了总经理一职,尝试创业。几年来他省吃俭用积蓄了7千港元,全部用作创业资金,并向叔父及堂弟借了4万多元,创办了自己的塑料厂。从此,香港多了一个工业企业“长江塑料厂”。经过李嘉诚的努力,长江塑料厂日渐兴旺,工厂的年利润也猛升到上千万港币。李嘉诚成了老少皆知的“塑料花大王”,从当初一个茶楼跑堂到掌管一个企业的千万富翁,李嘉诚靠着自己的不急不躁的心态,脚踏实地,在香港闯出了自己的一片天地。

后来,眼光敏锐的李嘉诚,再一次敏锐地捕捉到了商机,果敢做出了进军房地产业的决定。李嘉诚以独特的经营方针和策略、把握时机的准确和果断、超凡的毅力和信念,步步为营,节节高升,最终登上了亚洲首席大富豪的宝座,成为称雄世界的超级富豪。

每个人都是生活的画家,生活的好坏在于自己的态度。脚踏实地,步步为营,就能一步步地朝自己的理想前进,现实生活中我们的心浮气躁往往会伤害我们自己。如果一切的准备都还不充分,或者说因为暂时的困难成为了我们的掣肘,那么沉住气、不心浮气躁地匆忙行动,就显得更为重要。

心浮气躁是人生最大的敌人。很多时候,敌人都是虚张声势的“纸老虎”,我们如果暂时摸不清楚底细或者对此束手无策的话,那就别太心急应对,不然就会让“急躁”成为内心的羁绊。沉住气,才能够规避风险,拥抱成功。

7 不给浮躁留下空间

浮躁使人如同无源之水、无本之木，总是找不到自己的位置。一个脚踏实地的人，会在平凡中发现机会。他在职的每一天，都会尽心尽力去工作。每一件小事，都要力争认真、高效地完成。他会不断尝试超越自己，每天都取得新的进步。

如今，社会上流行着一种被称为“职场青春综合征”的现象。这种症状主要表现为：没有耐心，不肯踏实地做一件事情，不愿意坐“冷板凳”，更多地计较眼前的利益得失而缺少长远的眼光，急于求成，忙于跳槽，厌倦工作……

“职场青春综合征”在张诗语身上体现得非常充分。从踏入工作开始，她就有自己的规划：30 岁之前，必须买到房子和车子；35 岁之前，必须拥有自己的公司。在她看来，这并不算是一个非常宏伟的目标。

张诗语原来的想法是：先到一个外企，然后积累资源，为自己将来的创业奠定基础。等到人脉网络慢慢形成后，就自己创办一家公关公司。但是两年的时间过去了，她有些等不及了。时不我待，用她的话来说，就是“发财要趁早”。

张诗语身上显示出一种对于成功的饥渴。这种饥渴同样存在于许多年轻人的心中，很少有人愿意安静地坐下来做几年事情，每个人都想上“财富速成班”。

不重视自己的本职工作，动辄跳槽、创业的人，往往得不偿失。因为工作能力的培养，要经过一个相对长的时间。这样才能真正把工作做精做透，如果经常跳槽转行，往往容易成为万金油，即什么都会一点，但什么都不精通、不专业，结果哪家公司也不愿用。

因此，聪明的员工应该给自己做一个切实可行的职业规划，不要受他人的影响，踏踏实实地经营自己的前程。是金子总会发光的，只要你是人才，无论在哪里工作，早晚都会冒出头来。只要你安心在岗位上踏实工作，干出成绩，前途自然不可限量。

然而，许多心浮气躁的人往往都忽略了“厚积薄发”的道理，一心只想一鸣惊人，而不愿去做埋头耕耘的工作。等到有一天，他看见比他开始晚的，比他天资差的，都已经有了可观的收获，才惊觉到自己这片园地上还是一无所有。这时他才会明白，他一心只等待丰收，却忘了播种。

浮躁的人，总是对着自己那无法实现的愿望慨叹；而踏实认真的人则懂得，要想达到目的，必需从头开始。人生犹如爬山，你必须低着头，认真耐心地去攀登。等经过一段时间的辛劳努力之后，你登高远眺，就会发现，你已经克服了那么多困难，走过了那么多的险路。

我们应该给自己的心灵洗个澡，把浮躁的心态彻底洗去。这样，我们就会一身轻松，取得飞速的进步，成为优秀员工。在这个过程中我们的性格、品行和能力也会有很大改变，我们会爱上工作中的种种琐事，把认真琢磨自己的本职工作看成人生的一大乐趣，从而把自己的价值充分展现出来。

8　工作可以枯燥，但不能浮躁

一般情况下，除非你足够的幸运，你所从事的工作正好是你的爱好和兴趣所在，否则，它终究是单调和枯燥的，而且这个过程非常漫长。因此，要调整好我们自己的心态，因为工作不会因为你的喜好而改变它的存在方式。而且它为你提供了生活资本，还给了你一个展现你自己才华的平台，你完全可以把它当作你的事业来经营。做好本职工作，将它作为自己的事业来经营，相信你会感受到工作的乐趣，并能走得很远很远！

刚踏入职场时，你的运气不一定好，不能当上主角。大部分时候都只能扮演配角，打打下手。别以为只是一个龙套便轻视自己，要知道龙套也能变为主角，重要的是你如何去跑！唯有踏实认真地去做每一件小事，这样才能积累经验和教训，才能迅速地成长起来，从而为日后成就大事做好准备。

要明白，工作无小事，所有大事全是由小事组成，每一个细节都足以影响大事的成败。你一定要相信忍耐、等待、勇气和智慧，也唯有那些积极拼搏，勤奋刻苦的人才可以得到上司的赏识。

汪琳拥有大专文凭，然而，身处于几百万的失业大军中，却经常觉得自己非常渺小，非常无助。她在待业半年后，终于进入了一家公司的售后服务部工作。但是这个工作实在是微不足道，每天接打电话，然后去上司那里汇报，十分单调无聊。

可汪琳却非常珍惜这份工作，认真地接听每一个电话，服务热情周到，使对方可以感觉到自己的笑容。身边的同事们都笑话她，说这样的工作压根儿没前途，要么赶紧换工作，要么就呆着混日子。那些老员工闲下来时，总凑到一起谈论流行时尚，或者聊天。可是汪琳并不想加入她们的圈子，她只关心自己的工作。在面对客户的各种投诉或者咨询时，总能不厌其烦地解答，太棘手的问题她就记下来向领导汇报。她热情周到的服务令大多数客户非常满意，很多客户最后总会问一句："请问你是哪一位?"汪琳只是笑笑说："我姓汪，您就叫我小汪吧！非常高兴为您服务。"不久，汪琳的名气便在老客户那里流传开来，公司的领导也开始注意她。有一回，到了下班时间，同事们都准备走了。汪琳突然接到电话，有个客户十分着急，产品故障需要立刻修理。同事们都说："哎，技术部现在早已下班了，找谁去修啊，还是等明天再说吧。"可汪琳坚持记下了客户的地址。她知道有个王技师就在附近住，就急忙打电话对他说明了情况，劳烦他去修理。顾客事后非常感激，特意给公司发来一封表扬信。总经理也给了汪琳一次奖励。有个同事不解地问她："你一个接电话的，不用那么卖命吧?"汪琳笑了笑说："找不到好工作，就算是龙套也得好好跑啊!"

2008 年金融危机爆发，公司大量裁员。售后服务部从 15 人减少到了 7 人，可汪琳不但未被裁掉，反而被提拔成为了市场营销部的主管。汪琳除去认真工作，还利用了休息时间学习日语、英语和法语，而且考取了人力资源师证书。有一天，公司来了两位日本客人，他们不会说中文，可不巧翻译又有事外出了。老板十分焦急，四处找人，最后找到了汪琳。汪琳翻译工作做得非常到位，而且她还向两个客人请教了一些日语问题，双方聊得十分尽兴。

如今，汪琳已经成为这家公司的副总了。看起来这很不可思议：一个大专生，竟然变成了老总。

许多年轻人都充满理想，可总是埋怨没有机会。他们不懂得梦想不在天上，只有踏实的土壤里才会开出成功的花朵。失败的人也曾经有过梦想，可最终梦想都死于浮躁。同样，生活里四处都是机遇，每次交谈、每个客户、每笔生意都是机会，就看你懂不懂得去把握。就算那些机会唾手可得，静不下心来的人也永远无法抓住。好机会只为那些脚踏实地的人而准备，比如跑龙套都能跑出热情的人。

高捷在一家五金连锁商行打工，开始时每月只有几百元的薪水。老板跟他说："如今你要做的便是观察，你一定要对这个行业的所有问题都了然于胸，到那时你再来跟我讨论薪酬的问题。"

"一个月才几百元钱，这值得你这么认真和努力吗？"一个同事讥笑道。高捷可不这样想，他工作得非常认真。他经过细心观察，慢慢地发觉老板经常认真地检查那些进货的账单。而账单大多是外语，他看不明白，所以他立刻开始了学习。他在一年后学有所成，顺利地接管了查账工作。他这时的薪水已经上涨到每月 2000 元，而且开始学习国际贸易。

有一天，老板非常郑重地对他说："高捷，我们计划让你来主管外贸。这个职位相当重要，可是没有人比你更适合了。我见过的最优秀的年轻人就是你。"高捷接任主管后，待遇立刻翻倍了。一年后，他又成为了分部的经理，薪水已经上涨到了每月数万元。后来，他成为了这家连锁企业的股东。

为什么高捷会成功？他正是凭着踏实劲儿。假如他没认真做事，看不上这份的工作，那他就不会发现工作的机遇。你的确在做微不足道的事情，可别把你的眼光拘泥于这里，你应当看得远些，看得高些，你应当把握机遇。

第二章　踏实工作，做好工作才是王道

一个人要想成功，重要的是学会踏实做事，学会不浮躁。只有淡化锋芒，祛除浮躁，笃实务远，才能做好工作、汲取真知，成为职场的精英，登上成功的巅峰。只要你能够立足本职，在工作中砥砺低调、谦和的品质，你就能登上事业的高峰，收获成功与幸福的果实。

1 不敬业就失业

敬业就是尊敬并重视自己的职业，把工作当成事业，抱着认真负责、一丝不苟的工作态度，并为了工作而付出全身心的努力。一个敬业的人，必然是一个充满责任心的人。在职场中，敬业精神是对每个职业人最起码的要求。

认认真真、尽职尽责的敬业精神，是职业精神的首要内涵，是职业道德和优秀品格的集中体现。在职场上，敬业精神是判断一个职业人合格与否的最重要的标准。那些既敬业又精业的人永远是供不应求的“抢手货”。没有敬业精神的人，在工作中必然会敷衍了事，应付差事，这样的人肯定不会创造出多大的价值。而一个敬业的人，必然对工作认真负责。即使在工作中因为自己的原因出现错误，也会勇敢地去面对和承担。敬业精神在当今社会里成为了一种基本的为人之道，同时也是成就事业的重要条件。

敬业不仅是责任精神的延续，更是对责任精神的升华。敬业是一个职业人主动精神的体现，不仅要完成自己的工作，而且要以一种高度负责的精神来完成自己的工作。在商业社会中，很多人只会为薪水而工作，只要薪水稍低就频繁跳槽，显得越来越浮躁与不安。缺乏敬业精神的人即使找到一份薪水很高的工作，他的工作也会陷入平庸，他感觉无聊的工作最终也会远离他而去。敬业给人带来的满足不仅仅在于薪水，而是工作本身给个人带来的满足感和成就感。所以当员工能够真正敬业时，他对自己的企业是忠诚的，而且这种忠诚是主动忠诚，不会因为一些物质因素的改变而丧失对公司的忠诚度。

一个人即使没有一流的能力，但只要你拥有敬业的精神同样会获得人们的尊重，即使你的能力无人能比，但没有基本的职业道德，也一定会遭到社会的遗弃。职场就是如此，要想成功，敬业精神是必不可少一项素质。生活中有不少人才华横溢，但是他们对待工作没有责任心，做什么事情总是心不在焉、懒懒散散，喜欢用敷衍的态度来对待周围的一切。这样的员工，头脑里根本没有对敬业的理解，在工作中也不会出色地完成任务，最后必然失去老板的信任，直至被淘汰。

很多人对待自己的工作敷衍了事，马马虎虎。如果有人对他提出一个善意的意见，他或许会说“差不多就行了”。这些人觉得努力工作完全没必要，因为自己终究是在为别人打工。只要一想到自己是在为别人工作，就对工作提不起兴趣。于是出现敷衍了事、马马虎虎的工作态度，也就不足为奇了。

汉斯和诺恩是一对在车间工作的好伙计，每当下班的铃声响起，诺恩总是第一个换上衣服，冲出厂房。而汉斯总是最后一个离开，他十分认真负责地完成自己的工作，并且在车间里收拾一下，看到没有问题后才关上大门离开。

有一天，诺恩和汉斯在酒吧里喝酒，诺恩对汉斯说：“你让我感到很难堪。”

“为什么？”汉斯有些疑惑不解。

“你让老板认为我不够努力，”诺恩停顿了一下又说，“要知道，我们不过是在为别人工作。”

“是的，你说的没错，我们是在为老板工作，但更是为自己的梦想而工作。”汉斯的回答十分肯定有力。

有不少人总是觉得自己是在为别人打工，干好干坏对自己的影响不大，于是对工作敷衍了事，不认真负责。但是就像汉斯说的，我们每个人实际上都是在为自己工作，为自己的梦想，为自己的老婆、孩子工作。一个敬业的人肯定把自己的工作当成一份事业来对待，工作就是他们展现自己才华、实现人生价值的平台，他们是每天真正地在为自己而工作。一个人只有为自己工作，认真负责对待工作中的每一件事，才能真正地走上成功之路，否则你永远是工作的奴隶。

我们在职场中打拼奋斗，如果不能为自己工作，就不会对工作拥有高度的责任感。我们不管做什么，都是在为实现的梦想而努力。工作需要敬业，需要责任，这些东西短时间内你也许看不到它带给你的利益。但是假若你失去了它，那么你以前所有的努力都会毁于一旦！

“不敬业就失业”这句话对于职场中人来说是一个非常重要的警示！一个人只有具备敬业精神，才能调动自己全部的潜力和热情，踏实努力地工作，尽心尽职，精益求精。

敬业是付出，敬业也是收获。敬业是一种积极向上的人生态度，对待工作认真负责，精益求精，尽职尽责，问心无愧。敬业的员工之所以受欢迎，不仅是因为他们能对企业负责，更重要的是，他们意识到了敬业是一种使命，是一种责任和精神的体现。身在职场，敬业就是你的使命，希望你也能成为一个敬业的人，只有这样才能取得事业的成功和辉煌。

2 忠诚就是最大的责任

忠诚是一种职业的责任感，它不是对某个公司或者老板的忠诚，而是职业的忠诚，是承担某一责任或者从事某一职业所表现出来的敬业精神。在职场中，忠诚就是最大的责任。

如今的社会，并不缺乏有能力、有智慧的人，缺的是既有能力又忠诚的人。相对而言，员工的忠诚对于企业来说更重要，因为智慧和能力并不代表一个人的品质，忠诚比智慧更有价值。很多人对待工作玩世不恭，视工作为儿戏，他们频繁跳槽，觉得自己工作是在出卖劳动力，他们蔑视敬业精神，嘲讽忠诚，将其视为老板盘剥、愚弄下属的手段。

陈麟大学毕业之后，顺利地进入到一家房地产公司工作。由于缺乏工作经验，只能在办公室给别人打打文件，做一个打字员。打字室与老板的办公室只隔着一面大玻璃，他却很少向那边张望，只是兢兢业业地埋头工作。没想到一年之后，公司因为资金短缺，经营上频频亮起红灯，面对公司出现的困顿，很多人认为公司很难会获得好转，于是不少员工纷纷跳槽离开了。

陈麟觉得作为一个公司的员工，尽自己的能力帮公司摆脱困境是自己的责任。当总经理办公室的工作人员就剩下他一个人时，他的这种责任感反而更强了。老板非常苦闷，内心也是充满焦急。一天，陈麟走进老板的办公室，直率地问老板：“您认为公司已经垮了吗？”老板一愣，说：“没有！”陈麟用坚定的语气说：“既然没有，就不应该消沉。现在的情况确实很糟，可是很多公司也都会面临着同样的问题。虽然公司的资金投到工程上，成了一笔死钱，可我们不是还有一个公寓项目吗？只要好好做，这个项目就可以为公司重整旗鼓。”说完拿出那个项目的策划文案。过了几天，陈麟被派去负责公寓项目。陈麟想：我一定要做好这个项目！在这种责任感的驱使下，他做出了让老板和同事们刮目相看的业绩。两个月后，那几栋位置不好的公寓全部售出，公司因为这个项目的成功终于渐渐开始起色。

老板对陈麟非常感激，在公司最困难时候，他挽救了公司。他也因此被晋升为公司的副总经理。公司改成股份制后，老板成为公司董事长，他则被聘为公司总经理。

如果你忠诚地对待你的老板，他也会真诚对待你；当你的敬业精神增加一分，别人对你的尊敬也会增加一分。不管你的能力如何，只要你真正表现出对公司足够的忠诚，你就能赢得老板的信赖。老板会乐意在你身上投资，给你培训的机会，提高你的技能，因为他认为你是值得他信赖和培养的。

忠诚不是随便说说那么简单，而是要需要我们用实际行动来体现。在工作中，我们要努力负责，除了做好分内的事情之外，还应该对公司和老板负责。无论老板在不在身边，都要像对待自己的东西一样照看好公司的设备和财产。另外，我们要认可公司的运作模式，保持一种和公司同发展的事业心。即使出现分歧，也应该树立忠实的信念，求同存异，化解矛盾。当老板和同事出现错误时，坦诚地向他们提出来；当公司面临危难的时候，和老板同舟共济。

很多人都有远大的理想和抱负，都想实现自己的人生价值，步入职场，这里就是你实现人生价值的舞台。在这个舞台上怎样演出，怎样获得观众的掌声，全靠你自己。在职场中，也许你很忠诚，并且尽心尽职，但是老板并不一定肯定你的工作，那么你也没必要抱怨和愤恨，只要你竭尽所能，做到问心无愧，你就在不知不觉中提高了自己的能力，争取到了未来事业成功的砝码。

忠诚是职场中最值得重视的美德，只有所有的员工对企业忠诚，才能发挥出团队的力量，才能凝成一股绳，劲往一处使，推动企业走向成功。一个公司的生存不是依靠少数员工的能力和智慧，而是需要绝大多数员工的忠诚和勤奋。

忠诚就是最大的责任，只有拥有高度的责任感的人才会造就忠诚。

在职场中奔波行走，拥有忠诚这种美德将使你受人信赖，帮助你获得成功。

3 成功需要坚持和耐心

生活和工作的节奏日益加快，人们也开始变得越来越没有耐心：一件事情如果不能立竿见影，那就必须转换个方向；一项工作如果不能很快获利，那就必须马上转行。很少有人这样想过：或许再耐心地坚持一下，事情就可能出现转机，情况也许就会完全不同。

一个牧羊人养了两只羊。这两只羊几乎同时产下了两只活泼可爱的小羊羔。一天，牧羊人像往常一样把这两只羊放了出去，把小羊羔留在了羊圈里。因为它们太小，放出去会有危险。两只羊渡过浅浅的河水，到对岸去吃草。但没过多久，突然天降暴雨，河水泛滥，小溪变成了激流。牧羊人来到岸边，他知道自己的羊该给羊羔喂奶了，但此时过河是不可能的。

一只羊在河对岸耐心地吃草，等待河水回落。而另一只羊却焦躁不安，并开始抱怨："这水不会落下去了，我的孩子会饿死的，我们留在这里也会被狼吃掉的。"正在吃草的那只羊试图使同伴安静下来，但无济于事，焦急的同伴没有听它的话，一跃跳进了河里。牧羊人在河对岸看到了这一幕，却无能为力。步入水中的羊在急流中游了几米，就被河水卷走了。天黑的时候，河水已经回落了很多。牧羊人小心地过了河，把另一只羊抱了回来。

没有耐心，就不会出现转机，急于求成的结果，往往只能是死路一条！在心理学上，耐心属于意志品质的一个方面，即耐力。它与意志品质的其他方面，如主动性、自制力、心理承受力等有一定的关系。

齐白石是中国近代画坛的一代宗师。他不仅擅长书画，还对篆刻有极高的造诣。但他也并非天生就会，也经过了非常刻苦的磨炼和不懈的努力，才把篆刻艺术练到出神入化的境界。年轻时候的齐白石就特别喜爱篆刻，但他总是对自己的篆刻技术不满意。他向一位篆刻大师虚心求教，篆刻大师对他说："你去挑一担础石回家，要刻了磨，磨了刻，等到这一担石头都变成了泥浆，那时你的印就刻好了。"于是，齐白石就按照篆刻大师的要求去做。他挑了一担础石来，一边刻，一边磨，一边拿古代篆刻艺术品来对照琢磨，就这样一直夜以继日地刻着。刻了磨平，磨平了再刻。手上不知起了多少个血泡，日复一日，年复一年，础石越来越少，而地上淤积的泥浆却越来越厚。最后，一担础石终于统统都被"化石为泥"了。坚硬的础石不仅磨砺了他的意志，而且使他的篆刻艺术也在磨炼中不断进步。他刻的印雄健、洗练，独树一帜。

成功并没有我们想象中那么遥不可及，只要我们有足够的耐心和毅力，不急不躁，一步步向目标迈进，就会等到成功的那一天。生活中我们很多人也会犯类似的错误，"急于求成"、"急功近利"，做事情总想"一蹴而就"，喜欢"速成"。然而结果往往是"欲速则不达"，因为太多的人每天都是在忙碌地混日子，很少有人愿意抽出哪怕10分钟的时间去做一件小事情。他们从未意识到，哪怕是一点点的进步，日积月累地坚持下去，也会变成很大的成就。

嘉华公司一个重要部门的经理要离职了，董事长决定找一位德才兼备的人接替这个位置，但应征的人都没有通过董事长的"考试"。这时，一位三十几岁的留美博士来应征，董事长却通知他早晨8点去面试。博士如约去了董事长的办公室，但是始终未见有人来接待，一直到中午12点钟，董事长才让他进门。

董事长亲自面试："你会写字吗？"

博士说："会。"

董事长拿出一张白纸说："请你写一个白天的'白'字。"

他写完了，却没有下文，疑惑地问："就这样吗？"

董事长静静地看着他，回答："对！面试完了！"

博士觉得很奇怪，这是什么面试啊？

第二天，董事长在董事会上宣布，这名留美博士通过了面试，而且是一项严格的面试。

董事长说："一个这么年轻的博士，他的聪明与学问一定不是问题，所以我的考试更难。”随后又解释说：“我考他的忍耐精神，要他空等几个小时，他做到了；我又考他的脾气，看他是否能够不发飙，他也做到了；最后，我考他的谦虚，我只考堂堂一个博士5岁小孩都会写的字，他也肯写。一个人已有了博士学位，又有牺牲的精神、忍耐、好脾气、谦虚。这样德才兼备的人，还有什么好挑剔的呢？我决定任用他！”

生活中，每个人都希望干一番事业。当你立志要大干时，不妨先培养自己忍耐的品质。走向成功不仅仅需要渊博的学识，更重要的是一个人的气度。一些细节的处理，往往更能左右一个人未来的成就。

一位女孩，大学毕业后去应聘一家外贸公司经理秘书。但是，公司却给她安排了一个行政部文员的职位。女孩想了一下，觉得只要自己耐心做好文员的工作，一样很好，于是她就答应了。女孩的工作是负责接待客人和复印、打印等琐事。同事们总是把一些需要复印和打印的文件一股脑儿地堆在女孩的桌子上，然后告诉她哪些需要复印，哪些需要打印，每种各需要多少份。女孩总是耐心地记录着各种要求，然后仔细地做。有好几次，女孩的认真检查避免了公司的损失。最终，女孩真的被提拔为经理秘书了。

耐心被认为是心理素质优劣、心理健康与否的衡量标准之一。有时，人生的大敌并不是多么艰难困苦的环境。平凡、琐碎才是人生的大多数情况，而这时更需要培养耐心。因为耐心会对自己的人生道路产生很大的影响，会使一个人从平凡变得卓越。

4 明确你的工作目标

在现实生活中，有些员工整天默默工作、辛勤劳动，却没有树立正确的目标，在经历几次挫折和失败之后，仍然不懂得思考其中原因，不知道调整方向，结果越受挫越焦虑，越焦虑就变得越浮躁；相反，有另外一些人，他们能够从一开始就给自己明确了目标，有了正确的奋斗方向，并为之不懈努力，而最终取得了成功。

美国短跑名将麦克·约翰逊为了挑战人类体能极限，遭受了各种挫折，也曾经历过两次奥运会的失败。但他没有放弃自己成为世界冠军的目标，当他遇到重大挫折时，他会无数次地重复和努力，他相信自己能再次站起来。他在夺得亚特兰大奥运会400米赛跑冠军时，有位记者这样形容当时的精彩场面：

"当枪声响起，他飞一般跑去，不一会儿就把所有的选手甩在后面。他一心一意地注意跑道，观众的喧哗声似乎从他的耳中渐渐退去，其他的选手好像也不存在了，眼前只剩下他和脚下的跑道，心中有一个自然的节拍在运作着，他全神贯注在目标上。"

知道自己的目标在哪，奔向正确的方向，并拥有强大的动力和坚持到底的精神，才能达到成功的彼岸。

1952年7月4日清晨，加利福尼亚海岸笼罩在浓雾中。在海岸以西21英里的卡塔林纳岛上，一个34岁的女人涉水进入太平洋中，开始向加州海岸游去。要是成功了，她就是第一个游过这个海峡的妇女。这名妇女叫费罗伦丝·柯德威克。在此之前，她是从英法两边海岸游过英吉利海峡的第一个妇女。

那天早晨，海水冻得她身体发麻。雾很大，她连护送她的船几乎都看不到。时间一个钟头一个钟头过去，千千万万人在电视上注视着她。在以往这类渡海游泳中她的最大问题不是疲劳，而是刺骨的水温。15个小时之后，她被冰冷的海水冻得浑身发麻。她知道自己不能再游了，就叫人拉她上船。她的母亲和教练在另一条船上。他们告诉她海岸很近了，叫她不要放弃。但她朝加州海岸望去，除了浓雾什么也看不到。几十分钟之后，人们把她拉上了船。而拉她上船的地点，离加州海岸只有半英里！

当别人告诉她这个事实后，从寒冷中慢慢复苏的她很沮丧。其实，真正令她半途而废的不是疲劳，也不是寒冷，而是因为在浓雾中看不到目标。柯德威克小姐一生中就只有这一次没有坚持到底。

两个月之后，她成功地游过了同一个海峡。她不但是第一位游过卡塔林纳海峡的女性，而且比男子的纪录还快了大约两个钟头。

人们常说:骏马无蹄难走路,人无目标难进步。柯德威克虽然是一个游泳好手,但她也需要有清楚的目标,才能激发持久的动力,才能坚持到底。同样,我们也需要有明确的目标。明确的目标,是努力的依据,是对个人的警醒和鞭策。有了明确的目标,才能义无反顾地前进,也才能有更大的干劲创造最大价值,使自己获得长足久远的发展。

5 拒绝浮躁,踏实做事

做事脚踏实地,尽善尽美,不仅不会拖延做事的时间,反而能够使人快速进步。还能影响一个人的性格、品行和自尊心,如果想要别人瞧得起自己,就得秉持这种精神做事。

年轻人充满梦想是好事,但必须明白,梦想只有在脚踏实地的工作中才能得以实现。许多浮躁的人曾经都有过很多梦想,却始终无法实现,最后只剩下牢骚和抱怨,而他们把这归结于缺少机会。

踏实的员工在平凡的工作中创造了机会,抓住了机会,实现了自己的梦想;而眼光不愿留意手中工作的人,在等待机会的过程中,度过了并不愉快的一生。

在职的每一天,都要踏踏实实、尽心尽力地工作。每一件小事情,都要力争高效地完成。尝试着超越自己,努力做一些分外的事情。不是为了看到老板的笑脸,而是为了自身的不断进步。即使是在同一家公司或同一个职位上,机遇没有光临,你也要一直为机会来临做准备,你的能力已经得到了扩展和加强。实际上,你已经为未来创造了一个机遇。

很多员工充满了梦想,却不肯脚踏实地地去实现梦想。他们自命怀才不遇,整日怨天尤人,工作无精打采。其实,每一份工作都是成就卓越的机会。在平凡的工作中沉住气,脚踏实地工作的人,总能在工作中收获才能、社会经验、人际关系等。而那些心浮气躁,不懂得经营手中工作的人,在等待"转机"的过程中白白错失了一个个提升自我的机会,即使"转机"真正降临,他们也会因为缺乏足够的能力而与之失之交臂。

小张是一个企业终端科的科长,负责对销售终端布置的规范性进行指导和提供咨询。可小张除了完成自己的本职工作外，还总喜欢接手一些相关的工作——企业培训导购员时，他是当仁不让的组织、策划和对口管理者；凭借很强的谈判能力和对消费者需求的熟知程度，他积极参与促销活动所需的礼品采购；他还承接了信息收集工作，为此安排专人每天为企业高层与相关职能部门整理、报送各项最新资讯……同事都觉得小张是“傻瓜”，甚至有人对他冷嘲热讽。小张对此泰然处之，他说：“我不光是为老板打工，更不是为了赚钱。我是在为自己的梦想打工，为自己的前途打工。我要在业绩中提升自己，我要使自己工作所产生的价值远远超过所领的薪水。只有这样，我才能得到我想要的东西——工作的快乐，成功的快乐。”一年后，小张的下属已经从最初的几个人增加到了几十个人，随着部门的扩容和职能的增多，他所在的部门由科级升为处级，当时说小张是“傻瓜”的人，有的成了他的下属，有的辞职另谋出路。

职场当中，许多员工对于薪水常常缺乏深入的认识和理解。薪水只是工作的一种回报方式，每一份工作除了带给我们薪水之外，还为我们带来了很多成长的机遇。譬如，艰难的任务能锻炼我们的意志；新的工作能拓展我们的才能；与同事的合作能培养我们的人格；与客户的交流能训练我们的品性。公司是我们成长过程中的另一所学校，工作能够丰富我们的经验，增长我们的智慧。与在工作中获得的技能与经验相比，微薄的薪水就会显得不那么重要了。公司支付给你的是金钱，工作赋予你的是可以令你终生受益的能力。

沉住气，用心做好每一天的工作，努力在工作中提升自己。每天多干一点活，你的能力就多增一分，你的影响力同时也多增一分。一些人花费很多精力来逃避工作，却不愿花相同的精力来努力完成工作。他们以为自己骗得了老板，其实，他们愚弄的只是自己。不要为了老板而工作，也不要仅仅为了金钱而工作。要像小张那样——为梦想而工作，为自己的前途而工作。周围环境不是你懒散的借口，沉住气，用心，你才能获得更多的回报。我们要时刻牢记：心有多大，舞台就有多大。

在伟华公司里，有两位很出色的员工：袁杰和高桦，均被大雅公司看中，想以高价挖走他们。袁杰看到对方提出的薪酬标准比公司的高，于是很快就递交了辞职信。公司对他说：“你再考虑一下，那家公司很可能只是要利用你。”但袁杰没有听从公司的劝告，坚决地投奔了大雅公司。

而高桦却拒绝了大雅公司的高薪聘请，选择继续留在伟华公司，一直勤勤恳恳地工作。事情发展到后来，跳槽的袁杰果真没有得到重用。没过多长时间，当大雅公司利用完他以后，就把他“踢”出门外。

而选择留下的高桦，如今已经是伟华公司的总裁了。员工工作，并不全是为了薪水，而是谋求将来的发展。袁杰看到的只是眼前的小利，而高桦看得很长远，他选择的是发展，像这种员工就值得去培养。尽管发展之路开始时可能很艰难，走到后面却是一条黄金之路。如果连路都是黄金铺成的，那还怕没钱吗？

工作是一个施展自己才能的舞台，我们寒窗苦读来的知识、我们的应变力、我们的决断力、我们的适应能力……都将在这个舞台上得到展示。人的一生很短暂，我们需要成功，而成功的实现离不开勤奋工作。公司虽是老板的，但平台却属于自己。把工作当成施展自我抱负与风采的舞台，沉住气，扎扎实实演好自己的每一个角色，做好在职的每一天，利润虽然属于老板，但价值却是自己的！

6 脚踏实地，从每一件小事做起

拒绝浮躁，每一天都要尽心尽力地工作，每一件小事情都力争高效地完成。尝试着超越自己，努力做一些分外的事情。不是为了看到上司的笑脸，而是为了自身的不断进步。即便机遇暂时还未光临，但你在为机会的来临而时时准备的行动中，能力已经得到了扩展和加强。实际上，你已经为未来某一时间创造出了另一个机遇。

王东华大学毕业后受聘于一家高科技公司，但他没想到被安排在销售部做了一名普通的文员。王东华的心里十分不平衡，他认为凭自己的实力，做文员实在是大材小用。每天，他都得过且过，对工作也是能拖就拖，敷衍了事。一年之后，周围那些当初能力、条件均不如他的同事一个个都得到了升迁，而他由于抱着应付工作的态度，怎么也走不出平庸的工作模式。

摆正自己对待工作的态度是获得成功的前提，在职场中，要打破错误的就业观，面对现实。其实，职业、岗位没有高低贵贱之分，只要你尽职尽责，一定能实现你的人生价值。

职业目标贯穿于整个生命，你在工作中所持的态度，使你与周围的人区别开来。工作是否单调乏味，往往取决于我们工作时的心境。如果每一件事我们都踏踏实实地去做、用心地去做，克服浮躁之气，一定能有意想不到的收获。在工作中，克制浮躁、脚踏实地的员工才能升得更高。

段宇文是一家汽车修理厂的修理工，从进厂的第一天起，他就开始发牢骚："真累呀，我简直讨厌死这份工作了。"每天，他都在抱怨和不满的情绪中度过。他认为自己在受煎熬，因此，他每时每刻都窥视着师傅的眼神与行动。一有机遇，他便偷懒耍滑，应付手中的工作。转眼间，几年过去了，当时与他一同进厂的员工，各自凭着自己精湛的技术，有的另谋高就，有的被企业送进大学进修。只有他自己，仍旧在抱怨声中做他的修理工作。

实际上，很多人并不是被自己的能力所打败，而是败给自己无法掌控的情绪。现实中，在激烈的竞争形势和强烈的成功欲望的双重压力下，许多人都会产生焦躁、厌倦、茫然的情绪。这种情绪一旦发作，常常会让人变得无所适从，从而影响了个人能力的发挥，使工作停滞不前。唯有脚踏实地的耕耘者才能在平凡的工作中创造机会，一步一个脚印，不骄不躁，成功也唾手可得。

浮躁之人总是自以为是、自高自大，眼里容不下别人，处处表现得比别人聪明，不屑于做小事和基础性的工作。而那些能够脚踏实地工作的人，虽然有时起点很低，但是却执著努力，往往最后取得了让"聪明人"羡慕的成绩。

刚踏入工作岗位的大学生，起点都是一样的，就看你对待工作的态度如何。是好高骛远把目标放空放大，还是脚踏实地从每一件小事做起。

只有将每一件小事做好的人才能成就大事，实现理想的目标。同时，也要通过每天工作的完成，积累经验。

在这个世界上，没有一蹴而就的成功，却可能有火候不到的"夹生饭"。实际上，我们不必非得花一年的时间去干一天的事情。只要能在内心深处有用一年的工夫去做一天的事情的踏实和耐心,就会成为离成功最近的人。

比尔·盖茨在上小学四年级的时候曾经在西雅图的学校图书馆帮忙,管理员让他把已归还给图书馆却放错地方的书放回原处。比尔·盖茨问:"像是当侦探吗?"管理员说:"那当然。"于是他就不遗余力地干了起来。第一天,他找出三本放错地方的书。第二天,他来得更早,而且干得更卖力,找出了更多放错地方的书。过了两个星期,比尔·盖茨的父母要搬家了,他担心地说:"我走了,谁来整理那些站错队的书呢?"没过多久,比尔·盖茨又来了,他高兴地告诉管理员,那边的图书馆不让小学生干这个工作,妈妈又把他转回到这边的学校上学了,每天由他爸爸用车接送。如果爸爸不送他,他就自己走路过来。图书馆的管理员没有想到这个小学生如此敬业。他更没有想到的是,这个小学生后来成为了信息时代的天才——微软电脑公司的总裁。

脚踏实地地过好每一天,认认真真做好每一件事,虽然平凡,却是成就人生的大智慧。在工作中,如果能够脚踏实地,那工作自然不会亏待你;如果一直持敷衍了事的态度,那么工作中的机会也将会无视你的存在。

成功的道路是一步一步走出来的,远大目标的实现也要靠不断的付出。只要我们每天多做一点点,每天多付出一点点,将来所获得的成功也就会越大。相反,如果心浮气躁,不愿意付出而又一味抱怨,就注定只有失败。李嘉诚说:"心浮气躁的人,一定要当心。假如一个年轻人不肯脚踏实地工作,我们使用他就会非常小心。你在造一座大厦,如果地基不好,上面再牢固,也是要倒塌的。"

7 用自己的努力和汗水收获成功

有些员工在现实生活中会遇到挫折,会遭遇溃败,也会身不由己、言不由衷,但他们始终没有放弃对梦想的坚持;对于梦想,他们始终有一种热切的渴望,想用踏实的付出去收获结果。而命运正是掌握在勤勤恳恳工作的人手上。所谓的成功，正是这些人的智慧和勤劳付出的结果。即使他们的智力比别人稍微差一些，实干也能在日积月累中弥补这个弱势。

实干并且坚持下去是对勤奋刻苦的最好注解。要做一名优秀员工，你就要像石匠一样，一次次地挥舞铁锤，努力把石头劈开。也许100次的辛勤捶打都不会有什么明显的结果，但最后的一击终会使石头裂开。成功，正是你不懈努力的结果。

许毅出生在一个穷困的山村，从小家里就很贫困。18岁时，他独自一人到城里打工。最初在建筑工地上找到了一份小工的活，每天只能挣一二十元钱，这对他而言已经很满足，他还想尽办法每天省吃俭用，一年下来还是省下不少钱给家里寄回去。

尽管生活十分艰难，但许毅还是不断地鼓励自己，告诉自己终会有出人头地的一天。为此，他付出了比别人更多的努力。一年后，由于踏实肯干、工作细致，他被提升为材料员，每月1000元钱。

靠着自己的不懈努力，许毅渐渐站稳了脚跟。之后，他开始思考更好的工作方法。他认为要想挣更多的钱，获得老板的认可，就不能只靠苦干默默地付出，更要靠巧干，努力地寻找办法，以尽快地得到提升。那么，如何才能做到这点呢？

冥思苦想之后，他终于想到了一个小点子：工地的生活十分枯燥，能不能想办法让大家的业余生活过得丰富一点呢？想到这里，他拿出自己省下来的钱，购买了《三国演义》、《水浒传》等名著，认真阅读后，讲给大家听。这样一来，下班后的时间，总是大家最开心的时间。每天，工地上都洋溢着工友们开心的笑声。

一天，老板来工地检查工作，发现许毅有非常好的口才，决定将他提升为业务人员。一个小点子付诸实践后就能有这样的效果，许毅极受鼓舞。于是，他将主动找方法的特长运用到工作的各个方面。对工地上的所有问题，他都抱着一种主人公的心态去处理。夜班工友有随地大小便的习惯，怎么劝说都没有用，他便想尽各种方法让大家文明上厕；一个员工脾气暴躁，酒后经常寻衅滋事，他想办法平息矛盾，做到使各方都满意……别看这些都是小事，但老板看在眼里，于是，非常器重和信任他。

由于许毅经常主动找方法，终于等来了一个创业的良机。有一天，老板告诉他，公司本来承包了一个工程，由于施工难度太大，决定放弃。许毅力劝老板不要放弃。老板看他充满热情，突然告诉他："这个项目我没有把握做好。如果你看得准，由你牵头来做，我可以为你提供帮助。"这不是给自己提供了一个可以自行创业的绝好机会吗？许毅毫不犹豫地接下了这个项目，信心百倍地做了起来。

许毅获得了以不懈进取的精神、不断想方法解决问题的益处，从此更加努力。不久，他便成立了自己的建筑公司，并且事业做得越来越大。

工作中，只有那些在艰苦探索的过程中脚踏实地付出辛勤劳动的人，才有可能取得令人瞩目的成果。同样，公司的正常运转需要每一位员工付出努力，脚踏实地在这个时候就显得尤为重要，而你的勤奋会为你的发展铺平道路。

每个人必须对工作保持足够的用心。做任何事都是从小到大，一步步开始的，没有人能够一步登天。眼高手低、好高骛远，自认为能力很强，不愿干那些琐碎的小事，这种想法会阻碍一个人前进。凡事都要从一点一滴做起，如果缺少了这份积累和耕耘，一切都是空想。在职场中，只有拥有脚踏实地的精神，才能获得成功。

8 风头给别人，风采留自己

如何才能让别人喜欢你？你在他面前时，要能让他感到很舒服、很自在、很优越、很有成就、很有自信。把风头留给别人，自己自然就有风采。把别人垫高了，让别人有了成就感、有了快乐、有了自信、有了希望，这样别人才会喜欢你，让你顺顺利利地成功。

在现实生活中，用"藏巧于拙、用晦而明、聪明不露、才华不逞"等韬略来隐蔽自己的行动，可以达到出奇制胜的目的。做人做事要低调，如果做人做事情过于张扬，就会让对手警觉，过早地把目标暴露出来，成为对手攻击和围剿的“靶子”。保护自己的最好方式就是不暴露，尽管这样做会受到一定影响，却能避免更多不可预知的风险。

华为的任正非就是一个非常低调的人。2000 年，华为以 100 多亿元的年营业额雄踞当时声名显赫的国产通信设备四巨头之首，势头正猛。而华为的领导任正非不但没有从此加入明星企业家的行列，反而对各种采访、会议、评选唯恐避之不及。有利于华为形象宣传的活动甚至政府的活动也一概坚拒，并对华为高层下了死命令：除非重要客户或合作伙伴，其他活动一律免谈，谁来游说，我就撤谁的职！整个华为由此上行下效，全体员工以近乎本能的封闭和防御姿态面对外界。

2006 年的北京国际电信展上，华为总裁任正非正在公司展台前接待客户。一位上了年纪的男子走过来问他：“华为总裁任正非有没有来?”任正非问：“你找他有事吗?”那人回答：“也没什么事，就是想见见这位能带领华为走到今天的传奇人物究竟是个什么样子。”任正非说：“实在不凑巧，他今天没有过来，但我一定会把你的意思转达给他。”

有人去华为办事，晕头转向地换了一圈名片，坐定之后才发现自己手里居然有一张是任正非的，急忙环顾左右，此人已不见踪影。有人在出差去美国的飞机上，与旁边的人天南地北地聊了一路，事后才被告知那就是任正非，于是懊悔不迭。这些多少有点传奇的故事，说明想认识任正非的人太多，而真正认识任正非的人却很少。

近几年来，华为的壁垒有所松动，出于打开国外市场的需要，华为与境外媒体来往密切，和国内媒体的接触也灵活不少，华为的一些高层也开始谨慎露面。唯一没有任何解禁迹象的，是任正非本人。任正非在一些文章中说：“我已习惯了我不应得奖的平静生活，这也培养了我今天不争荣誉的心理素质。”

无论你有怎样骄人的资本，你都没有炫耀、显露的必要。要知道，人性往往有阴暗的一面。一旦你高调张扬，或许你本身并没有夸耀逞强的意思，但别人早已看你不顺眼。这时，如果你能独善其身，用低调的方式保护自己，将“风头”留给别人，专注工作，提升自我，你的才华将推动你迈向更大的成功,你也将拥有属于自己的风采。

因此,越是涵养深厚者越能沉住气。而整日自吹自擂、张扬炫耀者,即使真是才高八斗,也因为整日不合时宜的“叫卖”,而令人怀疑他的价值的真实性。越是聪明的人,越不会声张卖弄,越不会强出风头。而是将自己的聪明才智用于实际的工作当中,用出色的业绩在工作中证明自己的价值,成就自我的风采。这些人在别人眼里也许默默无闻,但事实是,他们是职场中笑到最后的胜利者。

9 别被“小聪明”误了一生

在职场上待的时间长了,一些人开始养成了投机取巧的习惯。在他们看来,耍点“小聪明”是天经地义的事,何必太认真呢?然而成功是一步一个脚印走出来的,耍“小聪明”只能得到一时之利,却会拉开你与成功的距离。

在职场中,我们发现很多人本身具有达到成功的才智,可是每次他们都是与成功失之交臂,于是觉得老天对他们不公平,怨天尤人。其实他们从没有认真地检讨过自己,总是不愿意踏踏实实地去做好自己的本职工作;总是期望很多,付出很少,内心里不屑于去做他们心中的“小事”,认为他们被大材小用;认为是小事,就开始耍起小聪明,投机取巧,以图蒙混过关。

但是他们没有静下来想过:能蒙得过一次、两次,但总能混得过去吗?一旦让老板察觉,还怎么在单位立足?建立一个好的印象需要长期的考察,而坏印象的形成却在一瞬之间。而且对坏印象的改变是很难的,犹如一张白纸,整张白纸的白不如上面一个墨点的黑给人留下的印象深。

即使老板这一次原谅了你,但是从今以后他可能不太信任你了,因为你的人格在他的心目中已经打了折扣。总有一些员工觉得与成功无缘,总是抱怨老板不识人才。只把一些零碎小事交给他们,不给他们施展才华的机会。其实真正的原因不是老板不给他们机会,而是他们自己不注重细节,爱耍“小聪明”,最终将自己挡在了成功的门外。在老板的心中,他以往的投机取巧已经被打上不踏实、不可靠、不能委以重任的印记。在一个公司中，如果再也没有机会从事重要业务，何以谈将来？何以谈前途？

不能在老板面前耍“小聪明”，那是不是说在同事面前就可以耍“小聪明”了呢？当然不是这样。如果你要冒这个险的话，结果还是一样：老板、同事，谁也不会信任你。

王萌就职于北京的一家企业，平时工作积极主动，表现很好，待人也热情大方。但一个小小的动作却使他的形象在同事眼中一落千丈：在会议室里好多人都等着开会，其中一位同事发现地板有些脏，便主动拖起地来。而王萌却装着身体不舒服，一直站在窗台边往楼下看。突然，他走过来，一定要拿过那位同事手中的拖把。本来差不多拖完了，不再需要他的帮忙，可王萌却执意要求，那位同事只好把拖把给了他。不到一分钟，总经理推门而入，他正拿着拖把勤勤恳恳、一丝不苟地拖着地。这一切似乎不言而喻。从此，大家再看到王萌时，都觉得他很虚伪，以前的一切美好形象被这一个小动作一扫而光。事情如果到此也就罢了，可事情并没有完结。在会议室的众多职员中，有一个刚好是总经理的亲戚。王萌的结局，大家都应该猜到了。从此以后，上司不再重用他，同事不再理会他。

想一想，这样下去是多么可怕的后果。被老板识破“小聪明”后，这些人就辞职，到另外一个公司，于是同样的戏剧又开始上演，只不过是换了一个地方而已。许多年后，别人都已经创下自己的事业，打下一片江山，他们却只能想：我要去的下一家公司在哪里？也许最后觉得人生可悲，决定从头做起，可已经物是人非，机会都已经失去了！

田军上学期间，人缘非常好，社交活动也很广。可是让朋友们吃惊的是，都毕业几年了，田军还是经常跑人才市场。而让朋友们大跌眼镜的是上学时默默无闻的马林，此时已经成为一家日化用品公司的市场总监。这到底是怎么回事呢？原来，离开学校后，田军应聘做了一家宾馆的大堂经理。由于爱耍些“小聪明”，所以刚开始他挺受重用；可没过多久，他的那些“西洋镜”就被一一拆穿，老板马上就将他“冷冻”起来。之后，田军又进了一家中德合资企业。德国人严谨实干的作风当然又是田军不能忍受的。马林与他不同，从学校毕业出来后他就进了这家日化公司的销售部。之后，他勤奋工作，默默地积累工作经验。他对行业渠道的熟悉程度很受上司赏识，对公司产品更是了然于心。他的才干很快得到上司的肯定。当该公司市场总监的位子空缺后，公司总部就把他推了上去。

在工作中，如果你有一定的才干，肯吃苦，不管大事小事，只要是自己的工作，你都事无巨细，悉心尽力，力求完美，不断地为自己设定更高的目标，监督自己，激励自己，精益求精。那么，只要你保持这种优良的品质，不管在什么岗位上，你都是杰出的。老板会看在眼里记在心上，渐渐地把企业的核心业务交到你的手上，培养你。在一次次与重大业务的交锋中，你的才能得以升华，老板最终自然会对你委以重任。而且你周围的同事因为你有满腹的才华，勤奋扎实，兼之老板赏识，自然会喜欢你而愿意与你接近，给你力所能及的帮助。这样，你不仅会获得老板的赏识，同时也会赢得同事的拥戴。

所有的成功都是用汗水和血浸泡着的，每一个成功者都付出了不少的汗水。踏实是“以不变应万变”的良方，它能够把大量稍纵即逝的机会变成实实在在的成果。踏实应该成为你工作中的主旋律之一，踏实应该为你的过去、现在和将来的发展打下坚实的基础。

不要再让投机取巧的习惯左右你了。成功的人，都是脚踏实地的人。如果你不能做到认真对待工作，不注重这一细节，那么即便你学识再高，本领再大，也绝不会有出人头地的一天。

刚步入工作岗位的青年人应该驱除在物欲的影响下产生的浮躁心理，以淡定和坚韧的信念恪尽职守，一步一个脚印地坚实前进，才能让那平凡中的力量绽放出绚丽的花朵。

浮躁的心态不是好的征兆，它只能带给你缥缈的人生；好高骛远的表现不是好的作为，它只能让你拥有随波逐流的生活。唯有踏实勤奋地付出，才能带给你实实在在的回报。少一些抱怨，多一些行动，个人的付出才能获得社会的认可，得到社会有价的回报；少一些叹息，多一些激情。叹息呼出的只是一股废气，只会让你坠入消极；而激情却能给你无尽的动力，去创造触手可及的价值。浮躁是一种情绪，一种并不可取的生活态度。人浮躁了，会终日处在又忙又烦的应急状态中，脾气会暴躁，神经会紧绷，长久下来，会被生活的急流所挟裹。所以，凡成事者，要心存高远，更要脚踏实地，相信这个道理并不难懂。

10 真正负责：不以个人功利为目的

不少人在职场中，个人功利心很重。这些人只关注自己的利益，而对自己的工作敷衍了事，没有责任心。真正负责的人是不以个人功利为目的的，千万不要为了功利目的而丢弃自己的责任；否则，受到惩罚的只能是自己。

职场即是功利场，人在职场"功"与"利"无处不在。有句话说：因功利而履职，必会有虚伪之举。在职场中，很多人太注重个人功利，面对功利可以不择手段，甚至丢弃自己的责任。功利与责任似乎永远是相互矛盾的，于是很多人在两者中间，选择了功利，丢弃了自己应该负起的责任。社会上不少这样的例子：一些官员为了个人私利，玩忽职守；还有一些人仅为赚取更多的钱，就为公司的竞争对手做兼职，或者为了私利将公司的机密外泄。这是一种职场上的不忠，乃职场大忌。职场中的竞争非常激烈，要想让自己在竞争中不被淘汰，就不能太功利地对待工作，而是要负起责任。只有这样，你在别人眼中才是一个成熟的职业人。

第一次登陆月球的太空人一共有两位，人们只是熟知阿姆斯特朗，但是对另外一个登月者——奥尔德林却知之甚少。登月行动成功之后，阿姆斯特朗成了世界上第一个踏上月球的人，他的名字在世界各地被报道、赞扬。一次记者会上，某记者突然问了奥尔德林一个很敏感的问题："阿姆斯特朗最先走出太空舱，成为登陆月球的第一个人，你会不会因此感觉有些遗憾？"面对千万观众，奥尔德林很有风度地回答："各位，千万别忘了，回到地球时，我可是最先走出太空舱的。"他环顾四周接着说："所以我是由别的星球来到地球的第一人。"大家在笑声中给予他最热烈的掌声。与奥尔德林相比，很多人在功利面前总是显得那么有失风度，当责任来临时，这些人会在第一时间内将责任推得一干二净。

我们身处的这个时代，到处都充斥着诱惑，人们的精神世界也被严重污染，很多人开始变得越来越浮躁、功利，但是对于责任，却做得远远不够。许多人在领导在的时候，拼命表现；领导不在的时候就什么都不管。这样的人被领导一时看重，最终不是难为大家所接受。而不被大家接受的人，其实也很难混得下去，为什么呢？因为一个功利心太重，却缺乏责任感的人，是很难获得别人的信任和支持的。

功利心，有时候还表现在"墙头草"上。见人说人话，见鬼说鬼话。领导需要的是一个能办事情的人，而不是随身附和的应声虫，领导需要的是一个能对自己提出建议的人。而太有功利心的人过分重视个人利益、短期利益，把自己的个人利益凌驾于企业之上，也不管公司会不会受损失，只要自己目的能够达到就万事大吉了。

每个人都在职场中打拼，没有人不想获得成功。但是过于功利，必然使自己的工作心态发生转变。我们不难想象，如果你在工作中首先想到的是自己的个人利益会得到怎样的回报，就很难保证你的执行不会扭曲和变形，就很难保证如期达到目标。因为一个人的私心杂念必然会影响到工作时的心态。只有摒弃了私心杂念，把整个身心投入到工作中去，才会发挥出全部的能力和智慧，才会尽善尽美地完成任务。

要成为一个负责任的人，就必须超越功利，突破对金钱的追逐。如果一个人的工作纯粹是为了追求金钱，那么他在工作中肯定不能精益求精，充分负责。当然，我们深知市场经济之中，功利是与我们的思想、行为相随相伴的，否定它的存在或视之为瘟疫，都是不真实也是不客观的。问题的关键是摆正关系、处理得当，才能形成看轻功利者不失为高雅、看重功利者不显为庸俗的局面，从而在职场中尽心尽责，取得事业上的辉煌和成功。

第三章　用心工作，你就是公司的下一个精英

在现代企业中，只有用心做事的员工，才是企业真正需要的人。用心做事的员工拥有一种积极主动、乐观向上、兢兢业业、踏踏实实、竭尽全力、追求完美的工作态度。拥有这种态度，才能用心对待工作，变要我工作为我要工作，变被动工作为主动工作，从而将工作完成得更完美、更出色。只有用心工作，才能避免浮躁，由此，你就是公司的下一个精英！

1 能干，更愿干

真正聪明的员工，就是那种在“能干”的基础上，使自己成为“愿干”的德才兼备的人。也正是这样，他们才得以成为公司里的优秀员工。也许你会觉得你的工作单调、琐碎，毫无创造性可言，对它提不起兴趣来。但是，机会往往就蕴藏在这极其平凡的、极其低微的工作中。只要你能把工作做得比别人更迅速、更正确、更完美，用自己全部的精力，从经验中找出新的方法来，就能引起别人的注意，得到老板的赏识。这一切，都需要你不仅能干，而且愿意去干的精神。

一家企业最希望拥有的优秀员工，是能够胜任工作的人。胜任所代表的不仅是能力，还要有道德、有责任感等职业素养。很多时候，他们所从事的工作并不需要太高的职业技能，而是需要热情、谨慎、朝气蓬勃与尽职尽责的精神。很多学历、技术和能力都很出色的员工，原本能有不错的发展，却因为粗心、懒惰、没有激情、没有做好分内之事而频频遭到解雇。有一位老板就曾经对一位“在公司混日子”的员工提出了这样严厉的批评：你是不会干，还是不愿干？

张瑞敏认为：想干与不想干，是有没有责任感的问题，是德的问题；会干与不会干，是才的问题。不会干没关系，只要想干，就可以通过学习、研究，达到会干；会干，但不想干，工作肯定是做不好的。

杰克·韦尔奇提出了著名的“框架理论”。他以职业道德为横坐标，以工作能力为纵坐标，把员工分成四大类：人才（有才有德）、庸才（有德无才）、歪才（有才无德）和冗才（无才无德）。有一次，韦尔奇与英特尔公司总裁葛鲁夫在一起讨论对待这四类不同员工的对策时，韦尔奇唯独对有能力没品德的人特别提出了警告。韦尔奇强烈主张：有能力胜任工作，却消极怠工而不称职，这样的人，我发现一个就开除一个，绝不留情。

老板最不欢迎的就是有能力却不愿好好干的员工。职场中的确存在一些“会干但不想干”的人，对他们来说，每天的工作可能是一种负担、一种逃避、一种苦役。他们在工作中敷衍了事，不愿意为此多付出一点，更没有将工作看成是获得成功的机会。

很多人常常抱怨，老板对自己不公平，同事在工作中不帮忙。因为他们看不到自己的问题，不知道珍惜工作的机会。他们没有用心把本职工作做好，当然也就不会从工作中得到好的回报。

一个人即使没有很强的能力，但只要拥有责任心，同样会获得人们的尊重；而一个人即使能力很强，却没有基本的职业道德，也一定会遭到社会的遗弃。

职场中，大事干不了、小事不愿干的心理要不得。从小事开始，逐渐增长才干，赢得认可、赢得干大事的机会，日后才能干大事。那些一心想做大事的人如果不改变“简单工作不值得去做”的浮躁心态，是永远干不成大事的。

你努力工作，热爱工作，工作也会回报你、眷顾你。没有一个老板喜欢那种有能力却不愿好好干的员工。职场中总有那么一些人，他们能干却不愿意干。他们把每天的工作当成是“苦役”和“负担”，唯恐逃之不及，根本不知道珍惜工作的机会。这样的员工永远不会获得成功，也绝不会成为骨干。作为员工，我们应该保持对工作的兴趣。因为工作可以满足一个人的生活，并体现他的价值，工作是我们的责任和义务。

2　不要把难题留给上司

用心工作，不把问题留给上司，是一种积极主动的职业精神，是优秀员工必备的职业素质。要成为一名优秀员工，就要明白公司的事就是自己的事，知道自己的职责就是要分担老板的工作，解决老板的忧虑。

在企业的发展过程中，总会遇到各种各样的问题，因而每个企业的老板最迫切需要的是能够及时解决问题的骨干。所以，作为员工，如果能用心工作，掌握正确有效地处理问题的方法，让工作中的问题和难题得到及时的解决，使问题终结在自己的手中，就如同找到了一把开启成功之门的“金钥匙”。

在老板的眼里，没有任何一件事情能够比一个员工帮助自己解决问题,更能代表他的主动性、责任感和独当一面的能力了。一个经常为老板解决问题的人,老板一定会非常器重他。有了这样的优秀员工,老板就没有了后顾之忧。

业务员小王、小李和小刘在同一家公司任职。他们任职的公司有一位大客户,半年前就买了公司10万元的产品,但总是以各种理由迟迟不肯付货款。因无法及时收到货款,使得公司运营出了一些问题。

于是,公司决定派小王去讨账。但那位大客户没有给小王好脸色,他说那些产品在他们这个地方销得一般,让小王过一段时间再来。小王知道这位大客户不好惹,又想到客户欠的是公司的钱,与自己没什么关系,于是便返回了公司。

小王无功而返,公司只好派小李去讨账。小李找到那位客户,那位客户的态度依然很强硬。他说他这段时间资金周转也很困难,让小李体谅他的难处,说等他的资金到位了一定还钱。因此,小李也无功而返。

最后,公司又派小刘去讨账。小刘刚跟那位客户见面,就被客户指桑骂槐说了一顿,说公司三番五次派人来讨账,摆明了就是不信任他,这样的话以后就没法合作了。小刘没有被客户的态度吓退,他见招拆招,想尽了各种办法与那位客户周旋。那位客户见磨不过小刘,最后只得同意给钱,便开了一张10万元的现金支票给小刘。

小刘非常开心地拿着支票到银行取钱,结果却被告知账上只有99920元。很明显,对方又耍了个花招,那位客户给的是一张无法兑全的支票。第二天就是春节放假,如果不及时拿到钱,不知又要拖延多久。

小刘灵机一动,自己拿出100元钱存到客户公司的账户里去。这样一来,账户里就有了10万元。他立即将支票兑现拿到了钱。

当小刘带着这10万元回到公司时,老板对他刮目相看,从此很器重他,并让公司其他的员工都向他学习。后来,公司发展很快,小刘自己也很努力,在不到5年的时间里,他就当上了公司的副总经理,不久后又当上了总经理。而当初一起去讨账的小王和小李依然是公司里普普通通的业务员。

善于动脑,主动寻求方法帮助企业解决问题的骨干,最容易得到老板的认可,最容易在职场中脱颖而出。而那些遇到困难只会找借口,或者根本不去用心想办法的员工,不会得到任何人的赏识,工作中也不会取得成绩。

戴尔公司创始人迈克·戴尔说:“很多人都曾经为自己寻找过各种各样的借口,却不愿去想一下,自己是否已经尽了全力?是否克服了不利的条件而坚持到底?是否寻找到最为便捷的方法?”

骨干员工善于寻找方法解决问题,他们是企业和老板最需要的人。用心工作,你会发现方法总比问题多。

3 不断地进行自我激励

在职场中,上司最欣赏的是那些能够自我管理、自我激励的员工,他们不管上司是不是在办公室,都能一如既往地勤奋工作,因而他们永远都不可能被解雇。

许多员工遇到困难不是想办法如何去努力解决问题,而是努力找借口推卸责任,这样的人很难成为优秀员工。许多成功者,他们都有一个共同的特点:认真勤勉。在这个世界上,投机取巧者无法成功,偷懒者更是永远没有出头之日。

杰克是一位长期在公司底层挣扎,时刻面临着失业危机的员工,他来到奥里森·马登的办公室。他讲话时很激动,一个劲儿地抱怨上司不肯给他更多的机会。马登先生问他为什么不自己争取,他说已经争取过了,但他并不认为公司给予他的是机会。他气愤地说:“我今年已经40多岁了,可他们竟然派我去海外营业部。像我这样的年纪怎么能够经受起这样的折腾呢?”

马登先生问他:“为什么你会认为这是一种折腾,而不是一种机会?”

他仍旧义愤填膺:“公司里有那么多年轻人,不派他们而让我去，这不是折腾人是什么？再说公司本部有那么多职位，却偏偏要把我调走。我真不知道他们安的是什么心。还有，公司所有的人都知道我身体不好……”

“我无法确认他公司里的同事是否都知道他的身体不好，起码我是没有看出来，因为站在我面前的他红光满面，神情激昂。我想，这位先生并没有得什么病，我更倾向于认同他犯了一种最严重的职业病——推诿病。”马登先生事后总结说。

当我们把过多的心思放到了谈条件上，当我们把自己从事的工作说得一无是处，当我们把所有的责任都推在一些客观原因上时，什么问题也解决不了。你的抱怨，只会让你的工作变得更艰难、更无趣。

当你觉得工作不见成效时，你应该首先从自己身上去找原因。是自己的能力不够，还是自己的努力不够？如果是前者，那么你就要及时学习；如果是后者，就要马上改正，因为懒惰比平庸更不可救药。面对自身的惰性，只有自我激励才能起到作用。可以确定，你的工作困境是你自己造成的。如果你是一个勤奋、肯干、刻苦的员工，就要像蜜蜂一样，采的花越多，酿的蜜也越多，享受到的甜美也就越多。

著名的心理学大师弗洛伊德讲过一个很经典的故事：

约翰和汤姆从小在一起长大。约翰很聪明，学什么都是一点就通，他知道自己的优势，很骄傲。汤姆没有他的朋友那么聪明，所以十分用功。与约翰相比，他从心里时常流露出一种自卑。然而，他的母亲总是鼓励他，告诉他要用耐心和毅力完成学业，尽自己所能去做好每件事。

长大后，约翰自以为聪明，所以很少努力工作。他一生业绩平平，没有成就一件大事。而自觉很笨的汤姆时刻记得母亲的教导，从各个方面充实自己，一点点地挑战自我，超越自我，最终成就了非凡的事业。

死后的约翰还是不明白，他的灵魂飞到天堂后，质问上帝：“我的聪明才智远远胜过汤姆，我应该比他更伟大，可为什么你却让他成为了人间的卓越者呢？”

上帝笑了笑说：“可怜的约翰，你到现在还没有明白。我把每个人送到世上，在他生命的潜能里都放了同样的东西，只不过我把你的聪明放到了前面，你因为看到或是触摸到自己的聪明而沾沾自喜，以致耽误了你的一生。而汤姆的聪明却放在了后面，他因看不到自己的聪明，总是仰头看前方，所以，他一生都在不自觉地迈步向前。”

每一个人都要记住，只有自己才能帮助自己。那些不断挑战自我、超越自我的人，才是一个真正聪明的人。

作为一名员工，要时刻保持饱满昂扬的情绪。心情愉快，人体内就会发生奇妙的变化，从而获得阵阵新的动力和力量。不要让负面情绪过多地纠缠自己，也不要把生活中的一些烦恼延续到工作中。一旦进入工作状态，你就应该忘掉一切不愉快，全身心地投入其中。

同时，要有紧迫感。不少员工在工作中没有紧迫感，别人早已把工作出色地完成，他却还在原地。别人利用休息时间充电、学习，提高自己的素质和能力，他却毫无提高自己各方面能力的意识。要成为优秀员工，就要让自己时时有紧迫感。要知道，一天不往前走，就有被别人超越的危机。

在工作中，我们总会遇到各种各样的困难。组织需要你的原因，正是希望你能够解决这些困难。想要绕过去或者推给别人去解决都是不现实的，只会让自己的处境越来越艰难。工作中的压力是永远存在的，成功者就在于能够自我化解压力，并把压力变为动力。

不要给自己人为地设置心理障碍，事情还没开始就先害怕别人会拒绝，因为害怕拒绝而放弃太可惜了。即便别人真的拒绝你，也不要消极接受别人的拒绝，而要积极地去面对。把这种拒绝当作一个问题：自己是否还有更好的想法可以说服他呢？你应该让别人的拒绝激励你爆发更大的创造力。

我们都会因为对事情没把握而不敢去尝试。其实，如果你客观而全面地考虑了，就大胆去做，不要怕犯错，不要在犹豫中错过机会。

还有，所有的人都是需要激励的，多给自己一些掌声，这会让我们在工作中充满成就感。

4 把工作当成事业去做

如果一个人能把自己的工作当成事业，总是能用心力求做到最好，那么他就成功了一半。绝大多数人都需要在一个社会机构中奠定自己的事业生涯，只要你还是某一机构中的一员，就应当抛开任何借口，投入自己的忠诚和责任。如果你能将身心彻底融入公司，尽职尽责，处处为公司着想，对投资人承担风险的勇气报以钦佩，理解管理者的压力，那么，任何一个老板都会视你为公司的支柱。

肖伟高中毕业后随表哥到深圳打工。他和表哥在码头的一个仓库给别人缝补帆布。肖伟非常能干，活儿做得也非常精细。当他看到有别人丢弃的线头、碎布时就会随手拾起来，留做备用，好像这个公司是自己开的一样。

一天夜里，暴风雨骤起，肖伟从床上迅速爬起来，拿起手电筒就冲到大雨里。表哥劝不住他，骂他是个傻瓜。

在露天仓库里，肖伟察看了一个又一个货堆，加固被风掀起的篷布。

这时候，老板正好开车过来，只见肖伟满身是水。

当老板看到货物完好无损时，当场表示要给肖伟加薪。肖伟说："我只是看看我缝补的帆布结不结实，况且，我就住在仓库旁，顺便看看货物只是举手之劳。"

老板见肖伟如此诚实，如此认真对待工作，就让他当部门主管。肖伟刚上任，需要招聘几个文化程度高的大学毕业生当业务员，肖伟的表哥跑来，想在肖伟负责的部门工作。肖伟说："只有把公司当成自己的家的人，才能把工作做好。"几年后，肖伟成了这家公司的副经理，而他的表哥却还在码头给别人缝补帆布。

同样的起点，因为不同的工作态度，使得两人有着截然不同的结局。视工作为事业的人，会执著追求，力求完美地做事；而对于视工作为谋生手段的人，他们只会应付了事。

公司的利益是自己的利益来源，而工作是每个人生命中最重要的组成部分，是人生成功的基础。只有你把工作当成自己一生的事业，全心投入地去做时，才能享受到工作的乐趣。

同一件事，对于视工作为事业的人来说，意味着执著追求并力求完美地完成。英特尔总裁安迪·葛洛夫应邀对加州大学伯克利分校的毕业生发表演讲时，说道："不管你在哪里工作，都别只把自己当成是名员工，应该学会努力适应，把公司当成是自己开的一样。职业生涯除了自己之外，全天下没有人可以掌控，因为这是你自己的事业。"

今天的成就是昨天的积累，明天的成功则有赖于今天的努力。把工作和自己的职业生涯联系起来，就是对自己的未来负责。你要学会容忍工作中的单调和压力，认识到自己所从事工作的意义和价值，从而从工作中获得成就感。

职业交换薪水，事业创造价值；工作可能很辛苦，但事业一定很快乐。一个人要在激烈的竞争中占有一席之地，就要把工作当事业，用心做到最好。要想有所作为，成就自己的事业。确立自己的事业方向，规划自己的职业生涯，明确自己要干什么，要达到怎样的目标。

明确为实现自己的职业目标，是把工作仅仅视为工作，还是视为一种事业全身心地投入其中。培养自己的胜任能力和工作激情，并进行自我激励，使自己拥有强烈的事业心。要适应职业，成就事业，就必须立即行动起来，融入公司，甘为公司付出辛勤和汗水，实现双赢。

5　让自己成为不可替代的员工

面对职场日益激烈的竞争，害怕被淘汰是很多员工所忧虑的事情。一些人不断学习充电，提升自己，这些都是必要的。要想使自己成为公司不可替代的人，必须全身心地投入地工作，把工作做得更好，不断超越老板的期望。

韩芳到一家广告公司应聘董事长秘书。虽然没有受过秘书专业训练，并且缺乏容貌上的优势。但是，凭借自己以往丰富的工作经验，以及认真、细致的工作态度，她成功地获得了这个职位，并且在日常工作中逐渐显示出她的实力。每天，韩芳都会把各项事务处理得井井有条：把董事长一天的日程安排好，要用的文件提前准备好，要接待的重要客人提前协调有关部门安排。每一项工作，都力争提前完成，而且不出差错。因此，她的工作得到了董事长的肯定和赞许："没有人能替代她，她做得很完美。"有人问她为什么能够做的如此完美时，她说："要把老板当成自己的客户。用眼观察，用耳倾听，勤动手、动脑，满足老板的需求。重要的是用心投入到工作中，不断超越老板的期望，才能赢得老板的信任。"

一个员工要想获得成功，就必须为公司和老板创造价值，必须向他们提供具有竞争力的服务，得到他们的信赖和认可。要想让自己成为公司里不可替代的员工，除了要有大家都具有的能力外，还必须拥有自己独特的专长，如学习能力、创新能力、组织领导能力、策划能力、沟通表达能力等等。

任何人都不可能是全才，大多数人只能在某一领域里有所建树。要想在职场上取得成功，就必须扬长避短，发现自己的长处，开发自己的潜力。只要在自己所擅长的领域里做到卓越，做到极致，就会成为不可替代的人。

亚德里恩是巴黎一家五星级大酒店的小厨师。他做不出什么上得了大场面的菜，所以在厨部里只当下手。但是，他会做一道非常特别的甜点：把两个苹果的果肉放进一个苹果中，那个苹果就显得特别丰满。可是从外表上看，一点儿也看不出是两个苹果拼起来的，跟自然生长的一样，果核也都巧妙地去掉了，吃起来特别香甜。

这道甜点被一位长期住在酒店的贵夫人发现了，她品尝后，十分欣赏。虽然她一年中在这里度过的日子加起来不到一个月，但是，她每次到这里来，都会让亚德里恩做那道甜点。

酒店里年年都要裁去一定比例的员工，经济低迷的时候，裁员的规模会更大。不起眼的亚德里恩却年年风平浪静，就像有特别硬的后台和背景似的。

后来，酒店的总裁告诉他：那位贵夫人是他们最重要的客人。而他，可爱的亚德里恩，是酒店里不可或缺的人。

老板喜欢的，不是那些什么都会一点儿，却又什么都做不好的员工。如果一个人能胜任的事是任何人都可以做的，那就意味着无论什么时候什么人都可以顶替他。要想不被别人代替,你就要完全投入到工作中,练就属于自己的那门独家绝技。你有的本领别人没有,这就是在你职场存在的理由,也是你能够安身立命的资本。

那么,如何成为一个不可被替代的人呢?要清楚自己的长处和短处在哪里。没有人是完美无缺的,有长处就一定有短处。清楚地知道自己的所长和所短,而不是想当然地认为,因为这些特长是使自己成为不可或缺的人最重要的前提。

要明确知道自己的长处和短处,就是要更清楚地认识自己。你可以回忆一下自己的过去,把所有你做得比较突出的事情列出来。虽然不见得做得最好,看看这些事情有什么共同的特点。同时,也可以请教一下身边的朋友,了解一下他们眼中的自己,在此基础上形成自己的一个客观而准确的判断。

看看现在你所从事的工作是否能发挥自己的专长和兴趣。如果你觉得现在的工作并不能发挥你的专长和兴趣,甚至背道而驰,你就要考虑换一个岗位或换一份工作了。没有什么比一个适合跳高的天才,却一直练着举重更残酷的事了。对任何人来说,在错误的方向上走得越久,就意味着回头的时候,所要支付的机会成本越高。

你应该在每一天的工作中,都去考虑用什么样的方法能让你的工作变得更有效率。从本质上来说,这个世界上只有两种人不可替代,一种是某一领域的最强者,另一种就是创新者。而无论你是否能成为某一方面的专家,还是能成为创新者,你都要证明,你为老板创造的价值,远远大于老板向你支付的薪水。

6 心中有点子,工作有路子

一个人的成功不会是偶然的,因为机遇只垂青于有准备的人。只要我们在工作中主动运用我们的大脑,让好点子如泉水般涌出,我们便会找到属于自己的最佳坐标。

世界上勤奋的人不计其数,但在事业上获得成功的人却不是很多。一个人要想成大事,就必须有创意,好的点子能帮助你成就美好的人生。点子是创造力的体现,它能为我们选择事业和开创事业指出一条又一条可行的路子。一个人若想成就一番大业,必须时时让“金点子”在脑中激荡。

1956年,美国福特汽车公司推出了一款新车。这款汽车功能、样式都非常好,价钱也不高,但是汽车的销路却不好,比公司所预想的要差很多。

公司的高层很着急,如果一直是这样的销量连成本都收不回来,但他们一直都未能找到提高汽车销量的好办法。

此时,在福特汽车销售量居全国末位的费城地区,一位毕业不久的大学生,对这款新车产生了浓厚的兴趣,他就是艾柯卡。

艾柯卡当时是福特汽车公司的一位见习工程师,本来与汽车的销售没有任何关系。看到公司的高层人员因为这款新车滞销而着急的神情,他开始琢磨:我能不能想办法让这款汽车畅销起来?

有一天,艾柯卡灵机一动,终于想出了一个好办法。他立即来到经理办公室向经理提出了这个创意,即在报上登广告,内容为:花56美元买一辆56型福特。

这个创意的核心是:谁想买一辆1956年生产的福特汽车,只需先付20%的货款,余下部分可按每月付56美元的办法逐步付清。

公司经理觉得他这个方法非常好,于是就采用了。果然,创意所带来的效果的确很好,“花56美元买一辆56型福特”的广告很快家喻户晓。

“花56美元买一辆56型福特”的做法,不但打消了许多人对车价的顾虑,还给人们以“每个月才花56美元,实在是太合算了”的印象。

而且,在随后的短短3个月中,该款汽车在费城地区的销售量,就从原来的末位一跃而为全国的首位。

艾柯卡也因此得到了老板的赏识,被破格调到华盛顿总部,并被委任为地区经理。

接下来,艾柯卡不断地根据公司的发展趋势,推出了一系列富有创意的举措,成就了福特,同时也成就了他自己。

优秀员工从来都是主动提出建议,为不断提升公司的经营管理多出

“金点子”，为企业寻求良性和快速发展尽自己的一份力的人。

为公司提出好的建议，能给公司带来巨大的效益，同时也能给自己创造更多的发展机会。大脑越用越灵活，只要你坚持进行有意识的训练和练习，思路就会越来越开阔，你的“金点子”就会越来越多，在工作中的选择余地就大为增加，也就等于拓宽了成功之路。

有一家公司的发动机坏了，请了很多人都没修好。后来请了一位工程师，他听了听发动机的声音，根据其异常的方式，就立即明白毛病在哪里了。他用粉笔在机壳上画了一道线，说：“打开，将这里的线圈拆了。”人们照办，故障果然排除了。公司的经理问他要多少报酬，他说 10000 美元。经理见他修好没费什么劲，觉得 10000 美元太贵了。工程师说：“这支粉笔值 1 美元，知道在哪儿画这道线值 9999 美元。”后来，经理照付他 10000 美元，并马上提出聘他为公司的特别顾问。

工作中需要主动思考问题、解决问题，那些在遇到问题时懂得变通的员工才是领导最欣赏的员工。因为他们不仅能在领导想得到的地方做得很好，也能在领导想不到的地方动脑筋主动寻求解决的方法。

那些得到升迁的员工，往往是那些对工作非常热爱的人。他们把工作当成事业，并对自己的工作有着很大的兴趣。当我们在选择工作时要尽量选择自己喜欢的工作，这样会更容易让自己在工作中体会更多的乐趣。

要获得上司的关注和认可，就要学会发挥自己的主观能动性，创造性地完成工作任务。在工作过程中发挥自己的主动性和创造性。同时，要善于变通，把工作更合理、更高效地完成。

7 用心工作才能成为优秀员工

用心工作就是既要有全力以赴的工作精神，又要有头脑、有智慧并带着思考去工作。要想做好工作，创造业绩，赢得赏识，既要刻苦勤奋，更要善于思考，同时还要适时地对自己的进步进行反思和总结，能做到这些的员工才是用心工作的骨干。

海尔集团洗衣机本部住宅设施事业部卫浴分厂厂长魏小

娥，就是一个面对问题，能够用心思考的人。

为了发展海尔整体卫浴设施，1997 年 8 月，海尔集团派魏小娥前往日本，学习掌握世界最先进的整体卫浴生产技术。在学习期间，魏小娥发现，日本人试模期废品率一般都在 30%～60%，设备调试正常后，废品率降到了 2%。

魏小娥问日本的技术人员："为什么不把合格率提高到 100%？"日本人反问道："100%？你觉得能够做到吗？"

作为一名海尔员工，魏小娥的目标是 100% 的合格率，即：要么不干，要干就要做到最好。她利用每一分每一秒的学习时间，3 周后，她带着赶超日本人的决心和先进的技术知识回到了海尔集团。

半年后，日本模具专家宫川先生来中国访问见到了"徒弟"魏小娥。此时，她已是卫浴分厂的厂长。面对着操作熟练的员工、一尘不染的生产现场和 100% 合格的产品，他大吃一惊，反过来向徒弟请教。

"有几个问题曾使我绞尽脑汁想尽办法，但最终仍没有解决。日本卫浴产品的现场过于脏乱，我们一直想做得更好一些，但难度太大了。你们是怎样做到现场清洁的呢？100% 的合格率是我们连想都不敢想的，你们是怎么做到的呢？"

"用心！"魏小娥简单的回答又让宫川先生大吃一惊。用心，看似简单，其实很不简单。原来，魏小娥从日本学成归国之后，便开始重点抓卫浴分厂的模具质量工作。不管是工作日还是节假日，魏小娥从来没有放松过。有一次在试模的前一天，魏小娥在原料中发现了一根头发，这无疑是操作工在工作中无意间掉进来的。一根头发如果混进原料中就会出现废品。魏小娥马上给操作工统一制作了白衣和白帽，而且要求大家统一剪短发。就这样，在魏小娥的努力下，2% 的可能被杜绝了。同时，这个被日本人认为是"不可能"的 100% 的合格率，魏小娥做到了，无论是在试模期间，还是设备调试正常后。

用心工作，积极面对每一项任务，并严格要求自己更出色地去完成，给出令人满意的结果，这就是取得成功的秘密。

用心工作，才能成为优秀员工。那么，怎样才算真正用心工作了呢？

用心做好每件事。认真做事只能把事情做对，用心做事才能把事情做得更好。全力以赴是做好任何工作的前提，更是用心工作的最佳表现形式。用心工作，就要全身心地投入到工作中，在工作中多动脑筋，多想办法，以期找到最好的解决问题的方案。

8　用心工作就能成为行业高手

很多年轻的员工在刚开始工作的时都是一脸茫然，每天都浑浑噩噩地上下班，有时兴奋有时抱怨，没有明确的目标和方向……他们从不会问自己：工作是什么？工作的动力是什么？怎么才能将工作做好？如果你选择这样工作，就别埋怨这个社会对你不公平。怎么别人都做到了主管，可你还是那个打杂的？其实这不难回答。

对那些认真工作的人，不管工作有多枯燥、多困难，他们都会踏踏实实地去做，而且肯定用尽一切方法，圆满地完成任务。

夏斌在远华贸易公司里已经工作了一年，却一无所获，他非常不满。他向朋友诉苦："在公司中我的工资最少，老板压根儿没把我放在心上，这样干下去真没劲，我想辞职，不干了！"朋友问他："你为公司做出成绩了吗？"他摇了摇头。"那么，你熟悉公司的业务吗？完全弄懂国际贸易的窍门了吗？"朋友又问。他还是摇了摇头。"怪不得呢，你对公司没有贡献，而且对业务也不熟练，凭什么就要求人家付给你高工资，凭什么就要给你升职呀？大丈夫能屈能伸，我觉得你应该先安下心来，熟悉业务再说。就算跳槽也应该带点经验啊，否则岂不是白干一场？"

夏斌认真思考了朋友讲的话，改掉了以前懒散的习惯，开始认真地工作。他认真地为自己的工作制定了计划，总结同客户交流的经验与技巧，而且有时还主动要求加班，留在办公室里研究商业文书的写法。

过了一年，朋友又问他："怎么样，现在可以跳槽了吧？"夏斌说："我才不走呢，因为我刚升职做经理了，工资翻了四倍多，老板和同事们都对我另眼相看了！"说完后，两人大笑起来。

你不关心工作，老板也不关心你；你整天垂头丧气，老板肯定对你也没信心。你自己都轻视自己,别人肯定更视你为可有可无的小人物,谁会在乎你?不难发现,同样的工作让同样的人来做,用心与不用心的结果是完全不一样的。前者能让人充满活力,工作做得有声有色。不但可以升职加薪,就连老板与同事也都会赞许不已。可后者呢,让人变得懒散,对待工作态度消极,自然也不会有什么好成绩,不过是当一天和尚撞一天钟罢了。

用心工作的第一步,就是要对自己的工作充满热情。假如你对你的工作并不热情,能力肯定无法正常发挥。机遇来时,你不去抓;遇到坎坷,你无法应对,只会自我埋怨。因此,与其说成功由人的才识决定,还不如说是由人的热情决定。

作为员工,只有热情远远不够,你还必须动脑筋。你可以问问自己以下这几个问题:我做的这些工作是否能为公司带来好处?我目前的能力能否胜任这个工作?工作中遇到麻烦,需要改变的是我自己,还是别人?领导会肯定我做的工作吗?

在每天上班前,都应当抽出一些时间来思考一下:今天有什么事情要做?要达到什么样的效果或者成绩?应该具体怎么实施?把重要且紧急的工作放到前面来做,不重要又不紧张的就暂且搁置。总的来说,大概有个顺序,工作时就可以有条不紊。

教训和经验是一笔无形的财富,因为它与你解决问题的态度和能力息息相关。就像古训说的:在哪儿跌倒,就要在哪儿爬起来。

许多员工在工作后就再也不看书,不去积累知识了,这个做法十分不可取。当今时代竞争如此激烈,如果你的知识储备落后于时代的步伐,那你就准备丢掉工作吧!难道你不应该学习和人沟通的技巧吗?难道你不应该了解你所从事领域的最新动态吗?只有学会如何学习,你才会不断地创新,才会立于不败之地。

因此,用心工作不但是一种态度,更是一种方法。工作并非只是干活,要记得,它恰恰是表现你的创造力与才华的地方。你不去表现,就会被人比下去。如果不想让别人瞧不起,那就应该表现出你的热情!用心、认真去做,你肯定会成为这一领域的高手!

9　用心工作，充分享受工作中的乐趣

工作没有成就感，是因为你没有将工作当成人生的乐趣。优秀员工总是能将工作当成有趣的游戏，他们无时无刻不感到工作的喜悦。

能不能从工作中感受到乐趣，归根到底是一个心态问题。视工作为乐趣的优秀员工，总是在开心地工作；视工作为痛苦的人，就很容易陷入消极的境地。其实，工作本身是没有意义可言的，它总是充满了机械性、重复性。但如果我们赋予它意义的话，工作就会变得有趣。因此，我们所从事的工作是单调乏味还是充实有趣，往往取决于我们对待工作的态度。

美国医药界的领军人物，世界前五名的制药厂商查理·华葛林，原来只是一家小药房的老板。那时，他像多数人一样有着对工作的厌倦情绪，常常感到工作无趣、人生乏味。

在烦恼的时候，他想放弃这份工作，因为这种状态实在让人难以忍受。可是，他又能在其他什么行业里施展自己的才能呢？

很不幸，他没有其他任何方面的才能。但是，他想改变现状。苦思冥想，他终于想到了一个方法，把工作当作一个有趣的游戏。

有一天，电话铃响起，他拿起话筒，大声地回答说："好的，郝斯福夫人，五瓶消毒药水，一打消毒棉花，还要别的吗？啊，今天天气真好……"

他跟顾客谈话时不仅说些工作上的事，还顺便问候一声。他觉得在这种对话中，自己的心情也跟着好了起来。同时，他指挥伙计把货物取齐马上送去。这些伙计经过他的训练，已经能够很快地将货物处理妥当，并送至顾客家里。在华葛林接到电话的一分钟内，物品已经送到郝斯福夫人家的门口，但他们仍在通话，直到她说："门铃响了，华葛林先生。"

这时，他放下话筒，满意地笑了，因为他知道货物已经顺利地送到，而且令顾客非常满意。

这件事之后，华葛林的生意就渐渐好了很多。因为郝斯福夫人常对别人说起这件事，她说她订货的电话尚未打完，货物就

已经送到门口了。郝斯福夫人无意中的传播，大大提高了华葛林的知名度。这样一来，附近的居民都来他的药房订货，并且渐渐扩展到别处的居民，最后他们都成了他的忠实顾客。他的生意渐渐好了起来，他的小药房，慢慢扩充为公司，然后成立了制药厂。不久，又在各地开设了连锁店。

华葛林之所以能够取得后来的成功，很大程度上在于他对待工作的态度的转变——他懂得将枯燥的工作兴趣化，并及时转换工作心情，把乏味的工作当成有趣的游戏进行，自然可以做得轻松愉快。

世界上没有一份工作是时刻充满趣味的，任何工作干久了都会让人感到厌烦。其实，这不是工作本身的错，而是我们自己缺乏战胜这种枯燥、乏味的工作的思想和方法，同时也是工作态度不够正确的原因。

我们应该怎样在工作中寻找乐趣呢？从事自己热爱的工作。当我们做自己喜欢的事情时，很少感到疲倦。让自己愉快地工作，哪怕是假装的。这正是西门子公司所崇尚的企业文化。他们相信：如果我们对一项原本不感兴趣的工作假装有兴趣，并能坚持这样暗示自己的话，慢慢地就会真的对这项工作产生兴趣。心理学家也告诉我们：如果想让自己心情愉快，就先假装出一副快乐的样子。

把幽默带到工作中去。适当的幽默可以让人消除紧张和疲劳。幽默感是一种视困难为乐趣的挑战精神，这对我们能否有最佳工作表现，是不可或缺的重要因素。幽默是兴奋剂，它让人工作起来更加有热情，更有效率。

任何工作，做的时间长了都会让人感到乏味。但如果你善于挖掘，就会找到很多新鲜感。比如，把自己的办公室环境重新布置一下，放点音乐给自己放松。

在工作中树立使命感。一旦在工作中树立起使命感，你就会觉得工作中所有的一切都充满了意义。这样，你工作起来就会充满了热情，工作本身就给你带来乐趣。

面对强大的工作压力，我们要学会适当地跟别人开开玩笑，或者找一些愉快的事情穿插进来调节一下。不要一直紧绷神经，否则会让我们感到身心疲惫不堪。

第四章　沉得住气，是克服浮躁心志的法宝

人生在世，谁都希望自己能建功立业，出人头地。但是从古至今，成功的人总是少数。更多的人，却在怨天尤人、碌碌无为中度过一生。究其原因，成功并不是一蹴而就的事情。要想获得成功，需要我们日积月累、锲而不舍地努力。只有沉得住气，不断拼搏的人，才能战胜浮躁的心态，到达胜利的彼岸。

1 成功属于沉得住气的人

沉得住气的人，比起那些自以为聪明的人，他确实傻得很。他不会投机取巧，溜须拍马，见风使舵，随波逐流，甚至也谈不上深谋远虑。然而他却有着自己的人生信念——为了做那些“有意义的事情”，在困难面前不低头，在孤独面前不退缩，在强敌面前不胆怯，在名利面前不浮躁。

成功只属于沉得住气、不懈努力的人，那些投机取巧、三心二意之人，看似精明，就算风光一时，却由于缺乏脚踏实地的务实态度和坚定不移的执著精神，而难以在事业上有所建树。

成功在于坚持，沉住气，脚踏实地，步步为营是通向胜利的必由之路。任何成绩的取得、事业的成功，都源于人们不懈的努力，务实、执著的探索追求。而心猿意马，浅尝辄止，投机钻营，则只能拥有昙花一现的虚荣及“竹篮打水”的结果。

在职场中，很多人都在问：我们究竟为了什么工作？我们工作这么辛苦究竟是为了什么？既然是为别人打工，何必这么投入地工作，不如敷衍了事、得过且过……职场中经常有人这么想，觉得认真工作实在是一种“吃亏”的举动，踏实工作的“老黄牛”是人们嘲笑的对象。事实上，认真工作才是真正的明智之举。一个人工作认真、沉静务实、不投机取巧，最大的受益者还是自己。成功是一个不断积累的过程，一个人要想成器、成才，必须具备心无旁骛、锲而不舍的专注精神。如若采取浅尝辄止的态度，就只能获得平庸的结果。

成功需要脚踏实地，成就事业恰如爬山，纵使你豪情万丈、壮志凌云，但要想登高望远、领略极地风光，你只能低着头，沉住气，认真耐心地攀登。这样，你才能够达到成功的巅峰。

成功需要理性和务实的激情，为了心中的梦想，你需要忍受途中的沮丧、恐惧、创伤和种种压力，只有将梦想、激情与理性务实的态度相结合，沉住气，脚踏实地，我们才能够一步步走向成功。

职场员工应该像牛一样立足岗位、脚踏实地、兢兢业业地工作。只有这三种素质兼备，才能确保有足够的耐力与实力过关斩将，脱颖而出。

邓亚萍小时候因为个子很矮，被省乒乓球队以“个子太矮，没有发展前途”为由退回。这让邓亚萍深受打击，但她没有认输，而是谨记爸爸的话：“先天不足后天补，只要有特长和扎实的基本功，何愁不会脱颖而出！”她开始了刻苦的训练。

当时，郑州市乒乓球队的条件十分艰苦，连一个固定的训练场地都没有。邓亚萍和队友们一开始在一间暂时不用的澡堂里练球，后来又转移到一个小学的礼堂，最后才搬到市体育场靶场二楼的训练房。夏天，训练房里的温度非常高，可队员们在里面一待就是一整天，挥汗如雨，连衣服都湿透了。冬天，室内十分寒冷，队员们的双手常常肿得像个面包，甚至开裂。

无论训练多么严格，条件多么艰苦，全队年纪最小、个头最矮的邓亚萍都咬牙坚持下来，甚至比别人做得更出色。

训练房离邓亚萍的家不远，但她从不擅自回家。她那不服输的拼劲，让很多比她大的队员都自叹不如。正是在这里，邓亚萍练出了“快、怪、狠”的战术，即正手球快、反手球怪、攻球狠，这成了她以后打球最突出的风格。

功夫不负有心人，邓亚萍的努力得到了丰厚的回报。1988年，15岁的邓亚萍在国际、国内各项大赛上所向披靡，并夺得了第六届亚洲杯乒乓球比赛的女子单打冠军。进入国家队后，邓亚萍依然保持着勤奋、刻苦的精神。

训练时，教练最常给邓亚萍的指示不是“要多练”，而是“要注意休息，别练过了”。邓亚萍的训练量超过一般运动员很多：平时，队里规定上午练到11时，她给自己延长到11时45分；下午训练到6时，她练到6时45分或7时45分；封闭训练时晚上规定练到9时，她练到11时。一筐200多个训练用球，邓亚萍一天要打10多筐。练一组球的脚步移动，相当于跑一次400米。邓亚萍的一堂训练课，相当于跑一次1万米，这还没算上数千次的挥拍动作。有人做过统计，邓亚萍平均每天加练40分钟，一年就比别人多练40天。

练全台单面攻，她腿绑沙袋，面对两位男陪练左奔右突，一打就是两个小时。多球训练时，教练将球连珠炮般打来，她瞪大眼睛，一丝不苟地接球，一口气打1000多个。教练曾经做过统计，她一天要打1万多个球。邓亚萍每天练球，都要带两套衣服，湿了一套再换一套。她经常因为训练错过吃饭的时间，有时食堂会为她专设“晚灶”，很多时候她只能用方便面对付一下。

一次次的南征北战，邓亚萍捧回了一枚枚金牌，并又一次次地把目光投向更高的目标。在1992年巴塞罗那奥运会和1996年的亚特兰大奥运会上，邓亚萍蝉联了乒乓球女子单打、双打的冠军。

邓亚萍说：“一个人追求的目标越高，他的才能就发展得越快。但我也深深懂得，要在比赛时打败对手，只有抓牢今天，才能把握明天。”1997年，邓亚萍从她深爱着的国家乒乓球队退役了。这时，她已经将自己的名字刻遍了世界大赛的金杯，为祖国争得了荣誉。虽然她的身高只有1.5米，但她却是乒坛的巨人。

一点一滴的积累，超人的付出，不服输的精神，使邓亚萍的球艺和战术不断升华，在身高上先天不足的她理所当然地站在了乒乓球运动的巅峰。

一个人要想成功，应该具备狼一样拼搏的霸气，鹰一样坚定不移的目标，牛一样脚踏实地的行动精神。只有沉住气，将成功的欲望与激情，巧妙地融入持久的理性与务实的工作实践当中，坚持不懈，才能抵达成功的彼岸。

2 努力工作是获得成功的捷径

成就大业者在其创业初期，都是沉得住气的。古今中外，概莫能外。在工作中，踏实认真，沉住气，才能成大器。在职场中，不少人学习投机钻营的“成功哲学”，不扎扎实实做工作，而寄希望于敷衍工作，这种态度势必会使工作大打折扣，久而久之，也必定会影响在事业上的进一步发展。浮躁太甚，会扰乱我们的心境，蒙蔽我们的理智。轻忽浮躁是为人之忌，要想成就一番功业，还是该戒骄戒躁，脚踏实地，沉住气，扎扎实实地积累与突破，这样才能在人生路上走得稳，走得远。

在流行“唱高调”的今天，低姿态的进取方式常常能够取得出奇制胜的效果。做人切忌浮躁、虚荣、好高骛远；而应沉住气，守住内心的宁静，淡泊名利，踏实求进。

对于员工来说，努力工作是获得成功的捷径。当你问及每一位优秀员工成功的秘诀是什么时，他们几乎都会给出一个相同的答案：总是比别人更努力，并且千方百计地做得最好。人生中任何一种成功的获得，都始于勤，并且成于勤。与其整日幻想、算计，不如沉住气，扎扎实实做出成绩，相信成功会走向你。

清代画家郑板桥老年得子，在他去世前让儿子自己去做馒头，并留给儿子这样的遗言：“淌自己的汗，吃自己的饭，自己的事自己干。靠天靠人靠祖宗，不算是好汉。”美国石油大亨洛克菲勒曾张开怀抱鼓励自己的儿子从桌子上跳下来。可当儿子跳下来的时候，洛克菲勒并没有去接住他，而是让他记住：凡事要靠自己，不要指望别人，有时连爸爸也是靠不住的！

人生难有永远的依靠，靠人不如靠自己。不要幻想能够“命遇贵人”助你飞黄腾达，不要认为单凭交际得势就可以安享太平。在这个竞争的社会里，不存在长期的保单，没有人能为你提供永久的“庇荫”。机遇是留给有准备、有实力的人的，沉住气，戒骄戒躁，用自己勤劳的双手与聪明的大脑经营事业与人生，才是最有效的捷径。

《齐鲁晚报》上一篇名为《“剩”者为王》的文章这样写道：她的成绩一直不太好，小学阶段她的成绩中游偏下，从未被选出参加过任何一类竞赛；中学阶段她还是那样默默无闻，尽管挺刻苦，成绩却毫不出色。

到县一中读书时，村子里读书的少年仅剩下4个，只她一个女孩子。高中三年是最艰苦的阶段，后来，她把每月一次的探家假也省了，每次都让人给她捎点饭费回来。尽管如此，直到最后模拟考试，她的成绩才从下游勉强挪到了中游。

凭她的成绩考本科不可能，只能考虑本市的高专。出人意料的是她居然“骑”在了本科线上，被外省一个名不见经传的三流学院录取了。尽管她成了班里高考的“黑马”，但所有的人都不看好她的前途和专业。

那年与她一起上学的几个人，一个落榜后外出打工，一个考了专科，一个在本省读书，她去了西安。

一晃大学毕业了，她找了几个月工作也没有合适的，整天和父亲去大棚浇菜。一次回家，同学在街上遇到她。她觉得很不好意思，说工作不好找，打算考研，可没把握。她的英语四级考了3次才勉强通过，考研对她来说的确有难度，但同学还是敷衍说："不如试试，不行也就死心了。"

第二年春天，她居然考取了西北工业大学的硕士研究生，很是让人吃惊。研究生应该压力比较小了，别人参加了工作、谈恋爱，她却抱着书本啃，很多次在网上聊天时她都说"学习很吃力，争取按时毕业"。大家都认为，凭她的智商和学习能力，要想顺利毕业肯定要下番工夫才行。

大概是别人的倦怠成就了她，毕业时她因为成绩优秀，又被保送博士连读。这次她真的退却了，用她的话说"太难，越读越害怕"。父亲非常生气，以断绝关系相要挟，"多光宗耀祖的事儿啊，一定要去读"。就这样，她被迫回到学校。为了早日毕业，她心无旁骛，丝毫不敢放松。

那年，她被学校推荐公费赴美留学！名额定下了，所有认识她的人都被震惊了。她说申报的人很多，比自己优秀、成绩好的人也很多，为何导师最后力荐自己呢？她自己也倍感意外。

有人特地在网上查过，她将留学的那所大学高分子材料学世界排名第一。

3年间，她很本分地做学生，勤恳地做试验，毕业时已经在国际权威杂志上发表过几篇很有分量的论文，成了业内年轻的专家。

去年，她刚回国，就被一家德国公司以年薪12万美元聘走了……

她的成功源自坚持。当别人在感慨自己时运不济急于放弃时，当别人弃拙求巧，昂首阔步在成功的"捷径"上时，她只一味地安守自己的本分，一步一个脚印坚持到底。正是这种貌似愚蠢、呆板的坚持，让她获得了机遇的垂青。

有一位哲人曾说过：世界上能登上金字塔顶的生物只有两种：一种是鹰，一种是蜗牛。不管是天资奇佳的鹰，还是资质平庸的蜗牛，能登上塔尖，极目四望，俯视万里，都离不开两个字——勤奋。缺少勤奋的精神，哪怕是天资奇佳的雄鹰也只能空振双翅；有了勤奋的精神，哪怕是行动迟缓的蜗牛也能雄踞塔顶。

天道酬勤。人生的收获不是上天的恩赐，也不是依靠幸运得到，而是通过实实在在的努力所得。对于成功来说，环境、机遇、天赋、学识等外部因素固然重要，但更重要的是自身的勤奋与努力。

沉住气，不为太多的琐事而驻足，不因醉生梦死、投机钻营而徒耗精力。锁定目标，持之以恒，“一分耕耘，一分收获”，你只有投入更多的汗水，才能换来更大的收获；而付出越多，你就越有可能成功！

3　沉住气才能多出业绩

工作中常听到有人抱怨自己缺乏机遇，认为从事自己当前的工作“没有前途”。他们整日抱怨自己怀才不遇，却不曾认真想过在当前的工作中是否表现出了优于众人的才华。如果你成绩平平，或者对工作敷衍了事，甚至频频出错，你却还认为老板不授予自己重要的职位，不给你更大的发挥空间，这岂不是无稽之谈？

要知道，职场的竞争归根到底是业绩的竞争。要想脱颖而出，备受器重，你就得沉住气，用切实的行动与业绩，证明自己的价值。企业是以赢利为目的的机构，没有利润，没有资本的流入，企业只能面临倒闭的困境。在一个企业中，考核员工的标准只有一个，那就是业绩。无论你做的是什么工作，不管你是一名职业经理人，还是一名普通职员，都要通过业绩来体现你的价值。否则，即便你自身能力再强，学历再高，经验再足，你在老板眼中都是没有价值的。

虽然要考虑人才的学历和职称，但更突出其综合能力和专业水平，从而真正做到唯才是用。因为一个人的综合素质是很难用学历体现出来的。如果一个大学毕业生 5 年做不出成绩，就很难讲他是一个有用之才。一切都以业绩为导向，无论是老板还是员工。

王强是一家贸易公司的销售主管，在周一的公司例会上，王强一进会议室就看见自己的名字排在了最后。王强站了起来打算介绍自己的销售情况。

“等一下，你看看自己的数字，你还没有做到应该完成任务的三分之一。为什么？”总经理赵文明打断了王强的发言。

王强语气平静地说道：“这周是我来北京的第一个星期。我仔细研究了每个正在做的订单，这已经是我们这周能够完成的全部任务了。”

“销售员李龙做了多少？”赵文明听到王强报出的数字后继续问道，“他以前的两个季度做得怎么样？”

王强回答：“上个季度做了一半，之前的季度只完成三分之一。”

赵文明继续追问：“嗯，连续两个季度都没有完成任务，为什么呢？”

王强说：“他曾经业绩很好，所以以他的能力应该可以胜任。至于为什么他的业绩急转直下，他没有向我说，我想应该是态度问题。”

“假定你手下有两个员工，一个态度好但能力差，一个态度差但是能力强。如果必须开除其中一个，你打算开除哪个？”赵文明突然抛出了一个问题。

“我不知道。”王强说道。

“很简单，不管能力和态度，开除业绩差的那个。我们已经给了他足够的时间，他却连续两个季度都不能完成任务，所以你应该开除他。”赵文明用命令的口气说。

“能再给他一些时间吗？”王强不得不为李龙求情。

“两个季度已经是足够的合情合理的时间了，他是在占用公司资源，拿工资没有业绩就是浪费公司资源了。”

在市场竞争日益激烈的今天，公司的正常运转是一笔不小的开支。在现代工业背景下，无效能的人是在浪费公司资源。公司作为一个经营实体，生存的直接目的就是创造利润。如果员工不能创造利润，就是在把公司往死路上逼。这样的员工，企业是断不可久留的。

很多世界级公司，每到年终就会进行以业绩为主的职员排位。那些业绩好、创造利润高的职员一定是表彰大会的主角，掌声不断，当然丰厚的奖金也是少不了的。而排在后面的员工不但脸面无光，还随时有被公司解雇的可能。这当然不能怪公司，面对严峻的生存形势，公司只能如此。

一个公司要想长期发展，必须靠职员的业绩来支撑。一个成功公司的背后，必须有一群能力卓越、忠心耿耿且业绩突出的职员。没有这些职员，公司的辉煌事业将无法继续下去。

因此，不管你在公司里的地位如何，不管你长相如何，不管你的学历如何，你想在公司中成长、发展，都需要沉住气、努力打拼，凭借业绩来实现你的梦想。而如若心猿意马，蜻蜓点水，将精力用在“拉关系，套近乎”、敷衍工作、做表面文章上，你的工作必然大为逊色，业绩也将大打折扣。而只要你能创造业绩，不管在什么公司，你都能得到上司的器重，得到晋升的机会。

4　为公司赢利就是替自己加薪

如今，所有的公司只为一个目的而存在：那就是赚钱。作为企业的员工，为公司获取利润也是每个员工不可推卸的责任和使命。赢利是任何一家在市场中生存发展的公司的根本目的。创造最大的财富，是公司老板和所有员工最大的也是最为一致的目标。作为一名员工，一定要把为公司创造财富当作光荣的使命，沉住气，专注精力，努力做出业绩，在为公司创造价值的同时，也是在为自己增值。

目前许多企业都在实行员工末位淘汰制，以此来激励员工。只要有替公司赚钱的责任感，自然会付诸行动。公司发展了，员工才可能有较好的回报。因此，从某种意义上讲，为公司赚钱就是为自己加薪。

一则招聘启事吸引了王小兰：蓝色书坊招聘管理人员，要求大学本科毕业，熟悉书店的管理流程，懂电脑，待遇面议。

对于书店，王小兰有一种天然的热爱，要是能在书店工作，那也算是一个不错的选择。于是她带上那份充满希望的报纸，去应聘了。

接待王小兰的是个年轻女孩，看了王小兰的学历证书和个人简历后，她欣喜地问："你是语文老师，还在报刊上发表过文章?"王小兰连忙拿出自己的教师资格证放在女孩面前，自信地说："是呀，我也是一个读书人，知道大家爱读什么书。"女孩点点头。

王小兰被录用了。"不过，你必须尽快对书店的经营制订一份计划，你的工资是自己发的，没有业绩就走人。"老板说话的时候冷冰冰的，她让王小兰没有一点讨价还价的余地。

工资自己发，没有业绩就走人，这句话王小兰时刻记在心里，并且在一张白纸上写下来，贴在家里的墙上。

每天上班出门前，王小兰都要把这句话大声地喊10多次，这成了王小兰每天雷打不动的功课，王小兰十分珍惜书店的工作。因为疏于打理，书店的生意只是勉强维持，迫切需要一个人来扭转"乾坤"。其实，书店的区位优势不错，周围有居民区和两所学校，还有很多出租屋。针对这种现状，王小兰很快拿出了自己的方案：调整书店的经营定位，以教辅书、成功励志书和期刊为主；引入会员制，培养一批忠实顾客；将书店里的所有书籍按类别登记录入电脑，方便顾客查询……

老板经过考虑后，认可了王小兰的方案。在王小兰和其他员工的努力下，书店的营业额节节攀升。老板非常满意，将王小兰的待遇提到月薪5000元，另加年终提成，同时当众宣布王小兰为书店经理，全面负责书店的日常经营。

作为企业的一员，一定要全力以赴出业绩，为公司盈利。这是每名员工的职责和使命。只要员工有了这种使命感和责任感，并习惯基于这种理念行事，就会得到相应的报酬。我们每天都要用业绩来换自己的报酬，也要用业绩来证明自己的实力。只有静下心来，历练出自己的实力，用业绩说话，才能获得升职和加薪的机会。

公司不是慈善机构，老板不会允许那些没有业绩、不能为公司赚钱的人待在公司里。无论你从事哪一行，你都必须用良好的业绩证明你是公司珍贵的资产。你为公司创造的业绩多，你的薪水自然也会越多。

5　在业绩中不断提升自己

无论是生产车间里的普通工人，还是活跃在市场第一线的销售人员，甚至是一名总经理，他们都是凭借自己的价值来获得报酬的。沉住气，安心工作，能为公司创造更多价值的人，得到的报酬才会更多。沉住气，好好奋斗，当你愿意从事超过你的报酬的工作时，你的行动将会促使你获得良好的声誉，将增加人们对你的信任和更多的青睐。

为企业创造价值，你才能有资格接受公司给予你的回报。倘若你碌碌无为，或者业绩甚微，你又凭什么要求企业给你高薪呢？

企业的正常运转是建立在每一名员工都能承担应负的责任、创造相应价值的基础之上的，作为一个高素质、有觉悟的员工，应该沉住气，用切实的业绩积累自己生存发展的资本。这样，你创造的价值多了，老板自然会相应付给你更多的报酬。

一家小公司招聘业务人员，在前来求职的人中有一位资历很高。对于这个公司来说，有点“小庙容不了大和尚”，因此公司老总与他面谈时，很诚实地对他说：“依据公司规定，目前给不出太高的薪水。”老总的意思是不想浪费彼此的时间，没想到他竟然接受了公司给出的条件。其实这个公司给的工资只有他原来薪水的三分之一，这让老板感到奇怪。

上班后，他从来都是准时上班，勤跑客户。不久后，他的“功力”便显现出来，业绩远远超出老总原本的预期，为公司创造了很多利润。于是老总对他破格晋升，而且大幅度地加薪。在庆功宴上，他道出了原委。

原来，之前他在原单位已做到主管，工作很顺手，薪水也很丰厚，可是没想到公司的一次海外投资失败，老板远逃国外，他只得另找门路。在找工作期间，他碰了好几次壁，也曾经因为薪水无法与自己所要求的相符而痛苦，总认为自己怀才不遇，老板不识才。但突然有一天，他想到一句话：价格是别人给的，随时可以拿走；价值却是自己创造的，任谁也无法带走。在这句话的激励下，他选择了重新出发。“价格老板定，价值自己创”这句话让人受益匪浅，他也用实际行动证明了自己的价值。

其实，一个人的价值是靠自己创造的。一个员工能否创造出价值，能创造多少价值，老板心中是有数的。老板根本不怕你拿高薪，关键是你能否把自己的工作做得富有成效，为公司创造更大的价值。

加薪是职场中所有员工的希望，老板们想提高利润，你也想增加薪水，可一切从何处而来？天上是不会掉馅饼的，薪水的增加要靠工作来实现。因此，与其整天抱怨，不如沉住气、立足行动，先让付出超过回报，再求回报超过付出，这样生活还能少些失意、多些快乐和踏实，何乐而不为呢？

6 忙在点子上才能创造更多业绩

工作当中，到处都是忙碌的身影、匆匆的步伐，甚至连话语的口头禅都是“忙忙忙”。这样的忙碌，应该说是职场的一个可喜现象，说明公司上下士气高涨，干劲很足。但如果光是忙碌却不见时效，就是空耗公司的资源。

勤劳不一定有好报，要学会聪明地工作。一个人只靠忙并不能保证取得好的结果，只有沉得住气，能够忙到点子上的人，才能够取得好的结果，成为工作和辛勤劳动的受益者。

一位农场主请了一个新的帮手汤米，汤米干活十分卖力。有一天，农场主让他去犁田。汤米心想：老板让我一天犁完，如果我花一个上午就犁完了，他不是会很高兴吗？说不定还会给我加工资呢！于是汤米劲头十足地犁起田来。中午，太阳正当头晒着，农场主想去叫汤米回来休息一会儿，结果他还没出门，汤米就满头大汗地回来了，并且兴高采烈地说：“老板，我的工作做完了！”农场主十分惊讶，要知道那可是一大片田地啊。他十分狐疑地走到田里去看。

“天哪！你瞧这儿！”农场主对汤米喊道，“你这种犁法怎么行？你都犁歪了！在这样弯曲的犁沟中，玉米会长得很乱的！你应该让你的眼睛盯住田地那边的某样东西，然后以它为标准把田犁得整整齐齐！没办法，你只能重新做一遍了！”

说完，农场主生气地走了。

汤米叫苦不迭，只能顶着烈日又埋头苦干起来。这回他一点高兴劲儿都没有了。但是有什么办法呢，谁叫他只求快，而不讲求做事的效果呢？

在工作中，一些员工缺乏目标、做事没有规划。虽然整天忙忙碌碌、晕头转向，结果却因为做了大量无意义的事情而使得忙碌失去了价值。这些人貌似勤奋主动、兢兢业业，实际却是求成心切、只图表现不重时效之辈。

“忙”应该是在特定的时间段朝着特定的目标、进行连续不断努力的生存状态，应是沉住气，用心、用脑，让所有的努力发挥作用的过程。忙碌可以使我们的状态更积极，能让工作达到更理想的效果。但如果你的忙不是为公司多出业绩打算，而只是应付工作，大做表面功夫，这种忙则是毫无意义的。

一位企业领导让李浩去买书，李浩先到了第一家书店。书店老板说：“刚卖完。”之后他又去了第二家书店，营业人员说已经去进货了，要隔几天才有。李浩又去了第三家书店，这家书店根本没有。

快到中午了，李浩只好回公司。见到领导后，李浩说：“跑了3家书店，快累死了，都没有，过几天我再去看看。”领导看着满头大汗的李浩，欲言又止……

李浩虽有“苦劳”，却没有功劳，因为他没有为公司提供结果。要知道公司是靠结果生存的，如果我们每个人都满足于苦劳，满足于“我尽力了，结果做不到我也没办法”，那么公司靠什么生存？其实，去买书是任务，买到书才是结果。李浩的确跑了3家书店，3家书店都没有他要买的书，李浩虽然付出了劳动，却没有结果，而企业需要的恰恰是结果。

竞争残酷无情，不论你付出了多少心血，做了多少努力，只要你拿不出业绩，那么一切辛苦皆是白费，一切付出均没有价值，一切过程都没有意义。要想做好工作，就应该沉住气，多在工作上花心思，下工夫，只有做出了业绩，不断为公司创造利润的人，才会有更好的发展！

企业要的是结果而不是过程，即使你付出了千倍的努力，吃尽了苦头，如果你没有给公司提供好的结果，所有的忙都是白忙。作为员工，我们在每做一件事情时，都要明确自己为什么忙、怎样忙，什么该忙什么不该忙。只有尽心尽力地将事情忙在点子上，我们的工作才有意义，我们也才能为公司和自己创造更多的价值。

7 把简单的小事做好就是不简单

浮躁的工作态度使人们难以沉住气做好每一天的工作。他们认为现在的工作太平凡乏味，根本不值得自己投入精力去做，所以，对待工作敷衍了事，能应付就应付，能推诿就推诿。整日不是抱怨上司不识“千里马”，就是为自己的“怀才不遇”，愤愤不平，牢骚满腹。

浮躁的员工将希望完全寄托在“伯乐”身上，认为之所以在这家公司遭受挫折，原因就在于没有“伯乐”发现自己。这家公司没有“伯乐”，如果继续在这家公司待下去，那么自己的“卓越才能”肯定会被埋没。唯有离开这家公司，进入有“伯乐”的公司，自己才有出头之日。正是抱着这种寻找“伯乐”的思想，他们不断跳槽，希望以此改变自己的职业轨迹。可如此跳来跳去，不但没有越跳越高，实现自己的远大梦想，相反却因为能力不足而蹉跎了整个人生。

任何一家公司都不会因为某个人的离去而影响正常运转，若是自命清高，糊弄工作，损失最多的还会是自己。因此，无论你的能力有多强，都不应好高骛远，而必须沉住气，用心对待在职的每一天，做好每件事。职场永远不会有一步登天的事情发生，任何人要想脱颖而出，唯一的机会就是把现在的工作做好，在普通平凡的工作中逐渐积累经验，磨炼自己的能力，增长自己的学识，从而获得职业发展的机会。

生活的一切原本都是由小事构成的，如果一切归于有序，决定成败的必将是微若沙砾的小事，细节上的竞争才是最高的竞争层面。在当下，随着社会分工越来越细和专业化程度越来越高，一个要求精细化的管理和生活的时代已经到来。身为一名职员，我们要沉住气，努力做好工作中的每一件小事。

> 海尔总裁张瑞敏先生曾说：把每一件简单的事做好就是不简单，把每一件平凡的事做好就是不平凡。在海尔集团，本着“严、细、实、恒”的管理风格，要求每一位职员都把细和实提到重要的层次上，以工作的零缺陷、高灵敏度为目标，把管理问题控制在最短时间、最小范围，使经济损失降到最低，逐步实现了管理的精细化，消除了组织管理的死角，大大降低了材料的消耗，使管理达到了及时、全面、有效的状况，每一个环节都能透出一丝不苟的严谨，真正做到了环环相扣、疏而不漏。

而近些年不少公司的大起大落也在于，虽然其规章制度不可谓不细、不严、不实，但往往说在口上，定在纸上，钉在墙上，职员就是落实不到行动上。可见，关注细节，做好每一件小事至关重要。

要想在关键时刻脱颖而出，就要沉住气，认真细致，在平时多关注细节，它会给你带来意想不到的成功！

8 平凡的岗位会因你而光芒四射

在我们的工作中，总是有这样的现象：相同的工作环境、相同背景的员工却走出了完全不同的职业轨迹。有的人成为老板最器重的人，高薪重位；而有的人却一直碌碌无为，从来没有被老板注意过。是什么造成了这样的现象呢？有的员工认为是人本身的差异造成的，其实，人与人之间的天分相差无几，最大的差别就在于对待小事的态度不同。

> 著名黑人领袖马丁·路德·金说过：如果一个人是清洁工，那么他就应该像米开朗琪罗绘画、像贝多芬谱曲、像莎士比亚写诗那样，以同样的心情来清扫街道。他的工作如此出色，以至于天空和大地的居民都会对他注目赞美：瞧，这儿有一位伟大的清洁工，他的活儿干得真是无与伦比！

世上绝没有卑微的工作，所有正当合法的工作，都值得尊敬。只要你认真地劳动和创造，没有人能够贬低你的价值，关键在于你如何看待自己的工作。如果你认为现在从事的是一份卑微的工作，短时间里也没有改变它的能力，那么，正确的办法应该是改变自己的心态，沉住气，抱着一种化腐朽为神奇、化卑微为高尚的精神去做。

源太郎原本在化学工厂工作，因为公司倒闭而失业。

一个偶然的机会，他从一位美国军官那里，学会了擦鞋的技巧，而且还迷上了这份工作。

每当他听说哪里有好的擦鞋匠，他都会跑去请教，并虚心学习。

日子一天天地过去，源太郎的技术也越来越精湛。他的擦鞋技巧独树一帜：不用鞋刷，而用木棉布擦拭，鞋油也是他自己调制的。

那些早已失去光泽的旧皮鞋，经他用心擦拭之后，无不焕然一新，而且光泽持久。

观察入微的源太郎，也训练出了特殊的功力。每当他与人们擦肩而过时，就能知道对方穿的鞋种；看一眼鞋子的磨损部位和程度，便能说出这个人的健康与生活习惯。

如此精湛的技艺，被东京的一家四星级饭店相中。他们请源太郎到饭店，专职为饭店里的顾客擦鞋。

自从源太郎来到饭店之后，许多名人来到东京，全都指定要住这间饭店。原因在于，为了让他们的鞋能有“五星级的服务”。

当他们脚下踩着修整后焕然一新的皮鞋时，心中也记下了“源太郎”的名字与他服务的地方。

随着时间的推进，源太郎的名声也越来越大。甚至还有国外的顾客，来到日本指定要找源太郎擦鞋。

工作不分贵贱。在这个世界上，没有卑微的工作，只有卑微的工作态度。当一名制鞋工人并不是什么不光彩的事，如果制出的鞋都是次品那才是不光彩的事。

做一名一流的卡车司机，比做一名不入流的职业经理人更为光荣，更有满足感。只要你踏实工作，努力进取，以积极的态度全心投入工作，你会发现，工作没有贵贱难易之分，区分这些的只是人的态度。只要你沉住气，用心对待，无论多么不起眼的工作，也会因你的投入而绽放光彩。当然，更重要的是，如若你能永葆这样积极的工作态度，终有一天你会收获你想要的精彩，获得你梦想的成功。

9 面对工作不找任何借口

服从是一种美德，一名称职的员工必须沉得住气，排除一切杂念和干扰，以服从为第一要义。没有服从观念，就不可能把自己的工作做好。每一位员工都必须服从上司的安排，如同每一个军人都必须服从上司的指挥一样。大到一个国家、军队，小到一个企业、部门，其成败很大程度上就取决于是否完美地贯彻了服从的理念。

我们的身边常常有这样或那样企图推卸责任或拒绝服从命令的情况发生，是服从还是敷衍，这样的选择经常在一个人心头徘徊。没有服从就没有执行，团队运作的前提条件就是服从。可以说，没有服从就没有一切。

一个高效的企业必须有良好的服从理念，一个优秀的员工也必须有服从意识。因为企业整体的利益，不允许部属抗令而行。一个团队，如果下属不能无条件地服从上司的命令，那么在达到共同目标时，则可能产生障碍；反之，则能发挥出超强的执行能力，使团队胜人一筹。

> IBM集团的总裁托玛士·沃森曾深有感触地说：“我最不喜欢听到属下在接受任务时说‘不’，而只爱听他们说‘是’。每当有工作要交给属下处理时，我都希望属下愉快地接受，然后说一句‘OK！我一定会尽快办好’，或者说‘OK！我一定会尽最大努力去做’！”

在IBM公司如此，在其他公司也一样。

工作中每个人都会收到上司布置的任务，这时，你往往会很自然地想到两个问题：第一，这是一项非常艰巨的任务，需要花费你很大的精力和很多的时间，你能不能办？应该怎样去办？第二，向你布置任务的上司正在等待你表态，等待你给他一个明确的答复，你是尽自己最大努力去做，还是对上司说“不”？

机遇存在于每一份工作中，机遇往往和工作中的每一项任务、每一个困难紧密相连。如果你总是敷衍和为自己找借口，你就永远无法在工作中获得成长的机会。须知，上司要的是结果，而不是你再三解释的原因。

一旦养成找借口的习惯，你的工作就会拖拖拉拉，没有效率，做起事来往往就不踏实，不到位。

事实上，无论你在公司的职位有多高，只要你身为公司的职员，你就要谨记一点：你是来协助上司完成经营决策的，而不是由你来制定决策的。所以，上司的决定，哪怕不尽如你意，甚至与你的意见完全相反。当你的建议无效时，你应该完全放弃自己的意见，全心全意执行上级的决定。在执行时，如果发现这项决定的确是错误的，那么，戒骄戒躁，尽可能地使错误造成的损失降到最低限度，这才是一个沉得住气的职员应有的工作态度。

10 认真做好每一件事

有许多人刚步入职场，就梦想明天当上总经理；刚创业，就期待自己能像比尔·盖茨一样成为富人之首。要他们从基层做起，他们会觉得很丢面子，甚至认为这简直是大材小用。尽管他们有远大的理想，但缺乏专业的知识和丰富的经验，缺乏脚踏实地的工作态度。

脚踏实地是职场人士必备的素质，也是实现梦想、成就一番事业的关键因素，自以为是、自高自大是工作的最大敌人。

因此，每个职场中人要想实现自己的梦想，就必须调整好自己的心态，打消投机取巧的念头。沉住气，从一点一滴的小事做起，在最基础的工作中，不断地提高自己的能力，为自己的职业生涯积累雄厚的实力。

无论多么平凡的小事，只要从头至尾彻底做成功，便是大事。

有两位计算机专业毕业的大学生，同时到一家公司上班。本来他们想终于有机会大展拳脚了，可是没想到，两人都被安排做一些琐碎而单调的工作。每天早上打扫卫生，中午预订盒饭，帮同事复印资料，接收传真等等。还没过试用期，一位大学生便辞职不干了。他想让另外一个人和自己一起走，他说："咱们不应该蜷缩在'厨房'里，而应该上'厅堂'。咱是大学毕业生，每天帮他们干一些杂活儿，太屈才了，我要去一个能施展拳脚的地方。"可是另一位大学生却不这样认为，他认为，公司这样安排肯定有其道理，做这些看似琐碎的工作能让他很快和公司的同事熟络起来，为以后的工作做准备。又过了两个月，公司便开始正式安排他做一些有关计算机方面的工作。

一次公司开完会，经理问他，为什么当初没有走？他说："从小母亲就告诉我，无论做什么事都不能马马虎虎，不放在心上。否则，什么事情都不可能做好。"

经理满意地点点头："其实我最初要考验你们也是这个意思，如果连最基本的事情都做不好，更不可能把大事做好了。恭喜你！通过了公司的考查。"

那个离职的人呢？现在还流连于各大招聘会，因为没有任何一家公司会把重要的任务交给新来的员工，都会有一个考察的过程。他总认为自己是做大事情的人，所以每一次都没过考察期就离职了。

一个墨点足可将白纸玷污，一件小事足可招人厌恶。在激烈的职场竞争中，细节常会显出奇特的魅力。它可以提升你的人格，使你博得上司的青睐，获得更好的机会。这个世上没有什么"随随便便的成功"，一些看似偶然的成功，只是因为我们看到的仅仅是表面。对小事情的处理方式，从另一个角度昭示了成功的必然。做事就要信奉脚踏实地的务实态度，把小事做到位。而且，小事如此，大事自然也一样，细节本身往往就潜藏着很好的机会。如果你能沉住气，敏锐地发现别人没有注意到的空白领域或薄弱环节，以小事为突破口，改变思维定式，你的工作就有可能得到质的飞跃。

许多小事都蕴涵着令人不容忽视的道理，细节往往在不经意间铸就了你的成功。把每一件简单的小事做好是成就大事的基础，工作是由一些小得不能再小的事情构成的，可我们总是倾心于远大的理想和宏伟的目标，总是忽略不该忽略的小事情、小细节，从而在接踵而至的小事面前穷于准备、忙于应付。要想在工作中取得优异的成绩，就需要沉下心来，用心做好每一件小事，不能抱有敷衍了事、挑三拣四的态度。在工作中，我们只有养成认真做事的好习惯，才能在关键时刻亮出一把令对手闻风丧胆的利剑，开辟出职业路途中的康庄大道。

11 全力以赴是自我升值的砝码

一个人在工作中创造出怎样的成绩,关键不在于这个人的能力是否卓越,也不在于外界的环境是否优越,关键在于他是否竭尽全力。

一个人只要沉住气,竭尽全力,即使他所从事的只是简单平凡的工作,即使他的能力并不突出,即使外界条件并不有利,他仍然可以在工作中创造出骄人的成绩。

在我们的工作中,学历和能力并不是最重要的。如果你沉不住气,三心二意、敷衍应付,而非全力以赴投入工作,你就无法在职场中取得很大的成就。

一天,猎人带着猎狗去打猎。猎人一枪击中一只兔子的后腿,受伤的兔子开始拼命地奔跑。猎狗在猎人的指示下,也是飞奔去追赶兔子。可是追着追着,兔子跑不见了,猎狗只好悻悻地回到猎人身边。猎人开始骂猎狗了:“你真没用,连一只受伤的兔子都追不到!”猎狗听了很不服气地回答:“我尽力而为了呀!”而那只兔子带伤跑回洞里,它的兄弟们都围过来惊讶地问它:

“那只猎狗很凶呀!你又带了伤,怎么跑得过它的?”“它是尽力而为,我是全力以赴呀!它没追上我,最多挨一顿骂,而我若不全力地跑我就没命了呀!”

人本来是有很多潜能的,但是我们往往会对自己或对别人找借口:管它呢,我们已尽力而为了。事实上尽力而为是远远不够的,尤其是现在这个竞争激烈的年代,不全力以赴就很难“杀出重围”,脱颖而出。

张涛和王雷同时进入一家开发、销售电子产品的公司。张涛是一所电子工业大学的毕业生,学历是本科;王雷学的是贸易专业,学历是专科。两年后,王雷升为销售部的主管经理,张涛却仍然是一名普通员工。

在元旦的宴席上,一位老员工小声问身边的总经理:“张涛是本科毕业,所学专业又与我们的需要相吻合,你为什么提拔了王雷而不提拔他?”

总经理微微一笑:“虽然王雷的学历没有张涛高,但他身上有一种强烈的成功欲望。无论交给他什么任务，他总是尽力完成得十全十美。”

是的，对于公司的员工来说，没有什么比拥有不满足“够好的了”这种态度更能帮助他在自己的职业生涯中获得成功了，老板往往并不会因为他“想要成为将军”而拒绝或冷淡他。只有那些不求上进的下属，才是令老板们最反感的。

工作不分贵贱，任何工作都值得我们全力以赴。很多员工认为自己所从事的工作是无足轻重的，所以，不用心工作，对工作敷衍了事，根本没有认识到自己工作的价值，谈不上做得好，更谈不上做到最好，反而经常将心思放在怎样才能寻找到一个薪水高、轻松又体面的工作上。以他们这种对待工作的态度，还想找一个好工作，那不是痴心妄想吗？

其实，在各行各业中都有施展才华和加薪晋职的机会，关键要看你是不是能静下心来，以积极主动的态度来对待你的工作，在工作中是否做到了最好。

对于有志在工作中成就一番事业的员工来说，奋力拼搏是唯一的工作方法。即使老板不在，他们也不容许自己有丝毫的懈怠：他们不会对自己说“我还是中途休息一下吧”，而是要求自己沉住气、全力以赴，不达目的誓不罢休；他们也不会对自己说“我已经做得够好了”，而是要求自己在每一份工作中都尽力而为。在他们身上，流淌着“勤奋”、“敬业”的鲜血，让他们永远超出老板预期，为自己争取每一个成长与提升的可能。

我们每个人的身上都蕴涵着无限的潜能，如果你能在心中给自己定一个较高的标准，沉住气，激励自己奋力拼搏，永远做得比老板预期的还要多，那么你一定能够摆脱平庸，走向卓越，成为众人心目中不可或缺的人才。

比利时有一出著名的基督受难舞台剧，演员辛齐格几年如一日地在剧中扮演受难的耶稣。他高超的演技与忘我的境界常常让观众不觉得是在看演出，而似乎真的看到了台上再生的耶稣。

一天，一对远道而来的夫妇在演出结束之后来到后台，他们想见见扮演耶稣的演员辛齐格，并与他合影留念。

合完影后，丈夫一回头看见了靠在旁边的巨大的木头十字架，这正是辛齐格在舞台上背负的那个道具。

丈夫一时兴起，对一旁的妻子说："你帮我照一张背负十字架的照片吧。"

于是，他走过去，想把十字架拿起来放到自己背上。但他费尽了全力，十字架仍纹丝未动。这时他才发现那个十字架根本不是道具，而是一个由真正橡木做成的沉重的十字架。

他站起身，一边抹去额头的汗水一边对辛齐格说："道具不是假的吗，你为什么要每天都扛着这么重的东西演出呢？"

辛齐格说："如果感觉不到十字架的重量，我就演不好这个角色。在舞台上扮演耶稣是我的职业，和道具没有关系。"

职场中永远没有道具，如果你要做好自己的工作，就要付出全部的努力。有人问一家餐馆老板成功的秘诀，他说自己的成功得益于在一家欧洲大饭店的厨房工作的经历。在那里，他学到了成功的关键是竭尽全力把一切做得尽善尽美。不管是复杂的主菜，还是简单的点心。他说："如果你做法式炸薯条，就把它做成世界上最好的法式炸薯条。"

全心全意、尽职尽责，正是敬业精神的基础。一个人无论从事何种职业，都应该全心全意、尽职尽责，这不仅是工作的原则，也是人生的原则。

如果我们在工作中沉住气，无论做什么事都追求尽善尽美，不给自己留丝毫松懈的余地，那么无论我们做什么工作，身陷怎样的困境，处于怎样平凡底层的岗位，都能在最短的时间内获得成长和发展的机会。

如果沉不住气，以为凭自己的才华和能力不需费力就能完成工作，从而应付工作，这样的人永远也无法获得机会的垂青。

12 在业绩面前寻找差距

在公司中，普遍存在着这样一种人，他们认为自己的工作都做了，当客户表示不满意时，他们习惯说："我已经做得够好了，是客户太挑剔了。"其实，无论客户、上司还是老板，真正存心挑剔的时候并不多。他们提出的要求，都是迫于某种需要：客户担心产品出问题；上司怕工作质量影响业绩；老板则更是迫于市场的巨大压力才严格要求，因为他从来都无法对市场说："这样的结果已经够好的了，你降低要求吧！"市场是无情的，有时可能只是比竞争对手逊色一点点，就会被淘汰出局。

很多员工在未做出成绩的时候，刻苦努力，像老黄牛一样踏踏实实地劳作。而一旦取得一些成绩之后，就欣喜若狂、得意忘形。大家都知道乌龟和兔子赛跑的故事，兔子败就败在自满。因此，我们必须提醒自己：工作中要切忌自满，尤其不要满足于眼前的小小成就，被既有的成绩遮蔽了广阔的视野，从而失去奋斗的动力。

美国通用公司前总裁杰克·韦尔奇认为：员工的成功需要一系列的奋斗，需要克服一个又一个困难，而不会一蹴而就，但是拒绝自满可以创造奇迹。作为一名员工，只有沉住气，不断提高标准，才能保持一颗上进的心，在工作中取得进步。反之，如果安于现状，不积极改进自己的工作，即使你曾经拥有令人艳羡的"金饭碗"，也会有被打碎的那一天。

郑浩曾经是一家大型企业的首席信息官。在成为首席信息官之前，他工作非常卖命，并做出了非常突出的成绩。老板很赏识他，第一年就提拔他为策划部经理，第二年提拔他为首席信息官。

当上首席信息官后，拿着丰厚的薪水，开着公司配备的专车，住着公司提供的豪宅，郑浩的生活品质得到了很大的提升。然而，拥有这一切之后，他以为自己找到了事业上的"金饭碗"，工作热情一落千丈，他把更多的精力放在了享乐上面。

当朋友问他还有什么追求时，他说："我应该满足了，在这家公司里，我已经到达自己能够到达的顶点了。"郑浩认为公司的CEO是董事长的侄子，自己做CEO根本不可能，能够做到首席信息官就到达顶点了。

郑浩在首席信息官的位置上坐了差不多一年的时间，却没有干出多大的业绩。朋友善意地提醒他："应该上进一点了，没有业绩是危险的。"

而郑浩竟然说："我是公司的功臣，这家公司离不了我郑浩，老板不会把我怎么样的！"

他甚至在心里对自己说，丰厚的薪水永远属于我，车子永远属于我，房子永远属于我，没有人可以夺去，因为没有人可以替代我。

的确，公司很多工作都离不开郑浩。但是，他越来越糟糕的表现还是让老板动了换人的念头。终于，在一个清晨，郑浩驾着车和往日一样来到公司，优越感十足地迈着方步踱进办公室，第一眼看到的是一份辞退通知书。

被辞退了，自己一向认为是"金饭碗"的工作没了，丰厚的薪水没了，车子不得不还给公司，他从舒适的房子里搬了出来，不得不去租一间比原来条件差很多的房子。

而公司呢？不到一个星期，又重新招聘了一位首席信息官。

价值是一个变数，今天，你可能是一个价值很大的人。但如果你故步自封，满足现状。明天，你就会贬值，被一个又一个智者和勇者超越。今天，你也可能做着看似卑微的工作，人们对你不屑一顾。而明天，你可能通过知识的不断丰富和能力的提高，以及修养的升华，让世人刮目相看。在时代发展一日千里的今天，只有沉住气，抱定永争一流的心态，不断实现自我从优秀到卓越的跨越，你才能不断提升自己，成为职场中的常胜者。

面对不断变化的环境，一个人或企业如果不能及时改变自己，就无法在商场和职场中立足。事实上，整个世界就像一个竞技场，每个人从出生那天起，就投入比赛中了。无论世界如何发展，我们务必记住，成功，归根结底，只属于那些不安于现状、沉得住气、不断进取的人！

13 成功是因为比别人做得更完美

职场上没有永远的"红人"。一名优秀的员工，不仅会像自己的老板那样敬业工作，尽职尽责，以老板的心态对待自己的工作，还能沉得住气，比别人做得更多、更好。他们经常会留神一些额外的责任，关注一些本职工作以外的事情。他们的行为总是超越老板的期望，他们始终是老板眼中最优秀的员工。

要想取得成功，必须做得更多、更好，成功的人永远比一般人做得更好、更彻底。身在职场，每一位员工都应牢记一句俗语：对未来的真正慷慨在于向现在献出一切。"如果你能成功地选择工作态度，那么幸福就会找到你。

所以在工作中，你只有沉住气，努力工作，比别人做得更多、更好，你才能够在职场的"秋天"收获丰硕的果实。

大学毕业生张吉和杜明同时被招聘到某物流公司。张吉按部就班，认认真真地完成经理交办的每项工作，没出什么差错，他自己也比较满意。杜明却没有自我满足，在工作中，他不断地学习运输行业的有关知识，很快提高了自己解决问题的能力。在对客户的分析中，他发现华北地区的货物运输常有滞期现象，经分析发现多是由于修路原因造成。于是，他通过电脑交通网络，对北京周边地区各交通干线的路况进行了一系列的调查摸底，每天列出一份动态的路况交通图送给经理参阅。就是这份动态的路况图，对公司的货物运输起了重要的疏导作用。不但缩短了有效运输时间，而且减少了因堵车、绕行而产生的运输费用，受到公司领导的重视和奖励。当然，3个月后，公司继续聘用的是不断进步、能力不断提高的杜明。

在公司中，普遍存在着这样一种人：他们在工作中取得了一点成绩后，便骄傲自满起来，认为自己为公司做出了一定贡献，足以长久地立足于公司，不需要过多努力了。然而，这样的人由于沉不住气，缺乏继续攀登的决心，他们在工作中没有付出100%的努力，也就很难有更好、更具建设性的想法或行动。所谓船到江心，不进则退。他们持续这样不思进取，其结果可想而知。

纳迪亚·科马内奇是第二个在奥运会上赢得满分的体操选手，她在1976年蒙特利尔奥运会上完美的表现，令全世界的观众为之倾倒。

有一次接受记者采访，当纳迪亚·科马内奇被问到她为何会有如此完美的表现时，她回答说："我总是告诉自己'我能够做得更好'，不断鞭策自己更上一层楼。要拿下奥运金牌，你不能过正常人的生活，要比其他人更努力才行。对我而言，做个正常人意味着会过得很无聊，一点儿意思也没有。我有自创的人生哲学：别指望一帆风顺的生命历程，而应该期盼成为坚强的人。"这就是她为自己所设定的标准。

一般人认为还可以接受的标准，对于像纳迪亚·科马内奇这样渴望成功的人而言，却是无法接受的低标准。在鲜花与荣誉面前，他们永远是永不自满的一群人，他们能够沉住气，不断挑战和超越自己，通过勤勉的求索,努力达到更高的标准。

在工作中,如果你完成的每一项工作都达到了老板的要求,那么很好,你可以称得上是一名称职的员工。你不会失业,或许还可以得到晋升,但你永远无法给老板留下深刻的印象,永远无法成为老板的重点培养对象,也永远无法在公司中达到你事业的顶点。只有把工作做到近乎完美,超过老板对你的期望,你才能让他的眼睛一亮,才能让他在遇到一些高难度工作的时候想起你,给你一个锻炼的机会。

美国富兰克林人寿保险公司前总经理贝克曾经这样告诫他的员工:“我劝你们要永不满足。这个不满足的含义是指上进心的不满足。这个不满足在世界的历史中已经导致了很多真正的进步和改革。我希望你们绝不要满足。我希望你们永远迫切地感到不仅需要改进和提高你们自己,而且需要改进和提高你们周围的世界。”

这样的告诫对于我们每一个职业人士来说,都是必要的。不思进取的员工不但不能够发展,还会在日益激烈的工作竞争中被淘汰。只有那些沉得住气,能够不断学习,不断适应企业发展需要的员工,才能够在企业里长久地生存。和自己较劲的员工,就拥有了不懈的动力,凭借这样的动力,才能够不断提升自己,全力以赴将工作做到最好,也为改变自己的命运提供了更多的机会。

没有最好,只有更好!不管你从事什么行业,不管你有什么样的技能,也不管你目前的薪水多丰厚、职位多高,你仍然应该不断这样激励自己:不断刷新我的业绩,我的位置应在更高处。只有沉得住气,永远进取的人才能够在事业上获得一个又一个上升的台阶。

比别人勤奋一点点,就能超前别人一大步。老板永远欣赏那些自动自发的员工。要想取得成功,还需要沉住气,奋力拼搏,必须比别人做得更多、更好,才会赢得更大的提升空间。

工作中的傻子永远比睡在床上的聪明人强,成功的机会总是属于那些沉得住气,主动提升自我的人。当你能提供更多、更有价值的服务的时候,成功也会伴随而来。任何一个老板都在寻找能够不断升值的员工,只有这样的员工才能为企业发展提供源源不竭的动力。

比别人做得更多、更完美,体现了一种居安思危的发展眼光,它可以让人摆脱安逸生活的羁绊,沉住气。永不满足,才能够永远进取。

14 追求过得硬才能立于不败

现在很多的职场人士对工作持有“只要称职就足够了”的态度，他们认为只要“差不多”就可以了，没有必要做到最好。然而，恰恰是这样的想法，让他们永远无法得到老板的青睐，永远难以获得提升自己的机会，甚至可能收到被解雇的通知单。

在查理进入麦克森公司的第3年，他没有接到公司续约的通知，反而接到了公司的解雇通知。查理非常不解，自从进入公司，他一向中规中矩，无论与上司还是同事相处都很有分寸，没有得罪过什么人。按照岗位职责来说，他绝对是一个称职的员工，为什么要解雇自己呢？他找到经理询问缘由，经理说：“确实，你是一个称职的员工，但这还不够，我们需要的是在这个岗位上能创造更多价值的卓越员工。”

查理的遭遇告诉我们，在工作中，仅仅称职是远远不够的，公司需要的是大量可以创造更多价值的员工。要想保住现在的工作，就必须做到“出色”。而要想以现在的工作为起点，尽快实现自己的梦想，获得成长和发展的机会，就必须沉住气，努力工作，力争做到“卓越”。

卓越，不仅仅是对于结果的衡量，更是一种永不松懈的竞技状态。是指在别人苟且随便时，自己仍能沉住气，一丝不苟地追求进步，这是一种高度的责任感和敬业精神。

乔丹是篮球界的精英，如果他仅凭天生的身体素质，或许会成为一流球星，但绝不会成为一个伟大到可以挑战人类极限的人物。乔丹征服人心的是他那出神入化、令人叹为观止的球技。他打起球来是那么流畅、那么自然，又是那么活跃、那么富于变化，你永远无法预期他下一个动作会是什么。他的每一场球，都在争取发挥出自己最佳实力，打出最漂亮的球。

乔丹是一个全能球员，场上5个攻防位置都能打，而且能示范多种高明的打法。他练就了最精彩的动作：从3分线外飞身跃起，高举着球，在众人的仰视中，画出一道美丽的弧线，扑近篮筐扣篮;或者空中旋转360度反身灌篮,使所有在场的球迷如痴如狂。他的3分球命中率达到30%,有时更高,令对手防不胜防。

他的球技出神入化,当他需要显示弹跳和力量的时候,他可以跳到2米以上的巨人的肩膀上,并隔着两个人大力灌篮;当他需要显示飞行的时候,他可以从罚球线起跳,把球塞入篮筐——历史上只有3个人能进行这种表演,但唯有他轻松自如;当他想娱乐观众的时候,他可以在空中跨步、转体,在空中用各种花样扣篮。他曾在1987、1988年连夺两次扣篮大赛的冠军。

他在空中的灵感无穷无尽,在空中的姿态无与伦比,能达到随心所欲、无所不能的境界。他最为得意的是他的空中躲闪和滞留技巧。他的对手"魔术师"约翰逊说:"乔丹跟你一块儿跳起来,他会把球放在腹下,等你落地了,他再投篮。"这是他的一个绝活。更绝的是,他可以在空中任意改变方向,把防守者引诱到这边来封堵,他却突然把球转到那一边上篮。把你耍够了之后,他再心满意足地上篮得分。

虽然乔丹自己的优势很明显,他也总会巧妙地配合自己的队员,为队友助攻,也给他们创造投篮得分的机会。他的艺德在整支球队里也是有口皆碑。

所以乔丹带给球队的,不仅是无与伦比的球技,更包括他对篮球打法的深入了解。他具有极好的身体控制能力,好像魔术一般,能够变幻出各式各样的过人、控球、投篮技巧。他总能在较低的位置运球,他的姿势总是如在弦之箭,一触即发!他身高只有1.98米,体重90千克,在巨人林立的NBA中并不出众,力量似乎并不充足,但他善于使用整个身体的力量,一种和谐的力量,好像东方技击中讲究的"以巧破千斤",带球在巨人丛中钻来钻去。

只有做到最棒,才能打败竞争对手。商业竞争乃至人生的竞争,与NBA遵循同样的法则——要么卓越,要么出局。沉住气,用心工作,追求卓越,做到最好——最好的思想,最好的员工,最好的产品,最好的服务,最出色的业绩,最不可取代的实力——只有这样,你才能打败竞争对手,长久立于不败之地。

第五章　勤奋工作，才有实实在在的回报

任何非凡的成就，都是以勤奋为基础而实现的。勤奋是一种美德，更是做人的准则。一个人的成功和勤奋是成正比的，你付出多少就会收获多少。只有经过日积月累的勤奋，才会取得意想不到的收获。勤奋不是先天生就的，而是后天养成的。当你有了坚定的抱负和信念时，勤奋也就因此而产生了。

1 做到对工作的勤奋

人生就是一场竞技比赛，生命就是赛程。能在这场竞技赛上获取金牌的人，永远都是勤奋的斗士，因为他们知道任何的成功都源于自身的勤奋和努力。许多人都想拥有一段不同凡响的经历，一个非凡的人生。要想获得这种经历和人生，最好的办法就是勤奋。

远大集团总裁张跃做过这样的演讲："人要成功，除了勤奋别无他途。如果你勤奋了还不能成功，那说明你天分太差，没有办法。我从来都是很勤奋的，并没有说淘到一桶金后就去享受，去做大老板。十多个亿对我来说算什么呀？一百多个亿都不算什么！有些人说你现在赚的钱都花不完了，你还这么努力干什么呀？那是因为他们太缺少梦想。从某种程度上说，是梦想在催促着我们，在折磨着我们！千万不要因为自己有钱了，有可以用人的条件了，你就可以放弃自己的努力。

事实上，在华人世界，很多大人物，他们都是终生努力的。有些人，他们的资产比我多十倍百倍，他们花在工作上的时间却比我更多。遗憾的是我们身边很少有这样的实例，通常人们认为，努力成为一个有钱有势的人，就是为了功成名就以后的享受，其实不然。真实情况是：这些人从此更努力！这一点很多人都不相信。

我相信很多人都有天赋，假设10000个人中有1个天才，这应该不算过分吧？但目前是100万人中只有1个大企业家或者说是成功人士，其他天才到哪里去了呢？其实就是他们的勤奋度不够，或者说态度不正确，人生观不正确，或者是粗糙、迷恋享乐（享乐是要的，但不能迷恋）、极端利己等。我在这里给成功者一个定义：真正的成功者一定是一个道德高尚的人。如果一个人成功了而大家又公认他道德不高尚，那只能说明他的成功是短暂的，或者外人看错了他。成功和道德高尚我绝对是把它们画等号的，我相信自然法则里面一定是有这样一条规则的，也就是说你赚运气是赚不到的。当然成功的定义是复杂的，而我说的是成大气候。”

因此，我们一定要认识到所有的工作没有捷径，只有苦干，才能走向成功。学习是这样，工作同样是这样。今天，在工作中很少有人会告诉你要努力。只有自己不断提醒自己，要努力干，才能得到自己想要的。

以前有一个国王，发布诏书，要求把全国所有的智慧、哲理编辑起来。三年时间后，这些智慧和哲理共计有十本书之多。国王认为太烦琐，于是精简到一本书；还是不够精练，于是又精简到一页；国王还要求修改，最后只剩下一句话，这句话就是：天下没有免费的午餐。

因此，不断提醒自己努力的人最终都成功了。即使不是百万富翁，千万富翁，他的生活也是富足的。吃得苦中苦，方为人上人。

2　只有行动才会产生结果

任何的非凡成就，都是以勤奋为基础而实现的。勤奋是一种美德，更是你做人的准则。如果你是天才，勤奋则使你如虎添翼；如果你不是天才，勤奋也将使你赢得希望的一切。

拿破仑说过：想得好是聪明，计划得好更聪明，做得好是最聪明又最好。他告诉我们的是：好思想并不能换取成功，有着好的思想，还要有实际行动，成功的关键在于一个人明确的行动，否则，即使思想再好也只能是空想。

有一个年轻人，他很想成功，于是他找到了苏格拉底，他问道：“苏格拉底先生，你能成为著名的思想家的关键是什么呢？”

苏格拉底想都不想就回答道：“多思多想。”

年轻人满怀“心得”，一路跑着回家。在家里，年轻人每天都躺在床上，望着天花板，一动不动，他在想苏格拉底给他的心得“多思多想”。转眼一个月过去了，年轻人在床上一睡就是一个月，身体越来越差。妹妹看到哥哥这样，于是跑去找苏格拉底。她对苏格拉底说：“苏格拉底先生，求你去看看我哥哥吧！一个月前,他从你这儿回到家,就像着了魔一样,一直躺着不起,也不说话。”苏格拉底很疑惑,于是来到了这个人的家中一看,只见年轻人变得骨瘦如柴,拼命挣扎着起身,可怎么努力也坐不起来。苏格拉底问道:“为什么你会这样呢?”年轻人对苏格拉底说:“我每天除了吃饭,一直在思考,你看我离成功还有多远?”

“你每天除了在床上思考,还做了一些什么呢?或者,你每天都在思考一些什么问题?”苏格拉底问。

“我每天都在思考,想的东西太多了。因为一直在思考,所以我什么都没有做。”年轻人答道。

“你这个蠢货,你不知道吗?只想不做的人只能生产思想垃圾。成功是一架梯子,双手放在口袋里的人能爬上去吗?”苏格拉底大声说道。

年轻人很委屈地回答:“不能。”

“那你还做这样的蠢事,有着好思想,还要有实际行动,否则即使思想再好,也只能是空想。”苏格拉底说。

从这以后,年轻人像是变了一个人,他不仅对需要做的事有一个很好的计划,而且在计划刚形成时就开始实施,几年过去了,这个年轻人也达到了他的目标,但是他仍然在不断地努力着,他希望自己能创造更多的财富,学习更多的知识。

只有行动才会产生结果。生活中我们也应该有此觉悟,当我们砍大树时,每一次挥舞斧头砍上去时,并没有多大的效果,甚至在你看来是那么的微不足道。但在整个过程中,每一次都是非常重要的,这就是我们所说的行动的结果。如果用一句话来概括就是:行动是成功的保证。任何伟大的目标、伟大的计划,最终只有依靠行动才能实现。

但是,有一部分人,他们也制订了很好的计划,这个计划无论从什么角度来分析都无懈可击。但是到了最后,他们却不能把这个计划实施,原因在哪儿呢?

亚历山大大帝在进军亚细亚之前,决定破解一个著名的预言。预言说的是谁能够将朱庇特神庙的一串复杂绳结打开,谁就能够成为亚细亚的帝王。在亚历山大大帝到来之前,这个绳结已经难倒了各个国家的智者和国王。亚历山大大帝知道,如果不能把这个绳结打开，将影响到军队的士气。士气对一支军队来说非常重要。

在绳结前，亚历山大大帝非常仔细地观察着。他害怕漏掉任何一个重要的环节。可是这个绳结和其他人说的一样，果然天衣无缝，找不到任何绳头。

亚历山大大帝很失望，当他准备放弃时，忽然灵光一闪：为什么不用自己的行动来打开这个绳结呢？

于是拔剑一挥，绳结一劈两半，这个百年难题就这样轻易地破解了。亚历山大大帝也轻松地占领了亚细亚。

人们往往因为道理讲多了，就顾虑重重，不敢决断，以至于错失良机，甚至坐以待毙都有可能。对于勇敢的人来说，没有条件，他也能够创造条件，他的行动永远有最好的时机和条件。因为行动本身就是在创造条件和机会。世界上最美好的事物都是那些勇于行动的人创造的。

电脑名人王安讲过一个故事，在他12岁时，他在树下发现了一只被风吹落在地上的小鸟，他决定带回来喂养。到了家门口，他想起妈妈不允许他在家里养小动物。于是，他把小鸟放在门口进去求妈妈。在他的请求下，妈妈破例答应了。但当他回到门口时，小鸟已经不见了，看到的只是一只黑猫在舔着嘴巴。为此，他伤心了好长一段时间，但是他也记住了一个教训：只要是自己认定的事，绝不可优柔寡断，应该立即行动起来。

一个再伟大的目标，如果不去行动，也只能是空想。成功在于行动，当一个目标制订好以后，就要立即行动去实现它。如果不行动起来，那么，所制订的目标将成为一堆毫无用处的东西。

3　勤奋工作才能成功

一个人的成功和勤奋是成正比的，你付出多少就会收获多少。只有经过日积月累的勤奋，你才会取得意想不到的收获。勤奋不是先天生就的，而是后天养成的，当你有了坚定的抱负和信念时，勤奋也就因此而产生了。

著名数学家华罗庚说过："我不否认人有天资的差别，但根本的问题是勤奋。我小时候念书时，家里人说我笨，老师也说我没有学数学的才能。这对我来说，不是坏事，反而是好事。我知道自己不行，就更加努力。我经常反问自己：我努力得够不够？"

没有人是不经过努力就得到成功的，获取成功的途径除了勤奋别无他途。如果你勤奋了还不能成功，那就说明你天分太差。但是，你的付出并不是没有回报，至少你会生活得比那些懒惰的人快乐、舒适。

勤奋工作不仅是成功的首要条件，还能给人们带来无比的自信。因为勤奋的工作态度不仅会赢得领导的赞赏，也会得到别人的嘉许。

当然，勤奋也需要一定的智慧，需要正确理解勤奋的含义。首先，勤奋工作不是机械地工作，而是用心在工作中学习知识、总结经验；其次，勤奋不是要你一刻不停地工作，这样只能让你筋疲力尽，效率降低；最后，勤奋需要坚持不懈。

一个人的公司破产了，他想到处去走走。这天，他走到了一个湖边，静静地站在那儿。这时，在旁边钓鱼的一位老人开口问道："年轻人，你这么年轻为什么不快乐地生活，而是选择疲劳地度过一生呢？我在你的脸上看到了许多忧愁，有什么事，说出来让我听听。"

年轻人对老人说："人生总不如意，活着也是苟且，有什么意思呢？我辛辛苦苦创建的公司现在破产了，我还有什么希望呢？"

老人静静地听着年轻人的絮叨，然后转过身去，在他身边的茶桌上泡了一杯茶递给年轻人。年轻人接过茶杯，可是他看到茶杯里的茶叶是浮在水面上的，于是问老人："老人家，为什么你泡的茶，茶叶浮于水上呢？"

老人笑而不语，一直看着年轻人，并让年轻人喝茶水。年轻人喝了一口后对老人说："一点茶香都没有。"

这时老人说话了："这可是名茶铁观音，怎么会没有茶香呢？"

年轻人又端起了茶杯品尝起来，然后肯定地说："真的没有一点香味啊？是不是你拿错了茶叶？"

这时，老人转过身子，把泡茶叶的水重新烧了一会儿。当水沸腾起来时，老人又取了一个茶杯，再泡了一杯茶。同样的茶杯，同样的茶叶，这时年轻人看到的是一杯茶叶沉于杯底的茶水，而且还有丝丝清香飘出来。

年轻人很想端起茶水尝尝，可是老人拦住了他，又提起水壶把沸腾的水倒了一些进去，这时茶杯里的茶叶上下翻腾，茶香也更加浓了。老人连续倒了三次，杯子里的茶水刚好满到杯口，于是让年轻人端起来品尝。这时年轻人喝到的是香浓的茶水，于是问老人："为什么同样的茶叶，同样的茶杯，同样的水，沏出来的茶水却不相同呢？"

老人点了点头，然后对年轻人说："水的温度不同，则茶叶的沉与浮就不一样。温水沏茶，茶叶浮于水面上，这样的茶水怎么会散发出茶香呢？沸水沏茶，反复几次，茶叶沉沉浮浮，上下翻腾，它的茶香肯定会散发出来。生活也是如此，在生活当中，你自己的功力不足，勤奋不足，要想处处得利、事事顺心根本不可能。所以要想得到收获，你需要勤奋，努力提高自己的能力。"

年轻人听了老人的话，脸上展现出无比的自信，谢过老人之后就回到了家里。从此，他做事勤奋，常常向一些前辈请教。不久之后，他重新成立了一个公司，这个公司得到了很好的发展。这个故事给我们这样一个启示：勤奋是一种幸福，更是一种成功。

享誉世界的约翰·施特劳斯，一生总共写了四百多首乐曲。也正是因为约翰的成就，人们给他冠以了"圆舞曲之王"的美誉。对于这个称呼，施特劳斯谦逊地说："我的成就，只在于我把从前辈那里继承的所有经验加以扩充罢了。"

虽然施特劳斯受到了许多人的爱戴、称赞，但是获得崇高荣誉的施特劳斯并没有因此而骄傲。在他年近70岁的时候，他仍然保持着自己的习惯，每天都在为新曲子而思考，每天都在重复着年轻时所养成的习惯。

因为施特劳斯的勤奋，他的一生充满了希望、充满着成就。有人对施特劳斯说："你是最幸福的人，我只能指挥一些属于我权力范围之内的人，而你的音乐使所有喜欢音乐的人都陶醉在你的指挥棒下。”施特劳斯对此只说了这样的一句话：“苹果虽然甜，但有多少人知道它内心有多少苦核呢?”是啊，又有几个人知道成功背后的泪水与汗水呢?

4 要想成功就要拒绝拖延

拖延是人类的一大恶习。美国哈佛大学人才学家哈里克说：“世界上有93%的人都因为拖延的陋习而一事无成，这是因为拖延能挫伤人的积极性。”的确，拖延会严重挫伤我们的积极性。可能你有这样的感受，本来想去学点东西，但就是一直不愿动手，于是日子就在一天天的等待中过去，而你的热情也一点点地消逝。

拖延对我们的危害很大，但是我们对它的警惕性却不高。它不像毒品，因为我们都知道毒品的危害性，所以人人避之唯恐不及。因此尽管毒品的危害性很大，但是由于人们的警惕，它的危害性也就仅仅局限在一定的范围内。而拖延对我们的危害不亚于毒品，它同样可以让我们意志低迷，让我们毫无斗志。但人们对它的危害性却没有充分的认识，因此它也就无孔不入了。我们的多少理想、多少梦想、多少希望，就在等待中消失殆尽。

拖延，可能会让我们失去很多。你与恋人约会，可是由于你的贪睡，结果迟到了一个多钟头，弄得她拂袖而去；有一项很重要的工作，由于你的拖延，延误了整个项目的开发，为此你失去了很大一笔订单或者很重要的一位客户；有一个你羡慕已久的职位终于空缺了，你认为自己的机会总算来了，但没想到最后这个位子却被别人抢了去，就是因为开会时你总是比别人迟到几分钟。因为拖延，我们不知要失去多少。

造成我们拖延的原因无非两个：一个是我们认为手头的事不重要；另一个是事情很棘手，难以处理。如果事情真的不重要，那可以将它取消，但不要拖延；如果取消不了，那就立即去办。而对于很棘手的事情，我们每个人都从心理上去逃避它。但往往越是这样的事情，越是我们做事的关键，这时我们就必须学会迎难而上。有时只要你开始行动，就会发现事情远没有你想象的那么困难。

其实，在拖延的时间里，我们完全有能力把事情做好。所以，不要再犹豫，不要再逃避。只要我们刻意改正，是可以克服这个毛病的。拒绝拖延，可以让你不必再受心灵的煎熬；拒绝拖延，你将会发现自己的人生不再空虚。

有个叫麦克的孩子，从小就有个梦想，那就是走遍美国，进行探险活动。他从小就喜欢运动，而且也从来就是想到就做。当他还在读小学的时候，就打算给自己买只网球拍。于是他利用课余的时间去捡一些易拉罐，然后再将它们卖掉。结果用了一个暑假的时间，便实现了自己的愿望。后来，他上了高中，有的同学每天都骑摩托车上下学。他见了很羡慕，于是便打算买辆摩托车。他又利用课余时间找了三份兼职工作。后来，他利用自己打工赚来的钱买了一辆摩托车，虽然当时他根本就不知道怎么骑它。

他开始学习骑车，每天骑着它上下学。一有时间，他便骑着自己的摩托车四处逛。他从来没有忘记自己小时候的那个梦想，那就是走遍整个美国。

之后，他又换了几辆摩托车，并独自骑着它去阿拉斯加州，征服了两千多千米布满沙尘的公路。后来，他又一个人骑车穿越了西部荒原。

在他23岁那年，他对自己的家人和朋友说要骑车穿越美国。父母和朋友们都不同意，认为他疯了，但是他却不想放弃，因为他觉得自己如果现在不去，以后将不会再有时间。于是他不顾众人的反对，一个人骑车出发了。他的行装很简单，只有一点钱，一个电筒，一把防身的匕首，还有一张地图。

行程是艰苦的，他遇到了很多困难。有时要穿过荒无人烟的沙漠，有时要穿过茂密的丛林。有时好几天都见不到一个人影，只有他自己寂寞地骑着车，听着拂过耳畔的风声。有时还会遇到毒蛇猛兽，好几次他都与死神擦肩而过。那的确是一次伟大的冒险。

后来，他多次回想起那次经历、那些冒险。那个夏天，让他难忘，麦克觉得它在自己的心中具有举足轻重的位置。他也很庆幸自己能在那个时候实现自己的梦想,不然的话他将不会再有机会,他不可能再骑着摩托车去走访同样的山路、同样的河流、同样的森林了。因为在那次冒险之后两年的一个晚上,他骑车回家时被一个喝醉酒的司机撞倒,导致下身瘫痪。

所以,每当他回忆起自己的那次探险经历,心中都会充满了感激,他感到自己非常的幸运,因为他可以在他有能力的时候实现自己的梦想。每次,他都会对周围的人说:"想做,现在就做。因为你不能指望下一秒钟会和现在一样能经过同样的地方,做同样的事。"

明日复明日,明日何其多。事事待明日,万事成蹉跎。所以,不要再让自己的梦想在等待中枯萎。让我们抓住今天,我们的生活才会更加充实。

5 每天多做一点点

常言道:一分耕耘,一分收获。有了辛勤的劳动,我们才会有成果,不劳而获的事情是不存在的。成功和辛勤的劳动是成正比的,你付出多少就会得到多少,经过日积月累,从少到多,你就会获得意想不到的收获。另外,勤奋不是先天生就的,而是后天养成的。当你有了坚定的抱负和信念时,勤奋也就会因此而产生。

勤奋一点,多做一点,对于大家来说,并不是什么坏事。也许正是你无意中的一些勤奋或者多做了一件什么事情,让你得到了一次改变命运的机会。算一算,我们都知道我们生命当中70%的时间都浪费在琐碎的事情上,大多数人把每天的时间都花费在吃、喝、睡等等方面。直到最后我们才发现,我们虚度了大半生。

有一个叫利斯艾尔的人,他听说有人在萨文河畔散步时发现了金子。于是,他和很多人一样怀着发现金子的梦想走向萨文河畔,希望在那儿发现金子,并成为一个富有的人。到了萨文河畔,他们寻遍了整个河床都没有发现金子,于是他们又在河床上挖了许多大坑,希望能挖出金子,可是他们失望了。最后大部分人都怀着失落的心情返回了家乡。

也有一小部分人不甘心，他们在心里想为什么那个人能找到金子，我们却找不到呢。于是他们驻扎下来继续在河床上寻找着金子。利斯艾尔也是这一小部分人中的一个。他在河床上选了一块没有人占领的土地继续寻找金子。利斯艾尔为了找到金子，把所有的家产都押了上去。可是半年后，他没有找到金子，其他人也没有找到金子，只是在他们所占领的土地上留下了许多坑洼。

后来，利斯艾尔放弃了寻找金子的梦想。他选择离开萨文河畔，到其他地方去谋求生路。在他将要离开的那天晚上下起了大雨，大雨一下就是三天。当第四天利斯艾尔走出小屋时，他发现小屋前坑坑洼洼的土地已经不在了，面前所展现出的是一块平整松软的土地。

看着面前的土地，利斯艾尔心里出现了一种想法：在这里没有找到金子，但是这样的土地种上植物应该会生长得很好，可以种一些蔬菜或鲜花拿到镇上卖给有钱人，他们应该会舍得花钱吧！

利斯艾尔的想法改变了他的一生，他下定决心不走了，他要在这儿种出金子。他花了很大的精力，培育蔬菜和花苗。不久后，他那块土地上长满了各种各样的新鲜蔬菜和许多美丽的鲜花。当他把那些蔬菜和鲜花拿到市场上去卖时，许多人都称赞蔬菜新鲜、鲜花漂亮。利斯艾尔的生意非常好，地里的蔬菜和鲜花几天就卖完了。看到市场的潜力，利斯艾尔又买了许多土地，并且扩大了销售范围。

几年后，利斯艾尔实现了他的梦想，他寻找到了属于自己的“金子”，成为了富翁。

利斯艾尔是唯一一个找到金子的人。别人在这儿找不到金子便离开了，利斯艾尔却把“金子”种在了这块土地上。通过他的勤奋、努力终于获取了财富。

成功与失败之间的距离，并不像大多数人想象的那样是一道巨大的鸿沟。成功与失败的距离只在于一次次的思考，勤奋地工作，多一些努力去做事。

一位学者说过："每天多做一点点，不是坏事而是好事，没有谁会说你多事。如果你没有义务去做你职责之外的事，你可以自愿地选择去做，或者想办法让自己养成一个多做一点点的习惯以鞭策自己快速前进。"当然，在每天多努力一点点的过程中，我们并不是漫无目的地去做，这需要我们发挥想象力，去构建自己理想的人生蓝图。此时，我们不妨闭上眼睛想一想，我们在十年以后将会是什么样子。换言之，就是我们积累了多少财富，自己的生活水准达到了什么样的标准，我们与什么样的人在一起共事，我们的社会地位怎样。

6 勤奋不只为薪水

我们在达成了一个小目标之后，一定不能放松，而是要继续勤奋工作，永不满足。从某种意义上说，是梦想在催促着我们！千万不要因为自己富有了，就放弃努力。

在我们的生活中，有很多做出巨大贡献的人，他们都是终生努力的。看看那些不努力的人，即使他们资本雄厚，但由于好吃懒做，结果一生也只能庸庸碌碌。

在我们的工作中，我们还要时常提醒自己要努力奋斗。只有这样，我们才能得到自己想要的。也许在你的身边会有这样一部分人，他们总是说道："勤奋，干吗要勤奋？老板就给了我那么一点工资，我怎么勤奋得起来？给多少钱，就做多少事。勤奋，除非是傻子。"

但是，他们却忽略了一个更为重要的事实。如果你工作勤奋，为公司提升了业绩，创造了利润，公司领导是会牢记于心的。即使你在这个过程中没有得到晋升，但在年终的时候，我想你的奖金也应该比其他人多。更重要的是，在这个过程中，你还得到了许多宝贵的知识、技能、经验和成长发展的机会，当然随着机会到来的还有财富。实际上，在勤奋中你和老板获得了双赢，勤奋不只是为老板负责，更重要的是对自己负责。试想，一个公司不可能因为你一个人的懒惰而一败涂地，但你却会因为你个人的懒惰，一辈子一事无成。所以，你用不着抱怨，更不用自怨自艾，你需要做的仅仅是勤奋地工作。

那些被懒惰吞噬了心灵的人是无法看透事物的本质的，他们相信的是运气之类的东西。别人发财了是幸运；知识广博是天赋；深孚众望是机缘。在工作中，他们总是认为老板太苛刻，因而不愿努力工作。但是他们忘记了：工作时无所事事对自己的负面影响是最大的。有些人费尽心思逃避工作，不想投入同等的时间和精力努力工作。他们事实上是在愚弄自己。老板不可能了解员工的每一个工作细节，但任何一个明智的老板都明白，努力工作的结果会是什么样。升迁和奖赏绝不会降临在对工作不用心的人身上。

如果一个人没有意识到这一点，那么，他在工作中就会琢磨如何少干点工作，多玩一会儿。结果过不了多久，他就会在激烈的竞争中被淘汰。所以说，享受生活固然没错，但怎样成为领导眼中有价值的职业人士，才是最应该考虑的。有人说这样的一句话：拿多少钱，做多少事，钱越拿越少；做多少事，拿多少钱，钱越拿越多。此话的确有道理。如果你选择前者，你的钱只会越拿越少，这就是为工资而工作的结果。你愿意工资越拿越少吗？如果不愿意，就要确立对工作的第一个态度：千万不要为了工资而工作。

任何一位有头脑、有智慧的职业人士，绝不会错过任何一个可以使自己能力得以提高，才华得以展现的工作机会。尽管这些工作可能薪水微薄，可能辛苦而艰巨。但它对意志的磨炼，对坚韧性格的培养，却是极有价值的。所以，正确地认识你的工作，勤勤恳恳地努力去做，才是对自己负责的表现。

7　再努力一点点

生活中，不论你在什么地方，都必须对生存环境保持清醒的认识，要时刻告诉自己：如果现在我不努力工作，那么明天我就有可能失业。今天工作不努力，明天努力找工作，就是告诉人们对工作要有忧患意识。如果今天你不努力工作，没有工作的危机感，那么明天你就可能被淘汰，接着再去努力找新的工作。为了将来工作顺利，不至于失业，你就要时刻对自己施加压力,以压力督促自己不停地向优秀靠近,使自己不至于落后。压力就是动力,它能使你保持激情,努力做到更好。

一个安逸舒适的环境不仅会削弱人的意志力,还可以让人失去忧患的意识和奋斗的动力。当一个人长期处于舒适安逸的环境时,就有可能忽略一些极微小但会造成灾难后果的事情。解决这种困境的办法只有一个,那就是提醒自己每天都再努力一点。

时时刻刻都要让自己保持努力,是一个人立足职场的根本法宝。不管何时何地,让自己走在最前端永远不会错。在风云变幻的职场中,只有让自己时刻保持第一,才能永不落伍,才能避免被淘汰的危险。

同时,我们还必须认清,在如今职场竞争激烈的现状中,想要保住自己的饭碗,努力工作是第一原则。同时还要有危机意识,时刻提醒自己"今天工作不努力,明天努力找工作"。其实,努力工作一方面为他人创造了利润,同时也实现了自己的价值,给自己带来了精神上的满足。一切工作,只有勤奋努力、苦心钻研,才能获得更高的收益,才能更好地实现个人的自我价值。

在生活中总有这样的一群人存在,他们平时不努力工作,把自己的希望寄托于机遇,梦想着天上掉馅饼的好事。但是,这种好事是容易碰上的吗?例如,中国彩票爱好者众多,可中大奖的人却只有几个。所以,依靠侥幸心理来实现成功是非常渺茫的。要想获得成功,最现实也最可靠的办法还是踏踏实实地努力工作,用自己的辛勤劳动换来成功的果实。

另外,还有一部分人,他们在工作岗位上不认真工作,敷衍了事,成绩平平,不追求卓越,不积极向上,缺乏十足的干劲。他们总是想:我的工作虽然做得不是最好,但也不是最差,因此无论如何裁员都不会裁到我。这样的员工思想里没有危机感,工作自然也就没有干劲。只有当他们失去工作的时候,才懂得努力的重要。

所以,我们必须将这样一条原则放在心上:工作要努力。只有努力工作,才能拥有成为优秀员工的潜能,拥有被委以重任的机会,也才会有升职和加薪的机会。

8 努力和用心缺一不可

用心工作，最大的受益者是自己；糊弄工作，最大的受害者也必定是自己。一个用力工作的人，只能做到称职；只有用心工作的人，才能达到优秀。优秀员工就是那些懂得用心去工作的人。用心工作的员工是企业的财富，也是企业真正需要的人。用心工作不仅是一种工作态度，更是一种工作方法和工作哲学。从平凡到优秀，其实只有一个秘诀，那就是工作上要用心一点，再用心一点。只要用心去做，每个人都能成为最优秀的员工！

用心做事要求员工做一个诚信的人、敬业的人、忠诚的人，只有这样，才能赢得别人的尊重和信赖，才会把工作当作自己的事业。

用心做事的员工应该拥有一种积极主动、乐观向上、兢兢业业、踏踏实实、竭尽全力、追求完美的工作态度。拥有这种态度，才能用心对待工作，变"要我工作"为"我要工作"，变被动工作为主动工作，从而将工作完成得更完美、更出色，这是用心将事情做好的前提。

用心做事要求我们有更高的思想境界，认识到用力做事、认真做事与用心做事的区别。只有用心做事，才能把事做对、做好、做到完美，才能达到快乐工作的境界。

用心做事要求我们拥有一颗强烈的责任心。只有对工作负责，才能进入用心的状态。用心做事的员工还应具备一些优秀的品质，如勤奋务实、执著自律等。只有具备这些品质，才能主动工作，用心做事。一个主动工作、用心做事的员工，才是企业真正需要的人。

李刚和刘立同在一家公司工作。李刚工作认真负责，很是用心，几乎不浪费在公司的每一分钟，而且还积极加班加点。刘立则敷衍了事，得过且过，漫不经心，工作中偷懒是常有的事。虽然他工作能力比李刚强，但是他总是不用心去做。因此工作中的失误接连不断，给客户更给公司造成了重大损失。后来老板再也无法忍受这种空有满腹才华却毫不用心的人，毅然辞退了刘立，留下了才能一般却认真和用心工作的李刚。

在职场当中，才能是工作中非常重要的因素，也是老板很看重的一个方面，但是否用心去做事也是老板衡量一个人是否优秀的重要准则。职场中有很多员工，他们总是抱着“难得糊涂”的心态做事，凡事讲究过得去就行，而从来不去追求完美。其实，这是不用心的表现。一个用心工作的人总能站在公司的立场去做事，他会尽心尽力将工作做到最好，他会想方设法为公司节省每一笔开支，力求用最小的投资换来最大的价值。

大部分人整天浑浑噩噩地工作，缺乏创造性、积极性，抱怨待遇不好、工作环境不好等等，却从不从自己的身上找原因。其实，只要在工作中投入自己的创意和热情，并且用心去做，那么，任何人都能做出一番不错的成绩来。

还有一部分人，他们总是感觉对自己的工作枯燥乏味，体会不到激情，这同样是因为他们没有用心去做，没有认识到工作的更高意义和价值。只是一味地为工作而工作，把工作当成了养家糊口的工具，没有深刻认识到工作其实不仅仅是生存的工具，也是体现一个人价值和意义的重要舞台。所以，只有用心去工作，才能将工作做好，才能在乎淡无奇中挖掘出新意，才能创造出更高的价值。

有这样一个年轻人，在一家大型建筑公司工作，他的上司是一位刚刚被提拔的年轻经理。这个经理所承受的压力是非常大的。在这样的人身边做事，总是会让人感到压抑和紧张。年轻人虽然总是小心翼翼，却还是难免犯错。有一次，年轻人为董事会准备资料，他很熟练地整理了一下从各部门呈上来的报表，然后很快做出一份上交材料。他把这个资料交给经理，经理用眼一扫之后，说了一句话：“看着就知道没有用心。”年轻人很不服气，觉得自己做得已经很好了，虽然不敢说最好，但至少还是比较好的。他不明白为什么经理都没有好好儿看一下就得出这样的结论，他很气愤地说：“经理，为了写这个材料，我已经好几天没有按时吃晚饭了。”经理听了后说道：“是吗，你虽然花费了时间，却没有成效，只能说明你没有用心。你自己看看吧！里面有几个数据根本就不正确，另外还有几个错别字。”

是啊，速度再快、工作再累，当你不用心做事时，所有的努力都将变得一文不值。工作不用心的人总是在敷衍，而不去从根本上解决问题。这样的员工自然难以将工作做好，也就难以得到老板的喜欢。用心去工作的员工才能得到老板的赏识，才能成为老板的得力干将。

用力做事，可以把事情做完；用脑做事，可以把事情做对；用心做事，可以把事情做好。用心做事与不用心做事有很大的区别：你用心了，便有一份责任、一份力量、一份感情；你用心了，便会在你所做的事情中听到你心的跳动，感觉到生活的动力和生命的意味。用心做事，不仅仅是认真做事、努力做事，它还要求我们专心投入，全力以赴。用心做事体现了一种态度、一种责任、一种精神，用心会让你的工作效率和质量都得到很大提高。

用心做事不仅可以成为企业员工的工作方法和行动指南，也可以成为一个企业的员工准则和企业文化。以真诚之心对朋友，以热情之心对同事，以务实之心对工作，以进取之心对事业，以火热之心对生活，以关注之心对健康。用心做事不仅仅是一种态度，更是一种责任，一种境界。世上无难事，只怕有心人，无论做什么事情，只要我们用心去做，将情感融入其中，一切问题都会迎刃而解。

9　机会永远垂青努力的人

要做脱颖而出的人，要成为不能被轻易替代的人，要活出自己的精彩，就要不遗余力地在工作岗位上展示自己的才华和忠诚。当然，要想在工作上发挥出影响力，是必须讲究战略方法的。工作本身并不能带来经济上的安全感，今天不努力工作，明天就得努力找工作了。只有具备良好的思考、学习、创造与适应能力——产出能力，才能掌握主动权；拥有财富，并不代表你有真本事，拥有创造财富的能力才真正可靠。

机遇就在你的身边，你的岗位就是机遇出现的基地。在这萌发机遇的土壤里，每一个人都有成才的机会。当然。机遇之路即使有千万条，在你脚下的岗位却是必由之路、最佳之路。我们应该从平凡的本职工作出发，以主人翁的态度和高度的责任心，进行诚实的、创造性的劳动，就容易出成绩。可以从现实的条件下找到成功的机遇，成为本行业的专门人才。机遇存在于平凡的生活之中，生活和机遇是统一的，它们之间是不可分割、相互联系的，把远大的理想同脚踏实地的工作联系起来，在平凡的生活中埋头苦干，坚持不懈，总会找到成功的机遇。

一个勤奋的人，只要努力了，就有可能获取成功的机会。如果你不去努力，你就一点机会都没有，毕竟机会是源于你的努力。换句话说：你付出了不一定能够得到回报，如果你不付出，那么你肯定什么都得不到。

所以，不管做什么事，都应该努力一点，这样我们就能得到更多，成功的机会也会更多。

有这样两个年轻人，一个叫李斯，另一个叫陈诺。两人在同一家超市上班，半年后陈诺青云直上，薪水涨了好几次；李斯却仍然在原地踏步。因此他非常不满意，认为总经理对他不公平。一段时间后，他到经理那儿对总经理发牢骚。经理一边耐心地听他说，一边在心里盘算着怎么向他解释他和陈诺之间的差距。

"小李啊！"经理开口说道，"你的事情我们会了解一下情况的。你明天早上先到集市上，看看有些什么东西在卖，然后回来给我们说说。"

第二天早上，李斯很早就从集市上回来了。他对经理说："经理，今天早上集市上只有一位老人家拉了一车土豆在那儿卖。其他的就没有了。"

"哦，是这样啊！那你问了多少钱一斤了吗？大概还有多少斤？"经理问道。

李斯听了经理的话，又往集市上跑去，一会儿回来对经理说："老人家说，大约还有300斤左右，2毛3一斤。"

"土豆是什么地方产的，你知道吗？还有，是今年的还是去年的。"

李斯又匆匆忙忙地跑去问了回来，这时经理对他说："你先坐在这儿，一会儿陈诺回来了，你看看他是怎么说的。"

一段时间后陈诺从集市上回来了，和经理打了一个招呼，然后拿出一个笔记本，很快就把今天集市上老人卖土豆的事说了。价格是多少，还能降多少等等一些问题都清清楚楚地说明白了。同时他还让老人家把土豆送一些到超市来，另外老人家里的其他蔬菜也送一些来。因为这几天他们卖的蔬菜都是老人送来的,而且卖得非常好。

经理笑了笑,然后转身对李斯说:“小李,你应该明白为什么小陈的薪水比你高了吧!”

李斯不好意思地涨红了脸,默默地走出了办公室。

不同的人做同样的工作,往往会有很大的差别,最重要的原因就在于你是否比别人努力。陈诺能够成功,能够很快涨薪水,并不是没有原因。他能获得成功是因为他比别人努力,比别人善于思考。常言道:不积小流,无以成江海;不积跬步,无以至千里。我们必须重视今天的每一点努力,对待工作要兢兢业业、踏踏实实,尽量每天多努力一点,多做一点。只要你坚持下去,那么你追求的梦想也就离你越来越近。

有一句话这样说:每天多一些努力,从改变行为开始,进而改变自己的态度,然后,你的生活自然会得到改变。是啊,尽管每天多做一点事情,在短时间内可能看不出成果。但只要你坚持不懈,不仅个人的能力会得到提升,同时也是在为随时可能降临的机遇积蓄能量。聪明的人做这些的时候不是做给领导看,他们在自己的努力中不断地积累经验,增加自己知识,这些人永远走在别人的前面。

很多人想早点获取成功,可是他们无法一步登天。成功是慢慢积累的,是通过我们一天天的努力奋斗换取的。所以我们要想获得成功就必须比别人多付出、多努力。就像盖房屋一样,每一层房屋都是由一块块的砖头堆砌成的;也像我们的知识一样,是一点一滴积累起来的。

我们每个人都有自己的路,但我们前进的方向都是相同的——追求自己的理想。当我们在前进的道路上行动时,只有多努力一点,多一些付出,才会为自己创造更多的成功机会、更多的成功资本,也才能在竞争中脱颖而出,得到领导的肯定,得到成功的垂青。

人的一生中,总会遇到各种各样的时机。在你穷困潦倒时和你已经有所成就时,机遇来临的意义是不一样的。所谓机遇与挑战并存,虽然说机遇能改变人的处境,能将人从谷底带到顶峰,但并不是所有人都能在机会来临时有效利用好,常常在犹豫不决中丧失良机。于是,在事后扼腕长叹:时不我待。

不要为失去朝阳而哭泣,否则你将错过今晚美丽的星空。人生事实上就是一连串的选择,当一个机会消失后,并不意味着世界末日的来临,随之必定会有新的机遇出现。如何把握和利用好眼前的机遇，才是一生中最重要的事情。

10 不要存有任何借口

在任何时候，都不要存有任何借口。借口是人们在成功道路上众多障碍之一，也是那些失败者口中所谓的失败理由。生活中那些成功者，他们不论在何时，一直都在寻找解决困难的方法。相反，那些失败的人，他们一直都在为自己的失败而找借口。也正是因为如此，他们陷入了死亡的泥潭，犹如落入虎口的羔羊，毫无招架之力，只能束手就擒，一命呜呼了。所以，要拯救自己，要在竞争中立于不败之地，首先不要为自己找借口，哪怕只有万分之一的机会，也绝不放弃。成功者总会借助信念的力量，找到最后的星光。并借这希望之光，走向人生的巅峰。

阿伦佐·莫宁是世界上最伟大的篮球运动员之一，在他的篮球职业生涯中，他曾四次入选 NBA 全明星阵容，并代表美国国家队获得了悉尼奥运会篮球比赛的冠军。然而，2000 年，莫宁被查出患有肾病，在他带病坚持比赛几周后，医生命令他离开了他一直以来热爱的赛场，并被切除了一个肾脏。莫宁身患重病，应该结束自己的职业篮球生涯了。但是他并没有给自己找借口，而是继续前进。2004 年，接受了换肾手术的莫宁重返球场，此时他已是 34 岁的老将了，但他以永不放弃的精神和精湛的球技征服了世界，并于 2006 年获得了他职业生涯的第一枚总冠军戒指。现在，莫宁已经成为 NBA 篮球的一种精神象征。他的成功正是源于他的名言：在我的职业生涯中，从不对困难屈服。

为自己找借口，就是向困难屈服。在日常生活中，当我们遇到困难，如果先想到退缩，先对伟大的目标望而生畏，自我否定，那等待我们的只有失败。“我不行”这个最常用的借口，恰恰是人生的枷锁。它们禁锢我们的勇气、信心和智慧，左右我们的情绪，最终让可能的光荣永远与我们无缘。在生活中，永远没有绝对的不可能，只有相对的不可能：我们给自己找到的各种各样的借口，借口让我们变成怯弱和懒惰的奴隶。

不找任何借口，不论在什么时候，都是成功者的关键素质之一。成功者从不编织借口逃脱自己的责任，他们往往对每件事情都是神情专注、干劲十足地全心投入，他们都拥有一种不达目的誓不罢休的心态。同时，在成功者的心里根本就没有想到过去找借口，在他们的心里也根本没有想过失败。

借口总是在我们的身边，如同幽灵般四处游荡，恣意横行。有的人有意无意地编织着各种各样冠冕堂皇的借口，有的人绞尽脑汁寻找借口，有的人处心积虑制造借口。不管怎么说，他们的用意只有一个，用借口来做他们的“挡箭牌”。借口在工作中更是无处不在，从表面上来看，借口伤害到的是公司、是企业，但认真地思考、分析就会发现，真正受伤害的是那些遇事找借口的人。因为，他们用借口来掩盖他们所有的不良行为，最终导致了他们必将为自己不负责任的行为付出高昂的代价。这一部分人可以为个人谋取短期利益与暂时的福利，把属于自己的过失掩盖掉，把应该由自己承担的责任转嫁给他人。但时间一长，不管是他们，还是其他的人都会发现：他们扼杀的是自己的才能，泯灭的是自己的创造力。所以，借口无疑是在使自己的生命枯萎，将自己的希望断送，终其一生只能做一个庸庸碌碌、无所作为的懦夫。

拒绝借口，企业才能拥有重见天日的希望，才能迸发重新再来的活力与能量，才能克服重重困难，争取胜利。寻求借口的人经常做的事，就是将自己的责任推到别人身上。一旦他们这种行为养成了习惯，那么，他们的责任心也就烟消云散了。其实，对于遇事找借口的人，他们面对自己的工作，常常无力承担，也不想去承担，他们往往是缺乏在工作中磨炼自己、提高自己的愿望，缺乏积极向上、艰苦奋斗的意志，缺乏面对困难挑战的勇气与承受挫折失败的心态。这些人渴望轻松享受，甚至期望能够不劳而获。也正是由于他们的这种想法，借口成为他们掩饰弱点、推卸责任的有效武器。利用借口，他们将本该自己去做的事情推给别人，在劳累别人、牺牲别人中放松自己、保全自己。这样的人，是聪明的人，同时也是愚蠢的人。

为什么说他们聪明呢？至少他们知道如何来保全自己。其实如果他们能把找借口的这种聪明才智放到工作上，我想这些人也不会比别人差，有的甚至会比其他人更好。可事与愿违，这些人，他们不明白在每一个工作、每一个困难背后都蕴涵着很多个人成长的机会。所以，这些寻求借口逃避工作的人，他们的一生已经注定是一事无成了。

失败的人之所以遭遇失败，是因为他们太善于找出种种借口原谅自己；平庸的人之所以沦为平庸，是因为他们太善于搬出种种理由欺骗自己；而成功的人，事前头脑中只有“想尽一切办法”，事后头脑中只有“这是我的责任”或“这是我的错”。

哪里有借口，哪里就有过失。有畏难情绪，悲观郁闷，回避问题，不愿承担风险，就没有竞争力。办事抓不住关键，缺乏责任心，造成低效合作、不可信任等消极影响。借口，绝不是一个可以忽略不计的小问题，而是侵蚀企业生命的毒素，更是通向个人成功最大的绊脚石。

11 勤奋工作，成功人生

只有懂得珍惜时间的人，才懂得生命的可贵；只有懂得充分利用时间的人，才能取得更加骄人的成绩。勤奋属于珍惜时间、爱惜光阴的人，属于脚踏实地、一丝不苟的人，属于坚持不懈、持之以恒的人。

卡尔森集团是全球最大的家族企业之一，它涉及领域广，包括市场营销、商务和休闲旅游、餐饮业及酒店业。其创始人卡尔森曾说：“我的成功应该源于我个人的勤奋。”事实也如此，卡尔森集团的成功，正是依靠卡尔森早年的勤奋开拓出来的。

卡尔森名下有全世界最大的旅行社以及瑞森达大饭店。《福布斯》杂志估计他的财产有近5亿美元。卡尔森是勤奋致富的典范。早年，卡尔森从推着自行车卖奖券开始做起，一直做到全国首屈一指的大富豪。这个历程是艰辛的，卡尔森不知吃了多少苦，受了多少罪，遭受了多少白眼，忍受了多少耻辱，但是他依靠自己的勤奋走向了成功。在这个奋斗的过程中，他学到的最有用的东西就是勤奋。卡尔森的工作哲学是：星期一到星期五保持竞争力不落人后，星期六与星期日拿来超越别人。他是一个典型的工作狂，如果有一天无事可做，他就感到失落。工作

已经成为他生命的重要部分，他将一切都献给了工作，而工作也以丰厚的奖励回报了他。

卡尔森的成功也印证了著名的犹太商人哈比所说的一段话：我的投资并非任何时候都能赚钱，但我总是付出自己的勤奋。这样即使不能赚钱，我也毫无怨言。而实际上，只要你付出了勤奋，就会有赚钱的机会。

任何成功的背后往往都是以个人勤奋的付出做铺垫的，胜利的喜悦下面掩藏的是滴滴晶莹的汗水。凡是取得某些成就的人，无不付出了艰辛的劳动。可以说，世间所有人出生时都是一样的。富者不勤则贫，贫者不勤则更贫。所以，不管你出生时富贵还是贫穷，只要你勤奋，财富的到来只是时间问题。

台上一分钟，台下十年功。演员们舞台上精彩的表演，是以台下十年如一日的辛勤演练换来的。他们在风光无限的舞台上展现的是笑容、光芒，然而在这背后隐藏的却是什么？是他们一天又一天、一年又一年长期艰苦而又辛勤的锻炼。他们的成功并不是一朝一夕所成就的，他们之所以会成功，乃是由于他们比多数人勤奋，比多数人流下的汗水多，于是才有了成功的机会。不仅是演员们如此，其他在各个行业做出非凡业绩的人无不是如此。

勤奋永远是成功的最好诠释。如今人才济济，竞争激烈，要想做出一番成就，离开勤奋简直没有任何希望。通用电气的前 CEO 韦尔奇说过："勤奋就是财富，勤劳就是财富。谁能珍惜点滴时间，就像一颗颗种子不断地从大地母亲那儿吸取营养那样，惜分惜秒，点滴积累，谁就能成就大业，铸造辉煌。"

爱因斯坦也说过："在天才和勤奋之间，我毫不迟疑地选择勤奋，它几乎是世界上一切成就的催生婆。"乔・雷诺兹也曾说过："如果你富有天分，勤奋可以发挥它的作用；如果你智力平庸，勤奋也可以弥补你的不足。"由此可见勤奋对于成功的重要性。

天道酬勤，成功不是无缘无故到来的，失败也不是无缘无故降临的，只有那些不肯付出辛苦汗水的人才是最大的失败者。在成功的道路上，除了勤奋，依然是勤奋。除此，没有任何捷径可走。

人生的许多财富，都是平凡的人们通过自己不断的努力而取得的。勤奋和努力如同一杯清茶，比成功的美酒更对人有益。一个人如果毕生都能坚持勤奋、努力，本身就是一种了不起的成功。它令一个人从精神上焕发出光彩，这绝非胸前的一排奖章所能比拟的。

在周而复始的日常生活中，尽管有种种牵累、困难和应尽的职责、义务，但它们却能使我们获得种种最美好的人生经验。对那些执著地开辟新道路的人而言，生活总是会给他提供足够的机会和不断进步的空间。人类的幸福就在于沿着已有的道路不断开拓进取，永不停息。那些最能持之以恒、忘我工作的人往往是最成功的。

勤奋工作是一种敬业精神，是对工作的负责，是对既定目标的追求，更是成功的首要条件。有许多人总在责怪命运的盲目性，其实命运本身远不如人那么具有盲目性。了解实际生活的人都知道：天道酬勤，财富永远都掌握在那些勤勤恳恳工作的人的手中。

纵观历史，有许多让我们不得不认真对待的事实。这些事实也让我们明白，在获得巨大财富的过程中，一些最普通的品格，如公共意识、注意力、专心致志、持之以恒等，往往起着很大的作用。即使是盖世天才也不能轻视这些品质的巨大作用，一般人就更不用说了。事实上，那些真正的天才恰恰相信常人的智慧和毅力的作用，而不相信什么天才。甚至有人把天才定义为“公共意识升华的结果”。

世界上只有勤奋才是通往成功的最重要条件。离开勤奋，成功只能是一场空谈，天下没有不经过勤奋努力而得来的收获。成功是勤奋得来的，只有辛勤劳动，才会有丰厚的人生回报。

第六章　认真负责,永远拒绝浮躁

认真负责可以让一个普普通通、毫无背景的人脱颖而出,创造出不凡的业绩。而不认真不负责则可以让一个才华横溢、能力过人的人碌碌无为,成为一个被社会淘汰的对象。只有养成认真的习惯,才能提高工作的效率,充分展现自己的能力,在自己的职业生涯中获得成功!

1 时时不忘履行自己的责任

拥有高度责任感的人，表现在行为上，必然是百分百认真地投入工作。一个认真的人，也必然是一个敬业、主动和负责的人。他们会让自己负起责任来，而不是把问题丢给别人。

工作，是我们在这个社会安身立命的主要方式，当然也是我们一生中最重要的责任之一，我们必须对工作负责。其实，从一个人对待工作的态度，就可以看出他的志向。了解一个人的工作态度，就可以了解他对待生命的态度。

社会赋予了工作正面的价值，又鼓励人们在工作中实现自身的价值。如果有一天人类停止了工作，这个社会便无价值可言。因此，工作是人生最大的财富。人们不仅可以通过工作改善自己的生存境况，满足生活中的各种需求，还可以通过工作肯定自己人生的价值。如果一个人指望不劳而获，不愿参加任何工作的话，那么他不仅失去了诸如薪酬、交际圈、成就感等许多人生财富，同时也失去了自己作为“社会人”的生活意义。

而工作本身，首先就意味着责任。在这个世界上，没有不需要承担责任的工作。相反，一个人的职位越高，权力越大，他所肩负的责任就越重。不要害怕承担责任，要下定决心，承担起自己工作中的责任。这样，你才会在工作中表现得更出色！

如果一个人轻视他自己的工作，总是硬着头皮糊弄工作，也根本认真不起来，那么他绝不会得到别人的尊敬。同时，还会给自己留下心理阴影，慢慢变得连自己都瞧不起自己。

如果一个人认为他在工作中得到的只是苦累、烦闷，甚至已经到了忍无可忍的地步，那可以想象，他的工作绩效一定很糟。即便他自己并没有察觉，以为还可以凭小聪明混下去，然而在不久的将来，职业危机肯定会出现在他身上。

对工作不认真，不仅仅是在敷衍工作，更是在糊弄自己。成功者之所以能成功，就源自他的认真负责的精神。只有对自己负责任的人，才可以对其他人、团队、社会负责任，所以你必须对自己负责任。

年轻的海军军官卡特，奉命去见海曼·李科弗将军。在谈话中，将军让卡特挑选任何他愿意谈论的话题。然而，每当卡特自认为将一个问题完美地表述后，将军总是问他一些问题，结果每次都把他问得直冒冷汗。卡特终于开始明白：自己自认为懂得了很多东西，其实还远远不够。

结束谈话时，将军问他在海军学校的学习成绩怎样。卡特立即自豪地说："将军，在820人的一个班中，我名列59名。"

将军皱了皱眉头，问："你尽力了吗？"

"没有。我并不总是全力以赴的。"卡特说，仿佛仍为自己"不费吹灰之力"就取得成绩而骄傲似的。

"那你为什么不竭尽全力？"将军大声质问，瞪了他许久。

这句话如当头一棒，影响了卡特的一生。此后，他事事认真负责、竭尽全力地去做。他就是后来的美国总统卡特。

人们往往喜欢做事留着几分力气，尤其是年轻人，甚至做事只使出三分力气。这看似机灵，其实却很愚蠢。

因此，你职业生涯中服务的任何一家企业，都应该是你的荣耀。当你个人对自己未来的期待能与本职工作达成一致时，你就像找到了取之不竭的能量源泉。接受企业，认同企业，绝不是靠外力强加于自己的，而是你自己人生价值的一种需要。这种全力以赴的心态，是责任意识的真正体现。

每一位员工在工作之中，都应该主动负责地做事。这样，才能够不断挖掘出自身潜力，逐渐实现自己内心想要达到的目的。

2　认真才能结出丰硕成果

认真的可怕在于：看起来微不足道的力量，只要一认真起来就能发挥出巨大的威力；看起来不可能的事情，只要一认真起来就可以变成现实。认真的人们是真实的，他们把工作视为用生命去做的事情。他们以认真为信仰，认真做事，认真做人，他们也因此而得到充实的人生。认真的人不会把眼光局限在自己得到了什么，而是看到工作本身的价值。虽然每天重复地做着一些事情，但他们并不感觉单调、乏味，所以，他们也是最容易有所成就的人。

世界上，很多时候机会只有一次。有时一个十分微小的错误，都可能导致整体的失败。所以，既然不能容忍过失，就不能容忍不认真的态度。要想不出错，就只能认真，认真训练，认真准备，认真执行。除此之外，没有任何捷径可走。

一个人是平庸还是伟大，不在于他从事什么工作，也不在于他的学识、智力如何，就看他肯不肯负责任，有没有责任心。责任能创造一切，责任能保证一切。每个人都要参加工作，而对待工作最基本的一点就是要对自己的工作负责，这也是一个人最基本的责任和义务。

在企业里面，大多数人关心的只是自己能赚多少钱，而不是关心公司到底如何发展、客户是否得到了利益。如果所有人都秉持这样的心态，我们的企业怎么可能做大做强？

缺少责任这个最基本的良知，一个人在事业上也不会有美好前途的。那些在职场上表现平庸的人都有以下共性：不受约束，不严格要求自己，也不认真负责地履行自己的职责；面对一切岗位制度和公司纪律，都在内心深处嗤之以鼻；对于一切指导和建议都持抵触情绪和怀疑态度。

而那些敬业、主动、负责的人，即便对待很平常的工作，也会调动自己全部的智慧把它完成好。他们，必定是有远大抱负、思维开阔、积极面对人生的人。

认真负责，能使一个人更成熟，更坚定。负责的人，他们能把握自己的一言一行，做自己的主宰。同时，他们对自己将要从事的事业必然会有一个清醒的认识，会不畏艰险，坚持不懈，顽强地面对各种困难，实现自己的目标。

如果一个人，无论是在卑微的岗位上，还是在重要的职位上，都能秉承一种负责、敬业的精神，一种服从、诚实的态度，并表现出完美的执行能力，这样的人，必定是具有强大心理能量的人。

在责任心的驱使下，一个人的能力和效率会得到大幅度的提高。一个人下决心改变自己的生活境况和人生境遇时，首先要从增强责任意识来入手。

一旦你具备了认真负责的品质，不仅会受到人们的尊重，也等于为自己将来的成功埋下了一粒饱满的种子。一旦机会出现，这粒种子就会在你人生的土壤中破土而出，茁壮成长，最终成长为一棵参天大树。

舒明如今是一家建筑公司的副总。然而，几年前，他换了几个工作，都没有长久地持续下去。后来，他被一家建筑公司招聘进来做送水工。在送水的过程中，他并不像其他的送水工一样，刚把水桶搬进来，就躲在墙角抽烟。每次送水，他都把每位工人的水壶倒满，并利用他们休息的时间，听他们讲关于建筑的各项知识。很快，这个勤奋好学的小伙子就引起了建筑队长的注意。两周后，他被提拔为计时员。当上计时员的舒明依然勤勤恳恳地工作，他总是第一个来，最后一个走。由于他对所有的工程项目都非常熟悉，当建筑队的负责人不在时，工人们总爱问他一些技术上的事情。

有一次，建筑队的负责人看到他把旧的红色法兰绒撕开包在日光灯上，以解决施工时没有足够的红灯来照明的困难，这位负责人便决定让这个勤恳又能干的年轻人做自己的助理。就这样，他通过认真努力的工作赢得了大家的一致好评。几年后，他便担任该建筑公司的副总。虽然成了公司的副总，舒明依然坚持着以往努力工作的作风。他常常在工作中鼓励大家学习和运用新知识，还常常自拟计划，自己画草图，向大家提出各种好的建议。

认真，才能出结果。认真，才能有高效。对于一个员工来说，做到高效率其实并非难事:就是要具有职业使命感，养成良好的工作习惯。无论什么时候都能最大限度地发挥自己的作用，肩负起自己的使命和任务。

认真落实，说来简单，但要真正以实际行动来实践目标、实施计划，却并不是一件很容易的事。它需要坚持不懈的韧劲，坚定不移的意志。

认真努力，才能出结果。认真去做，才能在工作中成就巨大的业绩。只要你比别人多付出一点点努力，比别人稍微多吃些苦，就会得到更好的结果。

3 坚持不懈就能走向成功

认真不仅仅是一种态度，它更是一种能力！一个认真的人，绝不会允许自己粗制滥造，绝不会允许自己重复错误、浪费时间。一个认真的人就是对自己负责的人，也是对企业、对社会负责的人，这样的人就是社会需要的人。一个把认真融入到自己的工作中，甚至形成习惯的人，就会比别人更出色。成功与失败有天壤之别，怕就怕“认真”二字！

作为一名员工，要认真踏实地工作。道理几乎人人都懂，可真正能认真踏实工作的人却是少之又少。其原因为何？就在于“毅力”二字。其实认真地做一件事很容易，而坚持不懈、长年累月地认真做下去，面对每件工作都一丝不苟，却不是件容易的事。认真的关键，在于坚持。

王永庆是台湾的著名企业家。年轻时，他在台湾嘉义开了一家小小的米店。由于本钱小，根基浅，店面位置也不好，开业后，米店的生意相当冷清。当时稻谷加工很粗糙，大米里面有不少杂物。王永庆心想：反正也是闲着，没事就清理大米里的糠谷、沙粒。这样一来，他的米质明显比其他米店高一个档次，顾客只要买了一次米就会再买第二次。

王永庆尝到了甜头，就把清理糠谷和沙粒作为一项必做的工作，大米一定要清捡干净后才卖。为了招揽生意，王永庆还开设了当时并不流行的送货上门服务。无论晴天雨天，无论路程远近，只要顾客招呼一声，他随叫随到，而且免收服务费。

王永庆送米并非应付差事，他替顾客考虑得非常周到。送到后，他还要帮人将米倒进缸里。如果米缸里还有米，他就将旧米倒出来，将米缸刷干净后，再将新米倒进去，将旧米放在上层。这样，米就不至于因陈放过久而变质。这个小小的举动，令不少顾客深受感动，铁了心专买他的米。

每次给顾客送米，王永庆都要打听这家有多少人吃饭，每人饭量如何。据此估计这家下次买米的大概时间，记在本子上。到时候，不等顾客上门，他就主动将米送过去。王永庆送米时，并不急于收钱，他将顾客按发薪日期分列造册，等顾客领了薪水，再去一拨儿一拨地收钱。每次都十分顺利，从无拖欠现象。

王永庆的这些服务措施，在嘉义绝无仅有，而且让顾客十分放心。此后，他坚持着一直做下去，真心为顾客服务，赚钱的同时又让顾客满意，生意也由此不断扩大。

也许，给顾客一次或者几次细心周到的体贴并不难。但日复一日地把这种贴心服务坚持下去，即使自己当时的心情并不太好，或者刚刚挨了顾客的白眼、误会，也要对顾客微笑到底，这对很多人来讲，就几乎是不可能做到的了。然而，王永庆就有这样的毅力，事无巨细，不辞辛苦地去做，永不懈怠地努力。所以，王永庆后来才能成为台湾的商业大亨。

如果把我们的工作比做航船的话，认真的员工总是坚守航向，从不动摇。不管航程多远，都以顽强的毅力向着远方一点点前进。即使遇到大风大浪，他们也能镇定地掌稳船舵，驶向自己的目的地。而不认真的员工，他们的航向总是一会儿往东，一会儿往西。高兴了就开足马力向前，不高兴了索性抛锚睡大觉。这样的人，缺少的是成熟的工作心态，也不会有什么成就。

其实，我们需要的是认真做好自己在职的每一天。坚持下去，使自己经手的每一份工作都能交出最好的答卷。我们要在工作中随时提醒自己，踏踏实实做好每一个细节，才能真正出速度、见效益。

4　认真是用头脑去工作

无论你做什么工作，无论你面对的工作环境是松散还是严格，你都应该认真工作，不要老板一转身就开始偷懒。你只有在工作中锻炼自己的能力，使自己不断提高，加薪升职的事才能落到你的头上。

在职场上，只有认真工作才是真正的聪明。因为认真工作是提高自己能力的最佳方法。美国零售业大王杰西·彭尼说过："一个人要想有所成就，最明智的办法就是选择一件即使报酬不多也愿意做下去的工作"。暂时有放弃是为了未来更好的获得。因为你在为公司工作的同时，也是在为自己的未来工作。

在工作中脚踏实地无可厚非，但要是把认真理解为“死板”，不动脑子地蛮干，是不容易把工作做好的。巧干是一种分析判断、解决问题和发明创造的能力，是敏锐机智、灵活精明的反映，也是充满活力、随机应变的智慧。巧干是抓住了事情的关键，并找到了有针对性的方法的结果。巧干既可以减少劳动量，又可以达到事半功倍的效果。

一天，一个制造工厂的经理决定到基层进行考察。他遇到了一个名叫刘如江的设备操作员。很明显，刘如江正无事可做，当被问及发生了什么事时，他解释说正在等一个技术员来校准设备，并不失时机地抱怨已经等了很长时间了，电话打了好几次，还不见人来。

经理问：“请你告诉我，这台设备你用了多长时间了？”

刘如江回答说：“已经有20年了。”

经理继续说：“你用了20年你还不知道如何校准这台设备？这很难让人相信，因为我知道你可能是我们最好的机械师。”

“是的，经理，”他自豪地回答，“我闭上眼睛都能校准这个设备。但你知道，校准设备不是我的工作。我的工作描述上说了，期望我使用这台设备，并将校准方面的问题报告给技术员，但不必修理设备。我不想让任何人烦恼。”

经理非常沮丧，邀请这位设备操作员到办公室，并请他拿出一份工作描述。“我要告诉你，”经理说，“我们将为你写一份更有意义的全新工作描述。”经理再没有说其他的话，就将那份工作描述撕掉了，并很快在一张新表上写了点什么东西，递给了刘如江。

新的工作描述就一句话：用你的脑子。

知识经济时代就是巧干升值的时代，头脑认真地开动起来，才是真正的认真。懒得动脑子的人，不管他表面看起来多么勤勉，也很难叫人相信他是一个真正对工作负责的人。

只有认真思考，细心观察，抓住问题的关键，才能真正实现高效率。

一个身体强壮的年轻人到伐木厂去应聘伐木工，老板看他身体壮实挺适合干这一行，就让他留下来了。第二天这个人很早就起床，一天下来伐了20棵树。老板夸奖他：“你真行，你是我们这里一天伐木最多的人。"

第三天这个工人起得更早,但是一天下来只伐了17棵树,不过老板说:"17棵你也是最多的了。"第四天这个工人也起得早,结果到最后只伐了15棵树,老板说:"15棵你也是最多的。"

这个工人想不明白了:为什么我每天伐树的数量逐渐下降呢?老板就问:"你的斧头磨了吗?"工人这才恍然大悟,原来是因为斧子钝了的缘故。

俗话说,工欲善其事,必先利其器。认真动脑,才能收到事半功倍的效果。敬业精神使我们专注于我们的工作,把工作当成乐趣而不是负担。乐于工作,我们就会不断地在工作中积极思考,寻找改进的良方。

一个人的智慧总是比不过众人的智慧,而众人的智慧,从信息中体现出来。平常随时收集与工作相关的各类信息资料,包括竞争对手的信息,这些都有利于我们在工作中激发灵感。

很多优秀员工都擅长用逆向思维拓宽眼界,探索解决问题的途径,很快就找出问题的关键。他们敢于想别人所不敢想,也经常能够化繁为简,达到出人意料的效果。

会动脑子的人,总会自觉地尝试站在公司、老板或顾客的立场,去评判自己的工作。这样,才能更深层次地想问题,更能把工作做到家,避免"头疼医头,脚疼医脚"的表面工作。这样,也才更容易赢得别人的信任。

认真思考的人,对问题的分析、归纳、总结能力比常人强。他们总能找出规律性,并善于运用它,从而达到事半功倍的效果。因为熟能生巧,丰富的经验积累能增强我们的办事能力。

无论是在工作中还是生活中,我们都应该培养出这些良好的思维习惯,遇到问题时多思考"为什么",多思考才能快速找到问题的关键所在。一旦找到了这个关键,看起来很难办的事情就会迎刃而解了。

5 认真才能让你的工作更专业

众所周知,除了少数天才,大多数人的禀赋都相差无几。那么,是什么造成了我们之间的差距?是认真程度!它可以让一个普普通通、毫无背景的人脱颖而出,创造出不凡的业绩,也可以让一个才华横溢、能力过人的人碌碌无为,成为一个被社会淘汰的对象。只有养成认真的习惯,才能提高工作的效率,才能充分展现自己的能力,才能在自己的职业生涯中获得成功!

如果一人被人评价为"非常专业",就是一种很高的赞誉了。够专业,我们才能成为企业里不可或缺的人才,才能有安身立命的资本。一位企业家在培训新员工时说:"比其他事情重要的是,你们需要知道怎么将一件事情做好。与其他有能力做好这些事的人相比,如果你能做得更好,那么,你将永远不会失业。"只有当你抱着这种心态认真地磨炼专业技能时,才能不断提高你的专业技能,才能赢得属于自己的一片天空。

有一位很有名气的理发师叫章鹏,他长得毫不起眼,他的理发店也在街角最不起眼的地方。但他的理发店却总是顾客盈门,在那个小城可以说是远近闻名。

因为他总能把顾客的头发剪出最好的效果。章鹏喜欢说这样一句话:每一剪剪下去都要负责任。因为这句话,他对工作的态度近乎偏执。有一次,一个企业老总来理发。章鹏告诉他,剪发大概要用半个小时的时间。对方没有异议。可是,剪到20分钟的时候,这位老总突然接到一个电话,他得马上走。章鹏坚持说:"必须把头发剪完才能走,不然的话,会影响到整体的效果"。老总很生气,但是章鹏仍然不肯放他走,并且再三强调要对自己的工作负责。顾客没有办法,只能留在店里把头发剪完。

过了一段时间后,那位顾客又来了,他对章鹏说:"上次因为在你这里剪头发而耽误了生意,我曾发誓再也不来这里剪发了。但后来发现其他理发师剪出来的效果都没有这里好。现在,我和我的朋友们都只认你这一家理发店。"

口碑效应真的很大。章鹏的工作责任心获得了一致好评,他已经成为理发行业里的榜样。如果仅从外表上判断,很难想到这样一个老实内向、性格淳朴的小人物居然是理发界的名师。

正是这种竭尽全力追求完美的专业精神,才创造出了最大的价值。全心全意、追求完美,正是敬业精神的基础。一个人无论从事何种职业,都应该全心全意、尽职尽责,这不仅是工作的原则,也是生活的原则。

所以说,不论你的工资是高还是低,都应该保持这种良好的工作作风。

能让自己的工作变得“够专业”的人,他们都有高昂的信心,有诚心诚意的努力。他们会明智地选择自己要从事的行业,做出抉择之后,就会倾注全力达到最高的标准。

所以,当我们选定了自己的职业之后,就要认真对待它,真正爱上它,把它作为人生的理想。一个人,绝不能看不起自己的职业,因为每一行都有苦有乐,每一行也都能出人才。

我们要像海绵一样,广泛吸收这一行业中的各种知识。虚心向同事、主管、前辈请教,也可以参加各种专业进修班、讲座、研讨会。总之,想要在所做的这一行里获得全方位的发展,就必须把自己变成一个学有所成、“够专业”的高效能人士。

6 认真负责胜于能力

一位哲人说:一个人可以清贫,可以不伟大,但不可以没有责任感。对于个体而言,责任是一个人有所成就的不竭动力;对于组织而言,只有每个人的责任汇聚为整个团队的价值,这个组织才能持续发展,才能真正凝聚力量、走向未来。

美国前总统林肯说过这样一句话:“每一个人都应该有这样的信心:人所能负的责任,我必能负;人所不能负的责任,我亦能负。如此,你才能磨炼自己,求得更高的知识而进入更高的境界。”承担责任,其实就是实现个人价值的前提。当然,在工作中每个人都希望能够展示自己的才华,实现个人的价值。但是,事实上,并不是每个人的才华都能得到发挥,个人价值都能顺利实现的。一个人能否实现个人价值其实并不在于他拥有多强的能力,而是看他是否敢于承担责任,因为责任胜于能力。也就是说,要想实现个人价值还需要一个重要的前提,那就是敢于承担责任。

一个真正认真负责的人,不会害怕压力。因为他的目标是把工作做好,而不会考虑其他的问题,也不会因这些干扰而分心。正是因为他敬业,因为他认真钻研,所以他有信心。他相信自己就算遇到暂时的困难,也终将能闯过去,再创辉煌。

贝特格刚转入职业棒球界不久,便遭到有生以来最大的打击:他被球队开除了。他的动作无力,因此球队的经理要他走人。经理对他说:“你这样无精打采的,根本不适合在球场上打球。贝特格,无论你到哪里做事,若还是三心二意的,你将永远不会有出路。”

贝特格没有其他出路,他去了宾夕法尼亚州的一个叫切斯特的球队,从此他参加的是大西洋联赛一个级别很低的球赛。和约翰斯顿队相比,每个月的薪水让他无法全力以赴。但他想:我必须全力以赴,因为我要活命。

在贝特格来到切斯特球队的第三天,他认识了一个叫丹尼的老球员,他劝贝特格不要参加这么低级别的联赛。贝特格却说:“在我还没有找到更好的工作之前,我什么都愿意做,并且会认真干出我应有的水平。”

一个星期后,在丹尼的引荐下,贝特格又顺利加入了康涅狄格州的纽黑文球队。这支球队没有人认识他,更没有人责备他。在那一刻,他在心底暗暗发誓:要成为整个球队最具活力、最有激情的球员。

每天,贝特格就像一个不知疲倦和劳顿的铁人一般奔跑在球场上,球技也提高得很快。尤其是投球,不但迅速而且非常有力,有时居然能震落接球队友的护手套。

在一次联赛中,贝特格的球队遭遇实力强劲的对手。那一天的气温达到了 38℃,赛场上像有一团火在炙烤,这样的情况极易使人中暑晕倒,但他并没有因此而退却。在快要结束比赛的最后几分钟里,由于对手接球失误,贝特格抓住这个千载难逢的机会,迅速攻向对方主垒,从而赢得了决定比赛胜负的至关重要的一分。

贝特格的认真精神使他有如神助,他忘记了压力带来的恐惧和紧张,掷球速度比赛前预计的还要出色。不仅如此,他“疯狂”的奔跑感染了其他队友,他们也变得活力四射,他们首先在气势上压制了对手。

只要你是认真的，你就有了一张未来的“保票”，你的明天就会更好。认真工作的人不害怕挑战，也不害怕暂时的失败。正是认真，给他们带来了无穷的力量和自信。

在工作中，不管你接受的工作多么艰巨，千万别表现出你做不了或不知从何入手的样子。惊慌失措是职场中最忌讳的，沉着镇静、处变不惊的人，才是职场最终的胜利者。

认真负责是把一座道德大厦连接起来的钢筋。如果没有这种钢筋，人们的善良、智慧、正直、爱心和追求幸福的理想都难以为继，人类的生存基础就会崩溃，人们就只能无可奈何地站在一片废墟中叹息。责任心是人生中最积极的态度，是珍重自己、关爱他人、珍惜生命、珍视未来的表现。一个人的责任心如何，决定着他的成败。如果一个人没有责任心，即使他有再大的能耐，也不一定能做出好的成绩来。

认真负责是金。一个人有了责任心，他的生命就会闪光；一个人有了责任心，他就拥有了至高无上的灵魂；一个人有了责任心，他在人心中就如同一座高山，不可逾越，不可移动；一个人有了责任心，世界才会变得更精彩、更迷人！

人人都有责任心，是实现社会和谐发展的必然保证。有理想、有道德、有文化、有纪律，都与责任相联结，都必须通过履行责任来体现，来升华。每个人只有做一个有责任心的人，社会才能进步；每个人只有做一个有责任心的人，社会才能和谐。

7　积极行动，绝不拖延

拖延，可以把企业拖垮；拖延，只能让他人领先。任何憧憬、理想和计划，都会在拖延中落空。把今天的工作拖到以后去做，所耗去的时间和精力都很大，其实本可以把今天的工作做好。过分的谨慎和缺乏自信都是工作的大忌。立即执行，便会感到简单而快乐；拖延执行，便会感到艰辛而痛苦。避免拖延的唯一方法，就是随时主动地工作。决策是困难的，也是痛苦的，正确的决策一旦做出就要立即执行，绝不拖延。

速度时代，不只是大鱼吃小鱼，更是快鱼吃慢鱼。任何企业、团队和个人，要想成就卓越，就得比学习的速度、观念更新的速度、决策的速度、团队有效执行的速度。

认真的人与拖延、懒惰等恶习是彻底“绝缘”的。因为他们知道，世界上大部分的人都因拖延而一事无成。一百次的胡思乱想，抵不上一次的实际行动。如果认准了一项工作，那么就要立即行动。我们应该摒弃拖延的毛病，在工作的过程中养成立即行动、认真去做的习惯。而不应该为自己制造借口，有意拖延自己的工作。

有一位心理学家多年来一直在探寻人的精神世界，他发现，成功人士身上都有两种本质的力量：一种是在严格而缜密的逻辑思维引导下努力工作；另一种是在突发、热烈的灵感激励下立即行动。

当可能改变命运的灵感在生活中喷发时，绝大多数人习惯于将它压制下来，而后又回到原来的生活常轨，平时该做什么照常做什么。他们并没有意识到，内在的冲动是人类潜意识通向客观世界的直达快车。

所以，当你养成“现在就动手做”的工作习惯时，你就掌握了进取的秘诀。当你下定决心永远以积极的心态做事时，你就朝自己的远大前程迈出了重要的一步。

马上去做，是现代成功人士的做事理念。很多企业之所以能取得今天的成就，不是事先规划出来的，而是在行动中一步一步不断调整和实践出来的。没有行动，再好的计划也只是白日梦。

如果你犯了一项错误，这个世界将会原谅你；但如果你未做任何决定，这个世界将不会原谅你；如果你已做了一个正确的决定，就要马上行动。

所以，如果你勤奋工作、积极行动、绝不拖延，你就会超越平庸，创造奇迹。而放任自己的惰性，最后受害的还是自己。下面的小故事，更加直观地说明了这一点。

两只青蛙在觅食中，一不小心掉进了路边的一只牛奶罐里，罐子里还有一些牛奶，虽然不是很多，但也足以让这两只青蛙体验到什么叫灭顶之灾了。

一只青蛙心想：完了，全完了，这么高的一只牛奶罐啊，我是永远也出不去了。于是，在象征性地挣扎几下之后，它很快就沉了下去。

另一只青蛙看到同伴沉没在牛奶中时，并没有沮丧，更没有放弃，而是不断告诫自己：上帝给了我坚强的意志和发达的肌肉，我一定能够跳出去。就这样，它不断地给自己打气，鼓足干劲，一次又一次奋起、跳跃……

不知过了多久，它脚下黏稠的牛奶变得坚实起来。原来，在它反复的踩踏和跳动之下，液状的牛奶已经变成了一块奶酪！

终于，经过不懈地奋斗和挣扎，它从牛奶罐里成功地跳了出来，重新回到绿色的池塘里。而那一只被淹死的青蛙则永远留在了那块奶酪里，也许它连做梦也没有想到自己其实是有机会逃出险境的。

拖延，分明是一种最佳的自我麻痹法，它会让人像那只青蛙一样丧失意志。拖延的人也是愚蠢的，他们总是把行动的结果想象得很坏。其实，不行动，才是最坏的结果。

要想成就一番事业，就必须迅速行动。这个世界要学的东西太多太多，而我们的生命却是十分短暂。因此，我们必须在有限的时间内，抓紧一分一秒，迅速开始行动，绝不拖延。把惰性和拖延从自己的个性中彻底根除，丢掉糊弄工作的态度，说干就干，以百分百的热情投入到自己的工作中。

8 工作意味着责任

工作意味着责任。无论你处于什么岗位，责任会让你的潜力得到充分发挥，会使你克制一时的意气用事，会改变自己的不良嗜好及减少惰性，会让你分秒必争、放弃暂时的私利，会让你更加顾全大局，会让你更具有包容心、耐心甚至自我牺牲精神……总之，责任是我们克服内心浮躁和一切不良心态的良药。

责任是一种意识，只有具有这种意识才能把工作做好。明确自己的责任，并勇敢地去承担，无论对于自己还是对于公司都是应该的，这是作为每一个企业员工应尽的义务。任何时候，我们不能放弃肩上的责任。不管从事什么样的工作，遭遇什么样的待遇，我们都需要尽职尽责。

责任对每个人来说都是一种与生俱来的使命，它伴随着我们生命的始终。从我们来到人世间，到我们离开这个世界，我们每时每刻都要履行自己的责任：对家庭的责任、对工作的责任、对社会的责任、对生命的责任。

有一位著名企业的老总曾讲过这样一个故事：两个人在交接一颗针时，不小心掉在地上。五个国家的人有五种不同的找法：德国人做事严谨，把掉针的地方分成很多方块格子，然后一个方格子一个方格子地去找，最后一定能把针找到；法国人非常浪漫，他们凭借灵感，喝着香槟，吹着口哨，灵感一来，愉快地找到；美国人性格开放，不拘一格，他们找一个扫把一扫，再在扫拢的小堆中很快地找到；日本人讲求合作，两个人商量一起找，你从这边找，我从那边找，一下就找到；中国人则不同，他们不是如何去找针，而是在想办法去怎样推卸自己的责任。

美国前教育部长威廉·贝内特曾说："工作是需要我们用生命去做的事。对于工作，我们又怎能去懈怠它、轻视它、践踏它呢？我们需要尽职尽责地去把它们做好。"清醒地意识到自己的责任，并勇敢地承担责任，无论对于自己还是对于社会都是应该的，这是每一个人应尽的义务。任何时候，我们都不能放弃肩上的责任。不管从事什么工作，我们都需要尽职尽责。

生活对每个人都是公平的，总会给每个人以回报的。无论是荣誉还是财富，条件是你必须转变自己的思想和认识，努力培养自己尽职尽责的工作精神。

做事浮躁的人，很容易在工作中出现问题。而有一些不负责任的人在工作出现问题时，首先考虑的不是自身的原因，而是把问题归咎于外界或者他人。与其挖空心思找各种理由来逃避责任，还不如想一想怎么做才能够真正承担起责任，把出现的损失降到最低点。

面对工作中的困难，许多人要么摆出一副运筹帷幄、决胜千里的架势；要么高谈阔论，似乎所有问题在他们面前都可以轻易扫除。然而在具体执行中，就开始瞻前顾后、焦虑不安，甚至退避三舍。

在有利与不利两种形势之间，许多人会趋吉避凶。因为逃避可以暂时逃脱可能的惩罚，也可以继续保持自己良好的形象。然而，逃避是一种懦弱的表现，更是自我发现的最大绊脚石。

有一些员工，在对待工作中出现的问题时，总是想着找借口逃避，时常把“如果”挂在嘴边。其实，这并不是对失败原因的正确总结，而是一种逃避现实的态度。这样下去不但于事无补，还会使人变得更加浮躁。我们应该清醒地认识到，逃避并不能真正地解决问题，敢于承担责任才会把损失降到最低。

敷衍了事、投机取巧，从短时间看也许会给你带来一时的安逸。但从长远来看，必定是有百害而无一利的，最后难免落得一个悲惨的结局。

季诚是一家食品公司的销售人员，一天上午他去拜访客户，结果遇到拒绝和冷遇。他的心情简直糟糕透了，仿佛世界末日即将来临。下午下班前他回到公司填工作报表，胡乱写上几笔应付一下便拿去交差，一天就这样结束了。平时没有花时间学习，懒惰、思想消极，从不好好去研究自己的产品和竞争对手的产品；没有明确的计划和目标，从不反省自己一天做了些什么，有哪些经验、教训；从不认真去想一想顾客为什么会拒绝自己，在销售产品的过程中为顾客带来了什么样的服务和满足，当一天和尚撞一天钟，混一天是一天……这就是他的真实写照。

其实，生活中很多人都同季诚一样，每天按时起床，准时出现在办公室，却没有按时完成任务；每天早出晚归、忙忙碌碌，却没有尽职尽责。对他们来说，应付就是每天的工作，没有奋斗目标，没有成就感，生活辛苦，却始终一无所获。

而想要在工作中有所收获的唯一方法，就是做事的时候抱着非做成不可的决心，坚持尽善尽美的工作态度，绝不可以敷衍了事。

在现实生活中，我们缺少的正是那种想尽办法去完成任务的人，而不是去寻找任何借口的人。在他们身上，体现出一种服从、诚实的态度，一种负责、敬业的精神，一种完善的执行能力。

9 对公司负责，就是为自己负责

你手上的每一份工作，都是为自己而做。在服务别人的时候，你所得到的并不仅仅是工作的报酬,还有技术的锻炼,品质与名誉的提升。工作中,当同事把难题推给你,当公司出现无人承担的责任时,你千万不要推卸,因为这是你积累人力资本的大好机会!

生活总是会给每个人回报的,无论是荣誉还是财富,条件是你必须转变自己的思想和认识,努力培养自己尽职尽责的工作精神。公司和员工并非对立,而是合伙人的关系。一个人对待工作的态度决定了这个人对待生命的态度。兢兢业业工作,服务于他人,使自己生命的存在有益于社会,让更多人因你而受益、因你而幸福,你的生活就具有了幸福的意义。

一位著名教授有两个十分优秀的学生,对于他们而言,毕业后找一份工作可谓轻而易举。当时,教授有个朋友创办了一家公司,委托教授为他物色一个适当的人选做助理。

教授让两个学生都过去看看,于是他们分别前去应聘。第一个应聘的学生叫高峻。面谈结束几天后,他打电话告诉教授:"您的朋友太苛刻了,月薪居然只给600元,我不能这样为他工作。现在我已经在另外一家公司上班,月薪是800元。"后来去的那位学生叫张阳,尽管月薪只有600元,他却欣然接受。教授得知后问他:"这么低的工资,你不觉得吃亏了吗?"张阳说:"我当然想挣更多的钱,但我对您朋友的印象十分深刻。我觉得只要能从他那里学到本领,薪水低一些也是值得的。从长远来看,我在那里工作将更有前途。"很多年过去了,高峻的薪水由当年的一年9600元涨到40000元。而原先年薪只有7200元的张阳,现在的年薪却高达200万元,还有公司股权和分红。

在工作中,总有一些人抱着"为老板、为公司工作"的想法,时常把自己看成是工作的被动接受者,不停地向人抱怨自己是公司、老板的剥削对象。所以,这些人在工作的时候从来没有发挥过积极性和主动性,只是在一天一天对工作的敷衍中与优秀和卓越相距得越来越远,因此也变得越来越浮躁。其实,他们没有认清一个事实:自己与公司并不是对立的两极,而是存在着统一的一面。你对公司负责,其实也是在为自己负责。

刘辉到一家钢铁公司工作还不到一个月,他工作很努力,他每天都在学习一些新的知识来补充自己非专业的不足。不久他就发现了炼铁的矿石并没有完全充分地冶炼,一些矿石还残留没有被完全冶炼的铁。

他想：如果公司长久的这样下去，岂不是要受到很大的损失。于是，他找到了负责这项工作的工人，并和他说明了问题。可这位工人说："这又不是你的问题，如果真有问题的话，工程师会和我说的。好像这不是你的工作，最好少管。"

刘辉又找到了负责的工程师，对他说明了工作中的问题。工程师听后，不屑地说："我们的技术是一流的，这样的问题应该不会出现。再说，你一个做文员的，这样的问题你也没有发言权。"这位工程师甚至以为，年轻人怎么都这么爱表现自己。

但是，刘辉并没有放弃自己的想法，他在不断反映问题的时候还在不断地寻找解决的方法。虽然这个问题和他的专业没有多大关系，但他觉得自己是公司的一员，就应该有责任这样去做。

于是，经过一段时间的学习和研究，他终于找到了问题的答案，并整理出更为合理的资料交给了总工程师。总工程师看后说："年轻人，你反映的问题真是一个问题呀，你说得对。我们公司有一流的技术，出现这样的问题，我也觉得很遗憾，我马上召开会议讨论这个问题。"公司很快解决了这个问题。

后来，公司总经理知道了这件事，不但奖励了刘辉，而且还晋升他为负责技术监督的工程师。这对刘辉来说，可以算得上是职业上的一次飞跃。本来他只是一个文员，离工程师的位置还有很远。但总经理说："由你的行为态度和努力，我相信没有人能比你更胜任这项工作了！"

从表面上看，刘辉的行为是在为公司少受损失而做努力，实际上他也是这么做到的。但我们看到的结果证明：他所做的一切都得到了承认，并得到了实现自己价值的砝码，最终的受益者还是他本人。从这里我们也看到了，公司与员工二者其实是统一的——公司需要负责而有能力的员工才能开展业务、达到目标；而员工则需要依赖公司提供的平台才能发挥出自己的聪明才智。

身为公司的一名员工，你应该认识到员工与公司之间统一的一面。为公司的目标去努力，也就是在为自己的目标而努力。有了这样的心，自然就会消除对公司和老板的敌意，工作起来更加努力，也就不会再浮躁。

在工作中，你要明白，个人的成功是建立在团队成功的基础上的。没有公司的快速成长，也就不可能获得自己所期望的回报。

10 敢于主动承担责任

承担责任就是要以一种高度负责的态度，把我们的工作做得更好，不断地去追求卓越和完美。我们每一个人都是责任人，每一个人都要有一颗责任心。工作不仅是我们获得成功的途径，更是我们应该承担的责任。只有义无反顾地去承担起属于自己的那份责任，努力地做下去，才会有获得成功的可能。

主动承担责任，可能会占用我们更多的休息时间，会增大我们的工作压力。但是换一种思维来想，责任承担得越多，说明我们比其他员工的工作能力越强，对公司的价值就越大。负有责任心，可以让我们的能力和智慧得到充分的发挥施展。而在这个过程中，我们也会得到上司和同事的认可。更多的认可会给我们带来更多的发展提升的机会，也才能承担起公司交给我们更大的责任。

董明珠是从一个最底层的空调销售员做到格力电器总裁的。十几年来，尽管她始终是一个打工者的身份，但格力电器的每一项工作，都像她自己的事业一样，她已经完全把自己融入了公司中。刚加入格力不久，董明珠就被公司派到东北去做销售。上任之前，她的前任销售员有一批欠款尚未追回，本来这一工作不属于她的业务范畴，公司会有专人来处理。但董明珠认为既然是她分管的区域，就要由她负责到底。于是，她接下讨债这块难啃的骨头。但她没有想到，这次讨债却是前所未有的辛苦。债主是一个软硬不吃的人，任凭你如何软磨硬泡，他就是不闻不问。如果换作别人，可能早就放弃了。董明珠不信这个邪，她天天去债主的办公室。直到把他堵到办公室，你要么还钱，要么退货。否则从现在开始，你走到哪里我跟到哪里！就这样一直僵持了一个多月，这位债主实在招架不住，终于将尚未卖出的空调原封退还。她深尝此次讨债之苦，自此之后她向公司提出建议，打破游戏规则，一定实行先款后货，绝不赊账的原则。在公司的大力支持和她的全力执行下，董明珠所建立的这条营销原则，随后成为格力空调在业界独树一帜的规矩。本来不归自己管的讨债事情，但董明珠毫不犹豫地承担下来。她将自己的无私和热忱奉献给了公司，体现了她的职业忠诚，因此也得到了巨大的回报。

在我们的周围总会有这样一些员工，他们认为，只有那些有权力的人才有责任。而自己只是一名普通员工，没什么责任可言。其实，这种想法大错特错，没有意识到没有权力并不等于没有责任，没有意识到这种想法就是对责任的另一种逃避，每个员工都要认识到自己承担着企业责任的事实。

没有哪一位老板会对没有责任意识的员工给予深深的信任，没有多少人会面临大是大非的抉择，也没有多少人的责任感会经受大是大非的考验。但是，从平时的小事却可以看出一个员工是否真的对企业有责任感，是否真的忠诚，这也是考核员工的一个重要方面。

要想得到上司的赏识，要想在事业上有所作为，就应该积极主动地去承担责任。这样，才能体现自己对公司的忠诚与敬业，使自己获得上司的认可和信任，进而实现自身价值的最大化。

勇于承担责任的人，人们都愿意与之交往。因为他们有担当，可靠，值得信任：家人有所依靠，领导有所依赖。承担责任是一项重要的道德品质，古往今来，无数的人赞扬它，无数的人践行它，然而却很少有人去想一想，我们为什么要承担责任？承担责任的目的是什么？它又给我们带来了什么？其实，这个问题一点也不难。承担责任，当然是为了弥补我们所造成的损失！毫无疑问，人们都要为自己的行为负责。可是，我们为什么要造成损失呢？假如我们能把工作做得尽善尽美，不就没有任何损失了吗？

然而，我们也应该看到，在有些时候，承担责任可能是有害的，尤其是盲目地担责任，貌似豪放地大包大揽。你会因此无所顾忌。因为，错了就错了，一切后果，我来担当！别人也许会十二分地信任你，因为不管出现什么样的后果，你都会承担下来。可是，如果造成的损失不可计数，不可弥补,你承担得了吗?

11 细节之中体现责任

如今的一些年轻人,往往心高气傲,对工作不屑一顾。没有脚踏实地的磨炼,没有细微之处的千锤百炼,怎会成为优秀的员工?

浮躁是细节的大敌。克服浮躁之气的根本在于注意平和自我,脚踏实地,关注工作中的每一个细节,敢于承担己任。

一个人的责任心常常体现在细节之处,因为不可能每天都遇到惊天动地的大事,做出力挽狂澜的惊人之举。需要责任心的地方,并不一定都马上涉及企业的生存,反而往往是那些看似无大碍的小节之处。而这些小节的积累,往往就注定了企业和个人的命运。

刚参加工作的张丽,在一家公司的车间做统计员工作。她所要做的就是每天和一大堆繁冗、枯燥的数字打交道。她觉得这项工作太枯燥、乏味了,于是工作起来也是漫不经心。由于一次失误,为她敲响了责任警钟。一次,因为她的粗心大意,看错了一个数字,也没有细致地检查,便匆匆将报表呈给了领导。幸运的是,细心的领导发现了错误,将她叫到了办公室。那时她才深刻地体会到,自己的工作虽然琐碎,但是十分重要。公司根据她每天提供的质量报表,了解成本运算情况,监测生产过程中的问题,思考生产工艺如何改进等。这些看着不起眼的数据,可谓意义重大,关系着公司的决策。责任的警钟响起,张丽开始对自己的工作有了新的认识:公司好比一台大机器,操作工也好,统计员也好,每个工种都是这台机器上的一个零部件,只有每个零件有效地运作起来,公司这台大机器才能好好运行。

从那以后,张丽以十二分的细心和责任心投入到自己的工作,尽管每天仍然做着重复单调的工作,可她丝毫不敢懈怠,一直牢牢记着那次出错给她带来的警示。

细微之处往往最容易使人放松警惕,从而犯错误、栽跟头。而细微之处也往往是一个人真实思想、真实情感的反映,体现出一个人的品格、人格和修养。因此，成大业者若烹小鲜，做大事者必重细节。在工作中关注小事，反映的是一种忠于职守、尽职尽责、一丝不苟、善始善终的职业道德和职业精神修养。

12 对工作负责就是对自己负责

工作便是责任，不可以推脱。重要的并非你要对某人负责，对某个事件负责，而是你心里应该存有责任感。你要信任自己，因为唯有自信的人，才能得到他人的信任。一个人是否有责任感经常会决定他对待工作时是敷衍了事还是尽心尽责。

责任感强的人必定坚守原则，绝不会半路放弃。他们知道客户的需求，而且会尽量地满足客户的需求。可是缺乏责任感的人，就会敷衍了事，马马虎虎，压根儿就不将工作看成是重要的事。认为那是别人的事，他们只不过为了领取工资混日子罢了。

刘婷是一家公司的技术员，主要工作是网站建设。她最近接到了一个新项目，先后做了三份网站建设框架的方案建议书，客户都不满意。那家企业出钱少可要求多，刘婷非常不耐烦，她打算放弃这位客户。

于是，她去找经理谈此事。经理看过方案建议书后，问刘婷："有没有同客户进行过详细的交流和沟通?"她说："因为要与其他的客户讨论业务，就没有时间和他沟通了。"经理又问："有没有对这家企业的平台需求展开过调研?"她说："基本上宣传型网站就是这个框架，没去调查。"经理听了他的回答，非常生气地说："你对待工作就是这样的态度吗？不与客户沟通，不去调研，哪个客户会接受这样的方案!"刘婷也生气地说道："是客户鸡蛋里挑骨头，不是我的责任!"那么究竟谁应该负责任呢？事实上，对工作负责便是对自己负责，与他人的态度没有关系。而客户的挑剔也并不能表示刘婷没错。因为她确实没进行调研，确实没与客户沟通。

在职场里，普遍存在着这样三类人：一类人如深宫怨妇一样，整天陷入消极失望的情绪中。经常埋怨别人，抱怨环境，认为自己怀才不遇，完全是他人和环境导致了自己不上进。就算开始工作了，也是马马虎虎，不愿意尽心尽力，他们心里总会想：我干得好不好又有什么关系呢，都是为他人做嫁衣罢了。他们完全处于被动状态，当然也无法享受到工作的快乐了。另一类人看起来像台机器人，他们对待工作缺乏热情，没有活力。他们秉承拿一份儿钱就干一份儿活，其他的事情一概不管的心态。他们坚信命运：别人的工作出色，那是因为人家天分高；别人加薪，那是人家幸运；别人被重用，那是人家有关系有后门。大部分人都这样，我为什么要拼命呢？我不求有功，但求无过。还有一类人，他们从不相信什么运气啊，天分啦，奋斗啊，他们只相信人脉关系。因此，他们的主要工作便是拉关系。平时讲话头头是道，可真做起工作时却不愿意用心，能躲就躲，能敷衍就敷衍。他们压根儿就不明白工作的意义是什么。他们全是优秀的梦想家，幻想着有一天靠关系当上高管，拿上高薪。

企业需要什么？是利润和价值。公司需要用结果来说话，需要对结果负责任的人。其实你可以发现，你的能力和智力根本无法决定这些事情。只有责任感才做得到，因此责任感是最重要的能力和智慧！

一切成就都是日积月累的结果。大部分初入职场的新人，总要经历这种只做小事的时期，你在那段时间里就如蘑菇一样被放置在阴暗的角落里，经常被别人呼来喝去的。在这个“蘑菇期”里，你只需去做一件事情——勤恳用心地工作，对自己和工作负责任！

对工作负责就是积极主动地工作。别老认为自己是为了拿工资混饭吃的人，这太消极。唯有积极工作，愿意为工作负责的人，才能明白工作真正的乐趣，才能展现出超乎常人的能力和才干。积极工作，就算上司没有吩咐，只要这件事情有利于公司，他都会去做。

别总要求别人为你做什么，公司为你做什么，而应该看看你为公司做过什么！只有每个人都肯为工作负责，整个公司才能获得效益。公司获利，你才能获利！因此请记住：对工作负责，便是对自己负责，唯有敢于负责，勇于进取的人，才可能最终获得成功。

13 敬业是每一个员工的天职

敬业是一名优秀员工身上所必备的品质。一个人如果敬业，那么他就会变成一个值得信赖的人、一个可以被委派重任的人，这种人永远都不会失业。

初涉职场的年轻人都有这样的感觉，自己做事是为了老板，是在为老板挣钱。其实，这是情理之中的事。如果你的老板不挣钱，你又怎么可能在这家公司待下去呢？

但也有些员工认为，反正是在为别人干活，能混就混，公司亏了也不用我承担，即使是拉老板的后腿也没关系。实际上，这样做对老板、对你自己都没有丝毫好处。

敬业的人能从工作中学到比别人更多的经验，而这些经验便是你向上发展的阶梯。就算你以后更换了工作，从事不同的职业，丰富的经验和好的工作方法也必会为你带来强有力的帮助，使你在新的领域里也容易获得成功。

敬业，就是尊敬、尊崇自己的职业。如果一个人以一种虔诚的心态对待职业，甚至对职业有一种敬畏的态度，他就具备了敬业精神。

工作是人的天职，这就像蜜蜂的天职是采花造蜜，猫的天职是抓捕老鼠，蜘蛛的天职是张网捕虫一样。人，作为万物的灵长、天地的精英，同样具有他与生俱来的职责和功能。人来到世上，并不是为了享受，而是为了完成自己的使命和安排。

无论你所从事的是什么职业，也无论你现在身居何方，都不要认为自己仅仅是在为老板工作。如果你认为自己努力工作的最终受益者是老板，那么你就犯了一个大错。

每个人工作的过程同时也是一个提升自我的过程。如果你不能在工作中完善自我，则如同逆水行舟，不进则退。你会掉队，跟不上时代的发展。

如果你能够认识到，你是在为你自己工作，那么你将会发现工作中包含着许多使自己成长的机会。这些无形资产的价值是无法用金钱来衡量的，最终受益者是你自己。

把工作当成是在为自己努力拼搏，是企业当中所有榜样员工必备的品质，这种人永远不用担心会失业。

不管你现在处在哪个职位上，把你该做的事做好，都是你义不容辞的责任所在！

每个员工都要清楚：只有忠实地对待自己的工作，忠心地对待老板，充分地使自己在所在的位置上发挥出应有的作用，才能巩固你现在的位置。

在老板眼中，永远不会有空缺的位置。所以，如果你不想与自己的职位保持一种短暂的"约会"关系，而是保持一种长期性的关系，你就要在其位，谋其事。

从公司的角度看，由于市场的压力，公司必须要迅速推出自己的产品、服务，并提供新的功能。缺乏这种速度和变化，公司就难以生存。

公司里的每个职位都对企业的生命力起到至关重要的作用，任何一名员工如果在其位不谋其事，其所在职位的运作就会出现问题。如果某一个职位的价值得不到充分体现，就会直接削弱企业的生命力。

如果我们把公司看作一个构建完好的整体，其中每一个职位都是整体的构成元素。那么，任何元素的运作出现问题，都会波及整个组织，甚至会颠覆整体！

由此可见，老板喜爱那种在其位谋其事的员工是合情合理的。因为老板希望任何一个职位的效能都达到最大的发挥。

如果一个人整天朝三暮四，期待着奇迹出现，却不集中精力去做好本职工作，自然会碌碌无为、一事无成。有些人总希望为自己留一条退路，幻想东边不亮西边亮。殊不知，若是没有了太阳，无论东西哪边都不会亮。

许多员工都在盲目追求丰厚的薪酬和舒适的工作环境，蓦然回首才发现，自己其实已年华虚度。而那些埋头苦干、默默坚守岗位的人，或拥有一技之长的人，或富有管理经验的人，已成为受人们尊敬的专家。这些人还会为自己是否将失业担忧吗？

所以，无论从事什么工作，只要你已经着手做了，千万别心猿意马，着迷于那些不切实际的诱惑。你可以珍惜作息时间，但对你的工作绝不能吝惜汗水。一定要在职位上全力以赴,否则只能在失去工作的困境中痛心疾首,那代价就太大了。可是好多人都是到了最后才猛然醒悟:有活还是要好好干,否则在其位不谋其事,不但使老板的利益受到损失,对自己也有诸多不利。

要想巩固自己的位置,就要在已有的职位上全心全意、尽职尽责。尽可能做到尽善尽美、精益求精。要比你的同行和前辈做得更多、更好。也就是说,关键不在于是否能从工作中得到满足感,不在于能否完成自己的工作,而是要做得比预期的更好,要使老板对你的表现赞叹不已。这样,你自然就会得到回报,那就会使自己的位置固若金汤。

在努力工作的过程中,你会熟悉技艺,并锻炼出稳健、耐心的性格。同时,你踏实的工作作风,也会赢得同事的认同、老板的欣赏,反过来这些又会促进你的工作。

任何技艺和经验的摸索都源于扎实的工作,只有亲身体会,才能逐渐改进完善,而在其位谋其事便是踏实的表现。

这个世界并没有要求你成为某个行业的专家,也不会强求你成为医生、律师、作家、农民或者商人。但是它确实要求你精通你所选择的行业,并在自己的位置上付出你全部的精力和智慧。如果你在自己的专业领域是行家里手,世界都会为你鼓掌喝彩。

但是,它不允许一个人对自己的职业三心二意、半途而废或者是做一些徒劳无益的工作,否则它便会抛弃你。如果你不想失业,就要在自己的位置上严格要求自己。能做到最好就全力以赴地去做,勇敢地对自己的工作负起责任,并一直保持这种良好的工作作风。

敬业就是把工作做到最好,做到极致,杜绝一丝一毫的疏忽,没有任何理由和借口。但是,人们却总是善于为自己寻找各种借口。没有谁愿意承认自己不够敬业,即使是在工作中无所事事混日子的人也不会这样认为。但这种“敬业”总是以“差不多”、“已经不错了”等作为工作态度的辩护词,并以各种外在因素为自己开脱。

敬业是一种做人之道,也是成就事业的重要保证。任何一家公司要想在竞争中取得胜利,没有敬业的员工是不可能的;任何一个国家要想屹立于世界之林,没有敬业的人民是难以想象的。

日本东芝株式会社社长士光敏夫对员工的敬业精神要求特

别高，他最为人们津津乐道的一句话是：为了事业的人请来，为了薪水的人请走。真正具有敬业精神的人，即使当企业面临困境时，也会与企业风雨同舟，患难与共。而心里只有薪水的人心中有的只是福利和待遇，公司遇到困难时，也正是他们拍拍屁股走人的时候。这就是敬业和不敬业的区别。然而，在我们的事业中，始终有一部分人缺乏这种神圣的使命感，把自己当成局外人。他们在工作中缺乏激情，没有快乐．有的只是被动地应付，甚至投机取巧、逃避责任，以至在工作中患得患失、心怀不满。

他们不明白这样的道理：工作是你自己的事，你不仅能从工作中得到乐趣，而且能从工作中获得成就感；敬业给人带来的满足感不是薪水的增加，而是工作本身给个人带来的成就感。

在成功面前没有可能，也来不得半点虚假。一个勤奋敬业的人也许并不能获得上司的赏识，但至少可以获得他人的尊重。

受人尊重会提升一个人的自尊心和自信心。不论你的工资多么低，不论你的老板多么不器重你，只要你能忠于职守，毫不吝惜地投入自己的精力和热情，渐渐地，你就会为自己的工作感到骄傲和自豪，就会赢得他人的尊重。以主人翁和胜利者的心态去对待工作，自然而然就能把工作做得更好。

一个对工作不负责任的人，往往是一个缺乏自信的人，也是一个无法体会快乐真谛的人。这样的人一般都不会有好的结果，他们不快乐地工作着，过着不幸福的生活。纵使偶尔做出一点成绩，也如昙花一现，瞬间即逝，谈不上什么成就感和自豪感，在他们眼里工作就是“为别人创造”、“为别人谋幸福”。如果你在工作上能敬业，并且把敬业变成一种习惯，你会一辈子从中受益。工作敬业，表面上看是为了老板，其实是为了自己。因为敬业的人能从工作中学到比别人更多的经验，而这些经验便是你向上发展的踏脚石。就算你以后换了地方、从事不同的行业，你的敬业精神也必会为你带来帮助！把敬业变成习惯的人，从事任何行业都容易成功。

具有敬业精神，或许不能立即为你带来可观的好处。但可以肯定的是，如果你养成了一种“不敬业”的不良习惯，你的成就会相当有限。你那种马虎、不负责任的做事态度已深入你的意识与潜意识，做任何工作都是“随便做一做”，结果不问自知。

我们应该把敬业变成一种习惯，这样就会从中学到更多的知识，积累更多的经验，就能从工作中找到更多快乐。

14 主动承担分外的责任

工作有分内分外的区别，在职场，只尽到自己分内的责任是远远不够的。一个有高度责任感的人不仅不局限于承担自己分内的责任，还会主动做一些分外的事情。这样才会得到老板的青睐，更容易获得成功的机会。

在职场中，每个人的责任都十分明确。做好自己分内的事情是应该而且必需的，但是仅仅局限于做自己分内的事情，要想成功是远远不够的。很多成功者之所以成功，都不只是局限于做了自己分内的事就走向成功的，成功还意味着要承担更多的责任。每天在自己分内的工作之外多做一点，比别人期待的更多一点，如此才能取得更好的成绩，才能取得成功。

一个没有责任心的员工会认为自己没有义务要做自己职责范围以外的事，但是一个对工作高度负责的员工不这样认为。他们总是在做好本职工作的前提下，再多做一点，以驱策自己快速前进。

马悦最初为老板工作时，职位很低，现在已成为老板的左膀右臂，担任其下属一家公司的经理。之所以能如此快速升迁，秘密就在于每天多做一点，不局限于做分内的工作。

后来有人问马悦其成功的诀窍时，他平静而简短地道出了个中缘由："刚开始为老板工作的时候，我就注意到，每天下班后，所有的人都回家了，可老板仍然会留在办公室里继续工作到很晚。因此，我决定下班后也留在办公室里。是的，的确没有人要求我这样做，但我认为自己应该留下来，在需要时为老板提供一些帮助。

"工作时老板经常找文件、打印材料，最初这些工作都是他自己亲自来做。很快，他就发现我随时在等待他的召唤，并且逐渐养成了招呼我的习惯……"

就是这样，马悦正是凭借着多承担一点责任，每天多做一点工作获得了成功。每天多努力一点工作也许会占用你的时间，但是你的行为会使你赢得良好的声誉，并增加他人对你的需要。

有些人只求分内的工作尽职尽责，老板、领导没有安排的工作，或者是自己职责范围以外的工作就不会主动地去做，更不会发挥自己的主观能动性去开创工作。那么，这些人的工作往往也只是平淡、平庸的，不会有突破，更不会有建树。

事实上，多数人只对自己分内的事负责，对同事表现出来的是冷漠，对上司表现出来的是一种故步自封的懒散和执拗。不愿意承担更多责任的人就不会取得更大的成功，因为成就越大，承担的责任必然就越多。多承担一些责任，不仅证明你能力突出，富有热情，而且你还会因此得到更多薪水以外的资源和财富。责任越重，被肯定的价值和信任就越高。

陈华是公司的一名打字员。虽然自己的工作很普通，但是她对工作很热情，而且责任感很强，即使分外的事情也愿意主动去做。一天，别人都出去吃午饭去了，办公室里只有他还在。公司经理路过他们办公室门口时停了下来，因为想起有几封信函要找。这本不是陈华的本职工作，可她还是爽快地对经理说："我并不知道这些信函的情况，不过，我会帮您处理好这件事情的。我会尽我所能，找到这些信函并尽快把它们放到你的办公桌上。"当陈华把经理所需要的信函摆在他面前时，经理的脸上挂满了笑容。

令人万万没想到的是一个月后，陈华居然被提拔到一个更重要部门的重要位置。原来是经理在公司的一次高层会议上为她做了推荐。

陈华并没有因为经理要求的不是她分内的事而拒绝他。她勇于负责的精神感动了经理，经理才推荐了她，而公司高层最终通过，也是因为陈华是一个具有高度责任感和值得信赖的人。

在职场中，主动承担分外的事情并不会给我们带来任何损失，相反还可以为我们带来机遇。一个人愿意主动承担分外责任，才是高度负责的表现。随着社会的发展，公司的业务拓展日渐复杂，个人的职责范围也应该随之扩大。个人需要承担的职责并不是固定不变的。很多人一遇到同事帮忙或老板安排别的任务，就用“这不属于我们的工作”来拒绝，其实这是一种不负责任的表现。因此当老板安排额外的任务的时候，不妨积极地去完成，把它视为一次机遇，抑或是提高自身的手段。

每天多做一点努力，多一份责任，就多一分收获，多一份财富。要想在职场成为一个别人羡慕的成功人士，就必须模糊分内与分外的界限，主动承担一些分外的工作。你承担的责任越多，你的价值就越大，就容易获得更多的机会，使自己赢得老板的关注，最终获得成功。

15　责任心是事业成功的制胜法宝

责任心是一个人事业成功的基石。一个有强烈责任心的人必然热爱自己从事的职业，并且为了自己的奋斗目标而努力不懈，直到最后获取成功。每个人都应该努力提高自己的责任心，让自己的事业取得辉煌成就。

职场中每个人的发展轨迹都不一样，同样的时间，同样的平台，有的人事业有成，而另一些人却仍然原地踏步，几年的工作时间丝毫没有任何进步。我们都羡慕那些成功者，但是却往往忽略了自己和他人的差距。不是工作积极性不高就是对工作挑三拣四，归结到底就是责任心不够。凡是事业有成的人士，无不具有勇于负责的品质。如果你放弃了自己对工作的责任，就意味着放弃了在公司里更好发展的机会。没有责任感的人，任何一个公司都会弃若敝屣。即使侥幸留在公司里，也永远不会获得成功。

在现实生活中，我们经常看见很多企业不愿意招纳年轻人，企业更愿意招聘一些三四十岁有工作经验的人。因为他们更有责任心，工作更踏实努力。当今大学生普遍缺乏一种责任感，而这一点也是很多企业不敢录用应届毕业生的重要原因。很多刚刚步入职场的大学生总是担心因为自己做错事，给老板留下不好的印象从而影响自己的职业生涯。于是一旦遇到问题不是在第一时间寻找解决的办法，而是尽可能地找各种理由为自己开脱。而这一点正是影响其职业发展的一大绊脚石。事实证明，若想取得成功，强烈的责任心是必备条件。

在职场中，每一个工作岗位对于团队和企业而言都是重要的组成部分。一旦某个环节出现错误和纰漏,就可能给团队和企业带来莫大的伤害和损失。无论你是一个企业的管理者还是普通职员,对于责任心都不能空谈,应该认认真真地落实到工作中去。

日本索尼公司销售部有一名普通的女接待员,她的工作职责就是为往来的客户订购飞机票、火车票。有一段时间,由于业务的需要,她时常会为美国一家大型企业的总裁订购往返于东京和大阪的车票。

后来,那位美国企业的总裁发现了一个非常有趣的现象:他每次去大阪时,座位总是紧邻右边的窗口;返回东京时,又总是坐在靠左边窗口的位置上。这样每次在旅途中他总能在抬头间就能看到美丽的富士山。

“难道每次都会有这么好的运气?”这位总裁对此百思不得其解,随后便饶有兴趣地去问这名女接待员。

“哦,是这样的,您乘车去大阪时,日本最著名的富士山在车的右边。据我的观察,外国人都很喜欢富士山的壮丽景色;而回来时富士山却在车的左侧,所以,每次我都特意为您预订可以一览富士山的位置。”

听完这名女接待员的这番话,那位美国总裁内心被深深地震撼了,由衷地说道:“谢谢,真是太谢谢你了,你真是一个出色的员工!”

女接待员笑着回答说:“谢谢您的夸奖,这完全是我职责范围内的工作。在我们公司,其他同事比我更加尽职尽责呢!”

美国客人在感动之余,对索尼的领导层不无感慨地说:“就这样一件小事,贵公司的职员都做到尽职尽责。那么,毫无疑问,你们会对我们即将合作的庞大计划尽心竭力的,所以与你们合作,我一百个放心!

令这名女接待员没有想到的是,美国企业的总裁因为她的尽职尽责,将贸易额从原来的500万美元一下子提高至2000万美元。索尼公司特地表扬了这名女接待员,并且还把她升任为接待主管。

在工作中,有不少人认为责任只有遇到大事的时候才能体现出来,从而忽视了工作中的细节。在工作中，要多一份责任心，这样老板才会看到你身上的价值，从而对你给予信任和机会。这样你才会更容易获得成功。

不少企业常常感叹现在的年轻人在职场中责任心越来越差了，很多企业其实无论是薪水还是福利都非常优厚的。但是还有很多人不认真工作，让企业大为头疼。目前社会上有一批在年龄、技能、体力上都有优势的年轻人，在就业的过程中对工作挑三拣四，每天漂在社会上等待“最好”的机会，生活还得依靠父母养活，甘心沦为“啃老族”。这些人不仅成为家长的心病，而且长此以往，他们的知识和能力也将会与时代脱节。也许他们才华横溢，但是对工作、对企业没有一点责任心，永远也不会在职场中成功。

一个人，不管你是刚刚走入职场的菜鸟，还是摸爬滚打多年的老兵，如果想使自己的事业成功，获得辉煌，就必须拿出自己的责任心，去征服周围的同事、上司和老板。记住：责任心永远是你事业成功的制胜法宝。

16　今日事必须今日毕

人在工作的过程中，总要发现、培养一些能提高工作效率的好习惯，当日事必须当日毕，应该成为这些好习惯中的一种。一个不好的习惯，会让人跌进失败的漩涡；一个好的习惯，只要坚持下去，就能引导人一步步走向成功。

世界上最紧张的地方可能要数只有10平方米的纽约中央车站问询处。每一天，那里都是人潮汹涌。匆匆的旅客都争着询问自己的问题，都希望能够立即得到答案。对于问询处的服务人员来说，工作的紧张与压力可想而知。可柜台后面的那位服务人员看起来一点也不紧张。他身材瘦小，戴着眼镜，一副文弱的样子，显得那么轻松自如、镇定自若。

在他面前的旅客，是一个矮胖的妇人，头上扎着一条丝巾，已被汗水湿透，充满了焦虑与不安。问询处的先生倾斜着上半身，以便能倾听她的声音。“是的，你要问什么？”他把头抬高，集中精神，透过他的厚镜片看着这位妇人，“你要去哪里？”

这时，有位穿着入时，一手提着皮箱，头上戴着昂贵的帽子的男子，试图插话。但是，这位服务人员却旁若无人，只是继续和这位妇人说话："你要去哪里？""春田。"

"是俄亥俄州的春田吗？""不，是马萨诸塞州的春田。"

他根本不需要行车时刻表，就说："那班车是在10分钟之内出发，在第15号月台出车。你不用跑，时间足够。"

"你是说15号月台吗？""是的，太太。"

女人转身离开，这位先生立即将注意力转移到下一位客人——戴着帽子的那位男子身上。但是，没多久，那位太太又回头来问月台号码："你刚才说是15号月台？"这一次，这位服务人员集中精神在下一位旅客身上，不再管这位头上扎丝巾的太太了。

有人请教那位服务人员："能否告诉我，你是如何做到并保持冷静的呢？"

那个人这样回答："我并没有和公众打交道，我只是单纯处理一位旅客。忙完一位，才换下一位。我一次只服务一位旅客。"

一次只做一件事，这可以使我们静下神来，心无旁骛，一心一意把那件事做完、做好。倘若我们好高骛远，见异思迁，心浮气躁，什么都想抓，最终会像狗熊掰玉米，掰一个，丢一个，到头来两手空空，一无所获。

服务人员之所以永远那么轻松自如、镇定自若，就是因为他已经养成了当日事必须当日毕的好习惯。就像他所说：我一次只服务一位旅客。把一件事情做好了，再去做另一件，既没有耽误工作，还能更清晰、更专心地把面前的事情做好。

我们在日常的生活中所面对的工作密度，永远也不会像这个服务员那样。可是，为什么我们就总是感觉到工作太多，忙不过来呢？总有人每天风风火火，急急忙忙，还不断地出错误。这一切，一个很大的原因就是我们没能学会当日事当日毕。

对于已经踏上工作岗位的人们来说，多年来都已经养成了或好或坏的某些习惯。想把那些坏的习惯改掉，并不是容易的事情。冰冻三尺，非一日之寒。要想瞬间化掉，更不是一件容易的事情。

值得一提的是，有些习惯比另一些习惯更难以改变。这一点，不仅坏习惯如此，好习惯也不例外。也就是说，一旦好习惯养成了，它将牢固而忠诚。习惯在“由幼苗长成参天大树”的过程中，被重复的次数越来越多，存在的时间也越来越长。它们也越来越像一个自动装置，越来越难以改变。

改变坏习惯有一种比较快捷的方式，那就是培养更多的好习惯。不要只是想着把坏习惯从它原来的位置清除掉，因为坏习惯消除掉了，如果没有好习惯来补充，一不注意，坏习惯可能又会回来。就像一个人戒烟，烟瘾来的时候，总是要用瓜子或者糖果把烟瘾驱逐出去。如果只是靠意志戒烟，烟瘾来的时候，嘴里什么都没有，难度就会比较大。

要养成当日事当日毕的习惯，也要讲求一点方法。比如一个习惯于同时做许多工作的人，我们就要先弄明白，他为什么会这么做？是什么心理驱使他这么做的？一般来说，喜欢同时做许多工作的人，往往抱着一种善意的想法，那就是尽快把工作做完。这种人一看同时面对许多工作，心里就会产生焦虑，总想着尽快把工作做完。可是，由于采取的方法是错误的，结果就出现了越忙越乱的现象。

解决的办法就是先消除这种焦虑的心理。俗话说：心急喝不得热粥，一口吃不了胖子。做什么事情都要一步一步的来。开始的时候这种焦虑心理可能不大容易消除，这个时候我们就要强迫自己去专注于一件事。在一件事未完成之前，坚决不去做第二件事。当我们在做一件事情时，不再为其他的事情而焦虑，也就养成了当日事当日毕的习惯了。

17　全心全意，尽职尽责

每一位在事业上取得成功的员工，无一不是全心全意、尽职尽责、精通自己的工作，一丝不苟地把一切做到最完美的人。

一个成功的经营者说：“如果你能真正制好一枚曲别针，应该比你制造出粗陋的蒸汽机赚的钱更多。”

一个人不管从事什么职业，都应该尽心尽责，尽自己最大的努力，把工作做好。这不仅是职责的需要，也是人生的需要。人如果没有了事业和理想,生命就会失去意义。无论你身居何处,即使在贫穷困苦的环境中,如果能全身心投入到工作中,尽职尽责,忘我工作,最后都会获得成功。那些在人生中取得成就的人,一定是在某一特定领域里进行过坚持不懈的努力的人。

在英国赛马界,有一位声望很高的极有权威的人物亨利·亚当斯。他既不是名声显赫的老板,也不是技能出众的赛手,而是一位钉马掌的铁匠。亨利钉的马掌可以说是骏马蹄上最合适的马掌。他说:“我给它们钉了一辈子的掌,这就是我的工作,也是我最关心的事。我看到一匹马,首先想到的就是该给它钉一副什么样的掌最合适。”

他一辈子就给人家钉马掌,并据此为自己赢得了极高的荣誉。现在他年事已高,但找他钉马掌的赛手仍络绎不绝,甚至要排队等候。

在现实工作中,有许多人贪多求全,什么都懂一点,但什么都不能全搞懂。对工作只求一知半解,结果是害人不浅。

那些技术半生不熟的泥瓦工和木匠,将砖石和木料拼凑在一起来建造房屋,在这些房屋尚未销售之前,有些已经在暴风雨中坍塌了;专业不精的医科学生不愿花更多的时间学好技术,结果做起手术来笨手笨脚,让病人冒着极大的生命危险;律师在读书时不注意培养能力,接到案件后捉襟见肘,让当事人白白花费金钱……这些都是缺乏责任心的表现。

我们无论做什么工作,都应该精通它,做到一丝不苟,把每一件事都做完美,这其中蕴含着令人不容忽视的道理。遗憾的是,很少有人能真正体会到,这正是我们做事不能善始善终的根源。它导致我们工作不完美,生活不快乐。

每一位老板都在寻求能精通工作、做事一丝不苟的员工,这是一件相当困难的事情,那种把任何工作做得完美、善始善终的员工则更少见。对于员工本人来说,不要疑惑,不要抱怨,而应该先反思一下自身的问题:自己是否真的走在前进的道路上?为了使自己的业务更精通,或者为了自身完善或是为了公司需要,你是否认真研读过专业方面的书籍?自己是否像画家仔细研究画布一样,仔细研究了职业领域的各个细节问题?

在自己的工作领域你是否做到了尽职尽责?如果不能意识到自己的

不足之处，并且努力加以改正的话，那么往往无法得到一份令人满意的工作。

我们无论从事什么职业，都应该精通它。让这句话成为你的座右铭吧！下决心掌握自己职业领域的所有问题，使自己变得比他人更精通。如果你是工作方面的行家里手，精通自己的全部业务，就能赢得良好的声誉，也就拥有了一种潜在的促进成功的秘密武器。

有位伟人说：“我在一段时间内只会集中精力做一件事，但我会彻底做好它。”这就要求我们无论做什么工作，都需要做到“精通”二字。

懂得如何做好一件事，比对什么事都懂一点皮毛但什么事都做不好要强得多。

美国前总统老布什在得克萨斯州一所学校演讲时，对学生们说：“比其他事情更重要的是，你们需要知道怎样将一件事情做好；与其他有能力做这件事的人相比，如果你能做得更好，那么，你就永远不会失业。”

如果对自己的工作不知道怎样才能做好，对很多事情都懂一点皮毛，由于这样的原因导致自己的失败，怎么能抱怨他人、抱怨社会呢？现在，最需要做到的就是“精通”二字。

有一个自以为是全才的年轻人，对日常普通而又繁琐的工作失去了耐心。他一直认为自己是大材小用，觉得自己怀才不遇，对社会感到非常失望。而且多次在工作中出现的失误导致他完全失去了晋升和加薪的机会，这更让他伤心绝望，他感到没有伯乐来赏识他这匹“千里马”。

痛苦绝望之下，有一天，他来到大海边，打算就此结束自己的生命。

在他正要自杀的时候，正好有一位老人从附近走过，看见了他并且阻止了他。老人问他为什么要走绝路，他说自己得不到别人和社会的承认，没有人欣赏并且重用他……

老人从脚下的沙滩上捡起一粒沙子，让年轻人看了看，然后就随便地扔在了沙滩上，对年轻人说：“请你把我刚才扔在沙滩上的那粒沙子捡起来。”

“这根本不可能！”年轻人说。

老人没有说话，从自己的口袋里掏一颗晶莹剔透的珍珠，也是随便地扔在了沙滩上，然后对年轻人说："你能不能把这颗珍珠捡起来呢？"

"当然可以！"

"那你就应该明白是为什么了吧？你应该知道，现在你自己还不是一颗珍珠，所以你不能苛求别人立即赏识你。如果你想得到别人的赏识，那你就要想办法使自己成为一颗珍珠才行。"年轻人蹙眉低首，一时无语。

有的时候，你必须知道自己是普通的沙粒，而不是价值连城的珍珠。你想卓尔不群，那就要有鹤立鸡群的资本才行。忍受不了打击和挫折，承受不住被忽视和平淡的生活，就很难达到辉煌。

有一次，在美国宾夕法尼亚州的一个小镇上，因为筑堤没有按设计图纸去筑石基，结果导致堤岸决堤，全镇被水淹没，许多人被淹死。这种由于工作疏忽引起的悲剧，几乎在世界的每个角落都时有发生。这就带给了我们一个警示，不负责任的工作是会酿成悲剧的。

学生时代一旦养成了半途而废、心不在焉、懒懒散散的坏习惯，运用一些小伎俩来蒙混过关，欺骗老师。一旦步入社会，就不可能出色地完成任何任务。假如在去银行办事时总是迟到，银行会拒付你的票据；在与人签合约时总是延误会面，到手的订单就会飞掉；与人约会时总是误点，会让人大失所望。这种对待事情三心二意的人，是干不好任何工作的，这种人注定只能是个失败者。做事情无法善始善终的人，是意志不坚定的人，是不尽心尽责的人，这种人是不可能达到自己所要追求的目标的，家人和同事也会为他们感到沮丧和失望。如果这种人成为领导，将会造成更恶劣的影响，其下属也必定会受这种恶习的传染——当他们看到上司不是一个精益求精、细心周到的人时，往往会群起而效仿。这样一来，个人的缺陷和弱点就会渗透到整个事业中去，影响公司的发展。

做事情无法善始善终的人，其心灵上亦缺乏相同的特质。他不会培养自己的个性，意志无法坚定，无法达到自己追求的目标。一面贪图享乐、一面又想成功的人，自以为左右逢源，结果却会两头落空。

我们要培养一丝不苟的敬业精神和严谨的工作作风，培养超凡的技能。这既能带领普通人往好的方向前进，更能鼓舞优秀的人追求卓越。

我们无论做什么事，都必须竭尽全力，无私敬业。能处处以主动尽职的态度工作，即使从事最平凡的工作也能取得成就；能处处以主动尽职的态度工作，即使从事最平庸的职业也能为个人带来荣耀。

18 勇敢面对和承担责任

人人都会犯错，事情也不会总是成功，但是很多人在问题和失败面前选择了逃避责任，不能勇敢地面对和承担。承担责任就是要以一种高度负责的态度，这样我们才会把工作做得更好，不断地去追求卓越和完美。

避免或逃脱责罚是人类的一种强烈本能。人们对于承认错误和担负责任怀有恐惧感，因为承认错误、担负责任往往会与接受惩罚相联系。逃避责任的典型表现，就是总在工作中给自己找借口推脱，将自己该担负的责任转嫁给他人。不负责任的员工在出现问题时，首先把问题归罪于外界或者他人，总是寻找各式各样的理由和借口来为自己开脱。在很多管理者看来，这些都是无理的借口，并不能掩盖已经出现的问题，也不会减轻要承担的责任，更不会解决丝毫问题。没有谁能做得尽善尽美，一个做到主动承认错误的员工至少是勇敢的，敢于面对问题，能够有所成长。所以勇于承认自己的错误、担负自己的责任，才会有更大的提高和进步的可能。不能承认错误，逃避责任也就拒绝了成长和晋升的机会。

周斌是一家公司销售分公司的经理，有一次公司的产品在他所负责的区域周边发生了一起质量事故，而恰好那家分公司的经理又出差不在。按规定，这种情况不应该由他处理。但是周斌心里明白，按照惯例，这种情况必须由他出马，在第一时间内赶到现场处理。可是周斌知道他面临的问题非常棘手，一不小心就会引火上身。于是，在总公司给他下指示之前，周斌以身体不舒服为由，向公司告假。总公司下达指示时，助理接完电话向他汇报，他以身体有病为由，让助理赶去处理。助理毕竟经验不足，不仅没有使事态平息，而且使事件进一步升级，双方僵持不下。总公司不得不另外派人去处理，最后这次质量事故引起的风波虽然得到了平息，但是公司付出了很大的代价。总公司最后肯定要追究责任，经过调查，如果周斌在第一时间赶到现场处理的话，就不会造成这么大的损失。但是周斌却以自己告假为由，称自己并不知道这起事件的具体情况，一切都是助理自作主张，带领一帮人去处理的。虽然周斌把责任推到了助理身上，但是总公司还是对周斌的工作态度和人品产生了怀疑。害怕他把这种手段当作惯用的伎俩，影响分公司的团结和业务的开展。过了一段时间后，找了一个合适的机会将他解聘了。

在职场中，不少人就像周斌一样，面临棘手的问题或者犯错之后，就开始给自己找各种理由和借口推脱。虽然可能会一时奏效，殊不知这是一种极不负责任的态度。逃避责任不仅不会使自己的能力得到提高，还有可能让自己苦心经营的自身形象在一瞬间倒塌，别人或许会说，原来你也不过如此嘛！

在工作中，积极的人面对错误和问题的时候，如果是自己的责任就会勇敢地承担下来，然后积极地寻找问题解决或弥补的方法，而不是一味地寻找借口、逃避责任以使自己免受惩罚。但是另外一些人对此就持有消极的态度，明明自己做错了，自己应该负责，但是因为害怕受到惩罚或者担心自己的形象受损而欺瞒、埋怨别人，找各种客观理由。从一点一滴的小事，老板就可以看出你的品行。上班迟到这点责任都不敢承担，那么老板还会指望你做什么呢？如果你对这些事情一点也不在意，那么时间一长，你就会失去同事和老板的信任。

在职场中，我们每一个人都要对自己的工作负责。每个人都应该有责任心，即使在自己犯了严重的错误的时候，也要勇敢地面对和承担，选择逃避责任也就是选择了平庸。工作不仅是我们获得成功的途径，更是我们应该承担的责任。只有义无反顾地去承担起属于自己的那份责任，努力地做下去，才会有获得成功的可能。

19 企业不欢迎没有责任心的人

无论在生活还是工作中，责任心永远都是一个人不可缺乏的素质。职场是一个需要责任心的地方，频繁地跳槽乱折腾，企业最讨厌这样的人。一定要做一个有责任心的人，千万不要成为那个让企业讨厌的人。

责任心是一个人一生能否有所成就的重要砝码。尤其是当领导不在的时候，员工的责任心就显得特别重要。如果你能够完全负起责任，你就是可托大事的人；反之，如果你习惯于敷衍塞责，应付了事，你可能永远做不出成就来。

有一家公司要招聘，开出的条件十分优厚，这样自然吸引了不少年轻人前来应聘。应聘者大多数毕业于名牌大学，并且在学校的表现也很优异。应聘者个个胸有成竹，然而结果却出乎所有人的意料，最后竟然没有一个人被录取。有人指责这家公司根本就不想招人，老板直接否认了这种说法。公司老板向应聘者解释说："其实，我们也非常遗憾，我们很欣赏各位的才华，大家对问题的分析也是层层深入，非常令我们满意。但是，很遗憾，另外一道题你们都没有答对。"大家感到非常莫名其妙，纷纷问还有一道什么样的题。老板这样回答他们："你们看到了躺在门边的那个扫帚了吗？有人从上面跨过去，有人甚至往旁边踢了一下，但没有一个人把它扶起来。对责任心的理解远不如一件能体现责任心的小事，后者更能显示出你的责任心。"

虽然是一件小事，但是应聘者的责任心被暴露得一览无余。在职场中，很多人缺乏责任心，对待工作十分冷漠。还有一些人只要遇见不属于自己的责任范围内的事，就高高挂起。要知道，在职场中有责任心是很重要的。没有任何企业和老板喜欢一个对工作、对企业没有丝毫责任心的人，即使才华出色，能力过人，那么你也不可能赢得别人的欢迎和尊重。

具体说来，缺乏责任心有如下表现：

对自己的工作职责不明确。比方说一个出租车公司的司机，工作职责要求负责开车，保证把乘客安全地送到指定的地点，同时维护好车辆。但个别司机从不维护车辆，车坏了，丢给公司不闻不问，还推说不是自己分内的工作。这就是典型的无工作责任心的表现。

没有主见，机械服从命令。老板安排什么就做什么，没有一点主见。一到公司开会的时候，别人纷纷提出自己的意见和建议，自己却没有一点想法，只能像个机器人一样。

随大流，持观望态度，不主动去做好工作。这类员工对自己的工作从来不去深究，领导安排工作之后，随便做一做应付了事。问专卖员当天去哪里，做什么？得到的回答是：不懂哦！问所长才懂。询问辖区经营户情况,回答:好像是……还是问所长才懂。再问其他情况,闪烁其词:我没注意看,好像有吧?

不愿意多付一点责任。这类人只关注自己职责之内的工作,对职责之外或职责空挡的工作漠不关心,置若罔闻。

对个人利益得失斤斤计较。如上级检查后认为工作做得不够细,应该进一步补充完善,需要加班,一些无责任心的员工就提出要加班费。

这些都是缺乏责任心在工作中的表现。对于没有责任心的员工,企业往往十分讨厌。一旦企业发现你是一个对工作没有责任心的人,那么你的职业道路必将经历许多坎坷和阻碍,甚至你会直接被残酷地淘汰。

一家公司招聘了一个名校毕业的大学生,这个人能说会道,优越感极强,在公司里总是能吸引不少人的注意。但是试用期都没过,老板就直接把他辞退了。原来一段时间试用下来,老板发现此人自恃名校毕业、学历高,工作一点也不努力,碰见稍微棘手的问题就推到一边。即使简单的工作也不认真对待,不是拖拖拉拉就是敷衍了事,并且还经常迟到。后来,公司另外招聘一个大学生,由于诚恳、踏实而且很有责任心,很快适应了环境,目前在那家公司发展也比较好。

每个企业都存在员工工作责任心不强的问题,尽管属于少数,但这种风气极易传染。没有工作责任心的员工常常担心自己工作表现太差而饭碗不保,于是刻意嘲笑工作积极肯干要求上进的员工,使得这些员工在工作中、行动上不敢做“出头鸟”,结果就会出现更多的泛泛之辈,最终会导致整个企业死气沉沉。企业明白这类员工的存在对企业的发展是十分有害的,说不定就会给企业带来致命的灾难。因此,企业很难给予充分的信任和支持。

比尔·盖茨曾对员工说:“人可以不伟大,但不可以没有责任心。”一个人拥有必要的工作能力固然重要,但是具备强烈责任心的人,才能在工作中充分发挥自身的才能,出色地完成本职工作。在职场中,我们一定要带上“责任心”,做一个对待工作积极、认真、严谨、尽心、尽责的员工,与企业携手创辉煌!责任心是每位员工必不可少的品质。缺少责任心的员工被形容为“企业蛀虫”,不仅难为企业做出大贡献,还会消极感染周围的员工,影响团队斗志,成为“祸水”。因此,要想在行走职场时如鱼得水,游刃有余,一定记得带上“责任心”。

第七章　赢在专注，修炼不浮躁的智慧

不断找工作，不如专注干好一份活。职场中从来不缺少聪明、智慧和技巧，最缺少的是简单事情重复做的专注精神，最缺乏的是重复的事情快乐地做的智慧。做好一件事、一项工作很容易，难的是每天、每月都把要做的事情做好。一个人就是在追求日常工作的完美中成熟和进步的。赢在专注，让我们修炼不浮躁的人生智慧！

1 专注是职场赢家的特质

在现实生活中，平庸者成功和聪明人失败都是令人惊奇的。通过分析会发现一些规律，一些看似迟钝偏执的人有一种专注的精神，有一种在任何情况下都不达目的不罢休的决心，有一种从不受任何诱惑、不偏离自己既定目标的能力。相反，那些聪明伶俐的人往往缺乏专注的精神，没有一个明确的目标，四处出击，结果精力分散、浪费才华，最终一事无成。

专注就是集中精力、全神贯注、专心致志。它是一种精神，一种境界。集中精力做好一件事，长时间地全力以赴，一心一意坚持不懈，不达目的绝不罢休，就是这种精神和境界的反映。一个专注的人，往往能够把自己的时间、精力和智慧凝聚到所要干的事情上，从而最大限度地发挥积极性、主动性和创造性，努力实现自己的目标。特别是在遇到诱惑、遭受挫折的时候，他们能够不为所动、勇往直前，直到最后取得成功。与此相反，一个人如果心浮气躁、朝三暮四、好高骛远，对学业、工作、事业缺乏一种专注的精神，就不可能集中自己的时间、精力和智慧，干什么事情都只能是虎头蛇尾、半途而废。

很多工作本身并不难做，也不是人们不会做。但许多人就是做不好，原因何在？就是因为不够专注。只有专注才能专业，只有专注才能造就成功。只有播下专注的种子，才能收获成功的喜悦。专注是一种巨大的潜在内驱力，即使你是一个很平凡的人，但只要你有一种顽强的毅力，一种在任何情况下都坚如磐石的决心，一种从不受任何诱惑、不偏离自己既定目标的能力，一种目标明确、不屈不挠、坚持到底、不达目的绝不罢休的恒心，你就一定能够获得巨大的成功。每一个人的时间、能力和精力都是很有限的，如果你想在各个方面都取得成功，是不可能的，在这个世界上再也没有比把自己宝贵的精力无谓地分散到许多事情上更糟糕的事了。

杰斐逊是一位作家，他喜欢在工作之余观察鸟类。为此，他在后院里装了一个喂鸟器，希望每天鸟儿都能到这里来啄食。可是就在当天的傍晚，一只松鼠弄倒了喂鸟器，不仅吃掉了里面的食物，而且还把小鸟吓得全都飞走了。

在以后的两周时间里,杰斐逊用尽各种办法阻止松鼠到喂鸟器里偷吃食物,但是没有一点效果。无奈之下,他到一家五金店购买了一个"防松鼠喂鸟器"。可是,松鼠又一次光顾了,照样把小鸟吓跑了,这个防松鼠的喂鸟器并没有起到任何作用。

第二天,杰斐逊提着喂鸟器来到五金店,气愤地要求老板退货。

老板说:"你不用着急,我可以给您退货。不过,你得明白,目前还没有什么真正的防松鼠喂鸟器。"

杰斐逊笑着说:"科学技术如此发达,难道连一个防松鼠的喂鸟器也制造不出来吗?"

"先生,你每天大概花多少时间阻止松鼠远离您的喂鸟器?"老板问。

杰斐逊说:"用半个小时的时间。"

五金店老板又问:"那您知不知道松鼠花多少时间试图闯进您的喂鸟器?"

杰斐逊马上领会到话中的含义,说了声"谢谢",然后带着他的喂鸟器走了。

经过一段时间的观察和研究,杰斐逊发现,原来松鼠除了睡觉之外,几乎把所有的时间和精力都用在了寻找食物上。他这才真正地认识到:只要专注地做一件事,就会很容易成功。

专注就是将时间、精力和资源放在一个既定的目标上,全神贯注、刻苦钻研,只为做好一件事情;专注就是集中精力、专心致志,不受任何内心欲望和外界诱惑的困扰,对既定的方向不离不弃,执著如一。

一个专注的人,往往能够把自己的时间、精力和智慧凝聚到所要做的事情上,充分发挥自己的智慧和才能,将事情做得尽善尽美。

作家茨威格一次应邀到雕塑大师罗丹的雕刻室去参观。"这是我最近的作品。"罗丹揭去一块湿布,下面露出一个神采奕奕的女性半身像,是用泥土塑成的。"我觉得这已经完工了。"

但仔细审视一会儿后,罗丹忽又喃喃自语道:"只是肩膀上面的线条还嫌太硬,对不起……"这时,罗丹似乎忘记了茨威格的存在,有时欣然微笑,有时眉头紧皱,有时往上捏一点泥,有时又轻轻地抓掉一些。如此继续了一个多小时……他没有对茨威格说一句话。除了创作理想中的作品之外,罗丹什么都忘记了。

直到丢下雕塑工具,罗丹才想起茨威格来:“对不起,我把你忘记了。但是……”罗丹对自己的失礼过意不去。茨威格却十分感激地紧握着他的手,在他看来,这一天的收获,比在学校中用功多年更有益处。“我觉得遗忘一切其他事物而集中意志追求完美的热忱,是我过去所缺乏的。除了工作之外,好像自己都不存在了,这才是成功的秘诀。”茨威格感慨地说道。

成功的秘诀在于专注。在这个世界上,没有毫不费力就能取得的成功,大师们令人瞩目的成就全是凭借长年累月的专注才取得的。

成功有时需要几年、十几年甚至几十年艰辛的努力。纵观各行各业出类拔萃的成功者,他们都是仔细钻研、辛苦耕耘的人,他们都是努力将手头上的工作做得完美无瑕的人,他们都是“咬定青山不放松,不达目的誓不休”的人。他们身上具有一个共同的特质,那就是“专注”。

2 专注是成功者最可贵的品质

专注是当今社会最可贵的品质之一,它是成功的基石,每个人都应懂得专注、学会专注、做到专注。世界上许多成功者虽然资质平平,才华也并不突出,却取得了远远超越他们实际能力的成就,就是因为他们具有其他人没有的专注精神。试想,当一个人把自己的时间和精力心无旁骛地投入到一件事情上时,成功离他还会远吗?

一位青年画家碰到了法国著名画家门采尔,他当即向门采尔请教说:“尊敬的先生,有一个问题一直困扰着我。为什么我画一幅画只需要一天工夫,可是卖掉它却要等上整整一年?”

门采尔微微一笑说:“年轻人,请倒过来试一下。要是你能花一年工夫去画它,那么只用一天,就准能卖掉了。”

年轻人回去之后,开始的一段时间,总是不能把画画的速度慢下来。后来,他迫使自己耐心构思、揣摩,而且闲暇之余苦练基本功,力求每一笔下去都能传神。如果有一笔是败笔,就毁掉重画。之后，他发现他的画风和画技有了明显提高。他试着把几幅较为满意的作品拿出去卖，结果人们纷纷称赞他的画，并且立即有人愿意高价购买这些画。后来，这个青年人成了当地最有名的画家之一。

尽管没有必要用一年的时间去做一天的工作，但是绝对要用“一年做好一件事情”的专注劲头去对待每天的工作。

沃伦·巴菲特和比尔·盖茨在第一次见面时，盖茨的父亲问了他们一个问题：人一生中最重要的是什么？两人英雄所见略同地回答：专注。一直以来，专注都是巴菲特成功的重要原则。在工作热情的驱使之下，他一头钻进图书室认真研究别人动都不想再动的陈旧的股票记录。他每天早晨要认真阅读几份报纸，就像痛饮可乐那样贪婪地品味《华尔街日报》。他几乎不关注商业以外的任何事情，只是专注于自己所钟爱的事业。他有30年时间偶尔住在好友凯瑟琳·格雷厄姆的客房里，但是却从未注意到浴室中有一幅毕加索的真迹，“我只知道那儿有免费的洗发水”。

许多人专心于自己的领域，一步一个脚印，踏踏实实，耕耘不辍，最终积累了自己的优势，并将优势转化成了卓越的成就；而另外一些人则四处涉猎，干什么事情都是浅尝辄止，不能持之以恒，最终离成功越来越远。

3 专注的员工备受上司的青睐

优秀的员工能在竞争中屹立不倒，在事业中成绩斐然，不可替代，是因为他们具有其他员工所不具备的专注精神。

任何一个员工都应该热爱自己的工作，在做好本职工作的同时，能干一行、爱一行、专一行。专注才能把事办成办好，专注是一种时间管理方法，专注是一种目标式思维方式。因为专注，你可以集中全部的思维力量于事情的关键——你的目标、你的追求，从而取得成功，重大的成功。

专注精神是企业最青睐的品质。对工作的专注，体现了员工对企业、对工作强烈的责任感。一个对企业、对工作高度负责，全身心投入到工作和事业中的员工,才会得到老板的赏识。

一家大公司在招聘员工时,特别注重考察应聘者专心致志的工作态度。后来担任经理的希克斯在回忆当初应聘的情景时说:“那是我一生中最重要的一个转折点,一个人如果没有专注工作的精神,那么他就无法抓住成功的机会。”

那天面试时,公司总裁找出一篇文章对他说:“请你把这篇文章一字不漏地读一遍,最好能一刻不停地读完。”总裁说完就走出了办公室。

希克斯想:不就读一篇文章吗? 这太简单了。他深呼吸一口气,开始认真地读起来。过了一会儿,一位漂亮的金发女郎款款而来,“先生,休息一会吧,请用茶。”她把茶杯放在茶几上,冲着希克斯微笑着。希克斯好像没有听见也没有看见似的,还在不停地读。

又过了一会儿,一只可爱的小猫伏在了他的脚边,用舌头舔他的脚。他只是本能地移动了一下自己的脚,丝毫没有影响阅读。

那位漂亮的金发女郎又要他帮忙抱起小猫。希克斯还在大声地读,根本没有理会她的话。

终于读完了,希克斯松了一口气。这时总裁走了进来问:“你注意到那位美丽的小姐和她的小猫了吗?”

“没有,先生。”

总裁又说道:“那位小姐是我的秘书,她请求了你几次,你都没有理她。”

希克斯认真地说:“您要我一刻不停地读完那篇文章,我只想如何集中精力去读好它。这是考试,关系到我的前途,我不能不专心。别的事我就不太清楚了。”

总裁听了,满意地点了点头,说:“你表现不错,被录用了!在你之前,已经有许多人参加考试,可没有一个人合格。”他接着说:“像你这样有专业技能的人很多,但像你这样专心工作的人太少了!”

有些人在工作时总是三心二意,对工作缺乏应有的专注。所以他们根本做不好本职工作，当然更取得不了什么骄人的成绩，最终会在激烈的职场竞争中被淘汰。

还有一些人在工作时一心一意、聚精会神，他们不被物欲所困扰，不被凡事所羁绊，不为名利而奔波忙碌，只专注于自己的工作，将“努力工作”升华为“拼命工作”。

专注精神是员工工作的动力，是员工在企业中实现自身价值、取得卓越绩效的助推器。作为员工，应该用专注精神去浇灌工作的稻田，积极努力地工作，充分发挥自己的聪明才智，用自己的专注和执著去实现自我完善和自我超越。

4 见异思迁只会两手空空

事业成功是每一位有志之士的伟大梦想。有梦，就有希望。但如果在前进的路上偏离方向，做出错误的决策，梦将永远只是一个梦。有两个以上的目标等于没目标，专注需要的是一颗平常心，机会只青睐有准备有毅力的人。

专注的人往往会越走离成功越近，而见异思迁的人却总是与成功擦肩而过。一个人有自己的抱负与雄心，这是一件十分值得庆幸的事。但是只有雄心和抱负还不够，还必须有专注的精神。如果没有专注的努力，再大的抱负都不会实现。

有的人换了很多家公司却没有一家让他满意，也没有在任何一家公司得到重用，做出成就来。这是因为他们缺乏专注，见异思迁。一遇到挫折、困难与阻挠，这些人总是怨天尤人，把一切罪过都归结于公司的身上。自然地，他们也就把打通职业发展道路的希望寄托在跳槽上。抛弃了自己的公司，去重新寻找他们自认为适合自己的发展平台与环境。周而复始，这些人永远在不断地选择，而不是在专注地工作，所以他们终究也没什么成就。机会总是隐藏于看似平凡枯燥的工作中，当你放弃了乏味的工作，机会也常常随之消失了。

马丽是一家公司的办公室行政文员，干着打字复印等简单的工作，一直觉得自己的能力得不到发挥。一次公司人员调动，她顺利进入了人力资源部门做薪酬专员。虽然学到了不少管理知识,但是整个部门在公司里无足轻重。她的工作好坏领导似乎都熟视无睹,这让她工作都提不起精神。后来马丽又辗转来到市场部门,复杂的人际关系让她束手无策。此后,她跳槽去了另一家公司做销售,然而业绩并不好。一路走来,她越来越找不到自己的位置。换了许多新工作,却都业绩平平,没有取得期望的成功。

每个人都有自主选择工作岗位和环境的权利。但是,你的选择应当理性。如果你仅仅是凭一时的冲动或者是在短期内就开始对你所在的公司感到怀疑的话,这其实是一种对现有工作的逃避。在这个市场上,没有哪一项工作是尽善尽美的,每一项工作都有其优点与缺点。如果你抵制不了诱惑,失去理性地频繁跳槽的话,你就会发现越跳越找不到适合自己的位置,因为你根本就没有给自己在工作中找到位置的机会。

既然选定了工作,你就应该拥有一个良好的心态,把它看成你的事业,积极努力地把它做好。当周围的人都在跳槽的时候,同事纷纷被人挖走,仍坚守自己岗位的员工,就显得格外珍贵。这些人并非无人问津,但是他们能在紊乱中冷静观察,他们更能认清公司的发展前途,也更能明白跳槽更多时候是丢了西瓜拣芝麻。

真正在职场上取得成功的优秀人士往往都是具有一颗执著之心的人,他们的追求和期望也是一种理性的追求和期望,他们能够在自己工作的岗位上给自己机会。执著的、优秀的员工是老板最需要的好帮手。一个优秀的、有追求的人应该珍惜本职工作,积极主动地尽一切努力把工作做得更好。只有这样,才能超越平庸,实现尽善尽美,取得常人无法取得的成绩。大千世界,聪明人甚多,为什么有的人能够超越平庸,有的人却空有满腹才华而一事无成?就是因为他没有半点责任心,缺乏应有的职业道德和对事业的执著追求。

见异思迁的跳槽行为是一种很常见的情况,无论在国内的公司还是在国外的公司,无论在独资公司、外资公司还是在合资公司,无论在同一性质的公司还是在不同性质的公司之间都存在。导致跳槽的诱惑因素多种多样,其中最有诱惑力的因素就是高薪水、高福利、高待遇,跳槽的人希望有机会得到转型与提升,但事实上,频繁跳槽给从业人员带来的是弊大于利。

有的人在工作中遇到了挑战与困难，选择跳槽；与同事相处不好、人际关系紧张，选择跳槽；经不起领导与老板的严格批评，选择跳槽；这山望着那山高，总觉得下一个工作才是自己心目中最想要与追求的，选择跳槽；等等。在这些跳槽的人看来，他们在工作中所遇到的一切问题只要借助于跳槽就可以完全解决。可事实上并非你所想象的那样，一旦这种习惯成为你的一种性格倾向，就会使你在面对现实、面对困难时，丧失直面的勇气。你会有各种各样的理由来支持你的退缩、你的逃避，例如这项工作不符合自己的兴趣爱好，老板没有慧眼识英才的眼睛，上天注定的命运，等等。

在就业形势日益严峻的今天，能够找到一份相对稳定的工作并不容易，好好地珍惜才是我们唯一的选择。要克制自己的那种见异思迁的不良思想，有一颗执著的心，在自己选择的岗位上，不断地磨炼自己、锻炼自己，增加自己的经验，增强自己的能力。一旦自己成熟了，必能拥有成功。

不要因为另一家公司的待遇优厚一些就不念旧情，毅然决然地跳槽。尤其是那种在一个地方工作一年半载就想“换换地方的人”，原公司特别是跨国公司往往为员工制定了长期的个人发展规划，一旦离开就葬送了自己原来的努力，因为到新环境里一切又要重新开始，自己始终处于“新人”状态，新雇主对“频繁跳槽者”也会心存疑虑。

由于经济和社会的快速发展，对人才的培养提出了新的要求，也给人才提供了更大的发展空间。对于那些刚刚跨入这个领域或者已经具备相当工作经验的人来说，把自身发展和公司发展规划充分结合，才是最好的选择，频繁跳槽并不利于个人职业生涯的发展。如果你总是抵制不了诱惑，见异思迁，频繁地跳槽的话，那么你成功的基础总是不能夯实，这样即使建起了高楼大厦也不会稳固。

5　专注才能让你更专业

市场经济在迅速发展，各行各业的分工也越来越细，专业要求越来越高，这是社会经济发展的必然。专业决定了一个企业不能盲目地涉足太多的领域，它要求一个企业在进行规模扩张、多元化之前先在某一个特定的领域把工作做足做细。

罗技电子公司依靠生产鼠标和键盘进入电脑周边设备行业。鼠标和键盘是电脑最基本、最不可缺少的外设配件，同时也是价格较低而且获利较少的配件。因此许多电脑企业根本不感兴趣，认为只生产鼠标和键盘肯定没有前途。然而这恰恰给了罗技公司一个契机，罗技走上了鼠标和键盘生产的专业化道路。如今许多在电脑领域追求大而全的公司都已经烟消云散，然而罗技却利用它在鼠标和键盘技术方面的优势而风光不减，成了全世界最知名的电脑设备供应商之一。

企业需要专业，同时在这种大的背景下，企业也更需要在某一个特定的领域有一技之长的人，这是市场发展、社会分工的必然要求。当今企业里缺少的并不是那种空而全的管理型人才，而是那些在某个领域有特别高的专业技能的人才。同时，专业也能够给你带来丰厚的酬劳与奖赏，促进你的事业腾飞。

既然专业对企业和个人都重要，如何才能使自己更专业呢？答案很简单：专注！只有专注你才能够更专业！专注使你能够把你的意识和精力全部聚焦到某个特定的目标上，直到找出实现这项目标的方法，而且成功地将之付诸实际行动，最终实现预定目标。

专注给你力量，使你能够把周围可以利用的一切资源都充分地利用起来。你对一件事的专注程度也决定了你的专业水准，从而更进一步决定了你所达到的高度。

当你集中注意力把你的想象力放在目标实现后的事情上时，你的目标就会在很短的时间内变成一幅美好而深刻的愿景。把这愿景当作你专注的对象，那你就会发现你拥有了一种强大的、神奇的力量。美国成功学励志专家拿破仑·希尔把专注喻为人生成功的“神奇之钥”，这是很有道理的，它可以开启你的专业之门。

为了实现你在专业领域内的价值远景，不妨让这把钥匙来开启你的智慧，发现自己的专长并专注于它。

每一个人都有自己的特长，你只有专注于自己的特长，才能够使自己的特长变得更专业。千万别总是认为自己是一个无所不能的全才，即使别人说你是全才,你也应当好好地掂量一下自己的能力。

有一个年轻人,到寺院里拜师学艺。准备练好武功之后,替父母报仇,因为他们无端地被人杀死了。年轻人问道:“请问师父,我要练多久才能出师?”

“大概5年吧!”师父说。

“啊,这么久啊?”年轻人急切地问:“假如我比其他弟子加倍地努力,是不是可以提早学成武功呢?”

“这样子的话,你大概需要10年!”师父说。

“什么?10年?那如果我再加倍、加倍地努力学习呢?”

“20年吧!”师父淡淡地回答。

这时,年轻人愈听愈糊涂,说:“师父啊,怎么我愈是加倍地练习,我学成武功的时间反而更加长呢?”

“因为,当你的一只眼睛一直盯着结果看时,你就只剩下一只眼睛可以专注于练习了!”师父说。

专注于某一件事情,哪怕它很小,努力地做到最好,总会有不寻常的收获。有时候,一个人自诩拥有多种技能,但由于只是蜻蜓点水,反而不如拥有一项专长的人受青睐。如果你专注于某一件事情,尽力地把它做到无可挑剔,那你可能比技能虽多但无专长的人更容易获得成功。

在如今这个竞争激烈的时代,只有让自己的专注来开启自己的智慧之门,才能提高自己的专业水准。只有这样,你才能够变得更加强大。你所选择的任何一份工作都值得你去专注,你只要对其尽心去做了,你就能够真正地体会出它的内涵与价值来。

6 让专注成为习惯

让专注成为一种习惯,会使你把工作变成一种精神上的享受。面对着来自工作的挑战与难题,你将不再害怕它,因为你有一种强大的内在力量助你一臂之力来突破重重险关完成使命。你所追求的不再是一个个里程碑式的目标,而是充分享受这种挑战工作的快乐。在这享受的过程中,你所有的工作目标也都会随之实现。

然而，要形成专注的习惯，并非是轻而易举之事。特别最初几步是非常艰难的，你需要找准方向，然后小心翼翼地穿越心灵的原野，让正确的、通往目标最近的那条心灵路径一步一步向前延伸，一点一点变得开阔。这是一个创造新世界、毁灭旧世界的过程，是一个需要付出大量心血与汗水的、艰难的心路历程。但是，只要你迈开第一步，就绝不要停止努力，你必须第二次、第三次，一次一次不断地将双脚踏在那条路上，并设法向前挪移。经过无数次的重复，你会逐渐适应新的道路，逐渐养成专注的习惯。随着这条道路一点一点的延伸，工作本身会成为你生活中最重要的一部分。你对工作的兴趣将越来越浓，你对生活的热情将越来越高，你和心中目标之间的距离也将越来越近。有一种方法可以帮助你将专注转变为一种习惯，那就是热爱自己的工作，并对自己的工作充满激情。

比尔·盖茨曾经说过："每天早晨醒来，一想到所从事的工作和所开发的技术将会给人类生活带来巨大的影响和变化，我就会无比兴奋和激动。"从中可以看出，比尔·盖茨对他的工作充满了激情。他习惯于将工作当成一种乐趣。在他看来，一个成就事业的人，最重要的一点就是热爱自己的工作。热爱工作，才会对自己的工作感兴趣，才会出色地做好自己的工作。1975年，当比尔·盖茨开始创办软件公司时，他就极其热切地投入到软件设计之中。当时他对这项工作着了迷，他对工作的热爱和投入达到了废寝忘食的程度。每当暮色降临时，他就钻进工作室，在那里通宵达旦地工作起来。终于，他实现了自己的梦想。

如果一个人不能够热爱自己的工作并对自己的工作充满激情的话，你就不可能全身心地专注到自己的工作上面去，在工作当中又怎么能够拥有高人一筹的力量呢？你又如何去与别人竞争呢？更别说让你的领导器重你、提升你了。

不论从事什么工作，热爱自己的工作并对自己的工作充满激情吧！它会使你将专注变成一种习惯，它会使你拥有强大的力量，这种力量足可以让你用来成就自己的一番事业。

每一位员工都应该热爱自己的工作，对工作满腔热情，主动地去工作，创造性地去工作。而不是被动地应付工作，做一天和尚撞一天钟。是否热爱自己的工作，所体现出来的精神面貌是完全不同的，所完成工作的质量和反映出的工作效率也是完全不同的。尤其是在工作碰到困难时,一个热爱工作的员工就会极大地发挥个人的潜能,创造性地开展工作,克服困难。相反,不热爱工作的员工在工作中只能亦步亦趋地做事,一旦碰到困难,就显得一筹莫展。

7 专注可以使自己变得不可替代

在工作中要不断完善自己,使自己变得不可替代。让公司离开你就无法正常运转,这样你的地位就会大大提高。如今各个行业都竞争激烈,如何在激烈的竞争中脱颖而出、一枝独秀呢?要做到使自己变得不可替代,一个最简单的办法就是专注。

在一个企业当中,专注可以使你有所准备,使你在企业中处于不可替代的位置,做出优异的成绩。

艾柯卡是克莱斯勒汽车公司的总裁,在福特与克莱斯勒汽车公司先后就职。他的专注使他为自己的行动做了充足的准备,为其所在公司创造了难以估算的价值,也成就了自己事业的辉煌。这一点在艾柯卡初到克莱斯勒汽车公司的时候得到了很好的表现。

艾柯卡受命于克莱斯勒汽车公司的危难之际,摆在他面前的是管理的混乱、资金的缺乏、亏损的巨大缺口等等情况。既然接下了这个使命,就得专注于它。于是,他经过对市场与企业内部长时间的调查、研究与深入的分析,得出了克莱斯勒汽车公司之所以落到现在这种境况的几大症结。

公司制度的乏力令人难以忍受。前任总裁卡费罗的办公室人人都可以穿越,就像是人人行走的过道一样。而且这些穿堂而过的人都是相当的有个性,连个招呼都不打,没有一点规矩。前任总裁女秘书在工作时间随便办私事、打电话。这在福特公司是要丢饭碗的,而这里却毫不顾忌。下面的前线基层员工士气低落、一盘散沙,激情、热情全都消失得无影无踪了。

管理上缺乏有效的体制支撑。公司没有名副其实的管理体制，没有行之有效的规章制度。设计部门与制造部门没有联系，制造部门与销售部门没有联系。财务管理一塌糊涂。

职位上的冗余导致各个领导之间的沟通协调十分困难。仅是公司的副总裁就多达35位。各个山头都有山大王，要想将他们统一调动起来是一件相当困难的事情。

库存大量积压。公司不是按经销商的订单组织生产，结果导致库存货满为患，库存车8万余辆，人们把这种存货叫“销售银行”。为了给汽车找销路，公司每月举行一次减价销售。结果造成经销商对减价的依赖，该买也不买，等待降价，结果造成恶性循环。

所有问题的焦点就是公司的资金周转出现了严重问题。1978年克莱斯勒亏损2.04亿美元，1979年，亏损高达11亿美元，积欠多种债务达48亿美元。

面对这种情况，艾柯卡没有贸然地采取行动，而是经过了长时间的准备与调查，专注到每一件事当中。对于那些人浮于事、一点成就也没做出的高官进行了大刀阔斧的裁减，公司35个副总裁先后辞掉了33个，高层部门的28名经理撤掉了24个。艾柯卡对企业庞大的机构进行精简，他大胆采用“关、停、并、转、卖”几项措施，在52个生产工厂中，关闭、变卖16个，合并转产4个，产量、车型和销售相应减少，企业规模“消瘦”了1/3。然后，艾柯卡开始削减雇员。他先后解雇9万多人，裁员率超过50%。之后，艾柯卡又建立起以他为首的有力的领导系统。

艾柯卡没有把这些复杂的事情一下子全部进行，而是首先做好充分的准备，专注到一件事当中，一步一步地执行，一次把一件事做好，不容有半点返工。有了前面的措施做基础，艾柯卡对自己的行动更加充满了信心，开始了有针对性的解决方案。他争取贷款，筹集了相当可观的资金，财政拮据的状况得以缓和。他还大力改善库存管理，压缩库存费用，使公司的年度库存价值由21亿美元降至12亿美元。并对采购、预算、生产等方面进行综合改革，努力降低成本。并再次加强市场调研预测，果断调整产品方向。克莱斯勒过去失败的惨痛教训，很大程度是由于市场信息的严重失灵。艾柯卡于1982年11月组建了一个60人的市场调查小组，从这也可以看出艾柯卡的那种专注的精神，这种精神需要艾柯卡对调研工作给予足够的重视。因为艾柯卡知道，只有对市场充分了解与熟悉，才能做出正确的判断与决策。

艾柯卡的专注，完美地完成了自己的使命。终于在几年内使公司绝处逢生，呈现一派欣欣向荣的景象：1980年公司扭亏为盈；1982年盈利11.7亿美元，还清了13亿美元的短期债务；1983年盈利9亿美元，提前7年偿还了15亿政府贷款保证金，发行股票2600万股，仅数小时就被抢购一空。

由于艾柯卡所做出的令人震惊的成绩，他成了美国人心中的英雄，也成为每个美国企业最急需的人才的代表。

在任何一个企业里，只有习惯于专注的员工才能为自己的工作做好充分的准备，才能在取得企业的信任的同时，游刃有余地工作，达到自己预想的目标，成为企业不可替代的人才。

在接受一项任务的时候，不要仅满足于尚可的工作表现，争取用尽自己的最大能力将它做得更好。"没有最好，只有更好"这是飞利浦公司的口号，也是每一名飞利浦员工的理念。专注于自己的工作，全身心地投入，尽职尽责，要做就做得更好，否则就不做。这既是一种态度，也是一种信心与勇气。

如果你不希望成为木桶中最短的一块木板，你只有专注于自己的工作，只有不断给自己充电，提高自身的竞争力。要利用公司提供的在职员工培训，在互动的环境中有效地增加业务知识，提高工作技能。

8　让专注提升你的执行力

专注可以让人们把注意力完全集中到自己的工作上，要做到这一点必须要有发自内心的工作热情。只有把这种热情和专注的工作态度结合在一起，才可能产生强大的执行力，才能出色地完成工作。员工积极的工作热情是催生员工强大执行力的动力，而专注的工作态度则是使员工突破工作障碍和取得工作成绩的关键。

你不能决定生命的长度,但你可以控制它的深度;你不能左右世界,但你可以改变心情;你不能控制他人,但你可以掌握自己;你不能预知明天,但你可以利用今天;你不能样样顺利,但你可以事事尽力。

你是否也像任何人一样渴望成才、成功?决定成才和成功最根本的因素之一则是对工作的专注精神和主动的工作态度。只有专注于自己的工作,并在工作中主动求进,才有可能在工作中取得非凡的业绩。

花园里的各种环境远远优越于深山老林,却始终长不出参天大树,究其根源就是太优越、太富足。而深山老林里的树木要千辛万苦才能立足,才能顶住狂风暴雨的侵袭。要想见到阳光,就必须具备比别的树木成长更快的能力。也正是因为深山老林的恶劣环境,才造就了那里的树木之间那种发自内心的、强烈的、求生求变的竞争氛围和成长能力。对人来说同样如此,在如今激烈的市场竞争中,每个人必须要有发自内心的、强烈主动的工作意识和工作态度,才可能成为竞争中获胜的一方。

在工作中,我们也经常会看到这样的人,他们对工作持有一种茫然的态度。每天他们都会在茫然中上班、下班,等到了固定的日子领回自己的薪水,高兴一番或者抱怨一番之后,仍然茫然地去上班、下班……他们从不思索关于工作的问题:什么是工作?工作到底是为了什么?可以想象,这样的人,他们只是在被动地应付工作,只是为了工作而工作罢了,只是为了挣口饭吃而已,他们不可能在工作中投入自己全部的热情和智慧。他们只会消极被动地去完成工作,并不是创造性地、自主地、自发地去工作。对这些人来说,积极主动的工作态度是不可理解的。他们不知道主动的工作态度对一个员工来说到底意味着什么,对一个人来说又意味着什么。所以,在他们眼里,平庸是很正常的事情,每天浑浑噩噩过日子也是理所当然。他们甚至都不想如果改变一下工作态度会给他们带来什么样的变化。

工作是包含了许多智慧、热情、想象和创造力的一个词。那些非常有成效和积极主动的人,他们总是能够在工作中付出双倍甚至是更多的智慧、热情、想象和创造力。而那些失败者和消极被动的人,他们只懂得逃避、指责和抱怨,并不主动自发地把自己的热情投入到工作中去。从某种意义上讲,工作是一个关于生命力的问题,并不仅仅是一个关于干什么事和应该得到什么报酬的问题。

工作需要专注精神，需要员工用发自内心的热情主动地追求工作的完美。从这个意义上讲，工作就是我们要用生命去做的一件事情。我们用在工作上的时间是我们生命的一个最重要的部分，我们对待工作的态度也就是我们对待生命的态度。让我们重新审视自己的工作，自动地做好自己的工作，这是对我们自己的生命负责。每一个工作着的人都应该明白这个道理。

成功取决于我们自己的态度。这是一个要通过长期努力、积累直至最后实现的过程，是要我们积极主动地、充满热情地去创造的一个过程。需要我们积极主动，随时把握时机，展现出超越他人的表现，以及拥有"为了完成任务，必要时不惜打破常规"的智慧和判断力。要明白工作的意义和责任在哪里，要永远保持一种主动自发的态度去工作，能够为自己的行为负责。这也是那些能够成就大事业的人和凡事都得过且过的人之间最根本的区别。

工作是我们生活的价值所在，判断一个人对社会的价值不是看他从社会得到多少，而是看他为社会做了多少。我们要用一种主动的态度面对工作，这是应有的、积极的生活态度。积极主动的工作态度，让我们在工作中更容易取得被动的人难以取得的成就，也更容易得到领导的提拔和重用。同时，自己的物质报酬也会相应得到提高。

但愿我们每一个人都能够学会主动自发地做好自己的本职工作，而且能够积极主动地为公司的发展出谋划策。让专注的工作精神成为我们工作的一种习惯、一种态度，并铺平我们成功的道路。

9　专注目标，绝不放弃

一个人有了奋斗的目标，才会有努力的动力和前进的方向，才能感受到成功的喜悦。要想在工作中有所成就，就要为自己制定一个明确的职业奋斗目标，并要选择正确的道路来实现这个目标。目标是人们的职业生涯规划蓝图，如同一张个人的人生地图，它清楚地告诉你自己身在何处，将走向何处，以及如何到达那里。

有目标的人就像展翅欲飞的鸟儿，能搏击长空。给人一个目标，就是给他一对翅膀。不仅能让他增强工作信心，而且也会带来乐趣。当目标实现时，那份快乐是无法比拟的。有着悠久历史的人类，正是在目标中成长起来的。

激励人们前进的，是目标和希望。人类正是树立了各种各样的目标，才发展到了今天。人们想日行千里，才有了汽车、火车；人们想飞上天空，才有了飞机；人们想到月亮上看看，才有了宇宙飞船。没有目标，人类必定处在一片黑暗之中。

成功涵义之一就是逐步实现一个有意义的既定目标。有一个关于预立目标的故事，被很多人不断提起。

某年，一群意气风发的天之骄子从美国哈佛大学毕业了，他们的智力、学历、环境条件都相差无几。临出校门前，哈佛对他们进行了一次关于人生目标的调查。结果有27%的人没有目标，60%的人目标模糊，10%的人有着清晰但比较短期的目标；其余3%的人有着清晰而长远的目标。以后的岁月，他们行进在各自的人生旅途。25年后，哈佛再次对这群学生进行了跟踪调查。结果是这样的：3%的人，25年间他们朝着一个方向不懈努力，几乎都成了社会各界的成功人士，其中不乏行业领袖、社会精英；10%的人，他们的短期目标不断地实现，成为各个领域中的专业人士，大都生活在社会的中上层；60%的人，他们安稳地生活与工作，但都没有什么特别成绩，几乎都生活在社会的中下层；剩下27%的人，他们的生活没有目标，过得很不如意，并且常常在抱怨他人，抱怨社会，抱怨这个“不肯给他们机会”的世界；当然，也抱怨自己。其实，他们之间的差别仅仅在于：25年前，他们中的一些人就已经知道自己最想要做的是什么，而另一些人则不清楚或不很清楚。

几乎在每一个企业里，我们都可以看到很多安于现状的人。他们没有明确的工作目标，无所事事，混一天算一天。如果你问他：“今天该做什么？”他会说：“等老板安排啊！”或者说：“不知道，有事就干呗！”如果你问他未来一个星期做什么，未来一个月做什么时，他更是一片茫然。连自己想做什么都不知道，怎么可能成功呢？

明确的目标对于人生成功有着重要意义。当然,一个有了明确的目标而缺少行动的人,成功也将永远与他形同陌路。那么,既有目标,又有积极的行动,是否就意味着一定成功呢?答案依然是:未必。无数的事例告诉我们,在追求成功的路途中,决策在某种意义上比决心和毅力重要。许多时候,选择比行动更重要。法国著名哲学家狄德罗说:"知道事物应该是什么样,说明你是聪明的人;知道事物实际是什么样,说明你是有经验的人;知道怎样使事物变得更好,说明你是有才能的人。"

有目标才会有成功。在开始迈向成功之前,首先问自己一个问题:我的目标是什么?设定明确的目标,是所有成就的出发点。那些失败的人之所以失败,就在于他们没有一个明确的目标,自始至终都是茫然地行动。虽然很刻苦也很忙碌,但却事倍功半,甚至一无所获。

明确的目标可以形成强烈的成就欲,这种成就欲又可以形成巨大的动力,驱使渴望成功的人全身心地投入到事业中去。钢铁大王卡内基原本是一家钢铁厂的普通工人,在他很年轻的时候,就确立了制造及销售全世界最优质的钢铁的目标。凭着这一目标所激发的动力,使他最终成为全美最富有的人之一,并且有能力在全美国小城镇捐建图书馆。

对自己的工作有了明确的职业规划,下面要做的就是在实际的工作中具体地朝着这个目标去努力。做好自己手中的每一件工作,尽力在最短的时间内把工作做到最好。

事实上,一个企业没有执行力,就不会有竞争力。因为不论多么好的战略,多么好的行动方案,如果不通过执行去实现其价值,就毫无意义。执行的关键是什么呢?当然是人。

无论是企业还是员工,要想在激烈的市场竞争中有所成就,除了要有明确的发展目标之外,还必须要有有效的执行力做保障。有的员工在工作中制定了明确的职业目标,但却缺少实现这种目标的行动,缺少执行力,最终导致失败。在市场竞争日益激烈的大环境下,企业的竞争,员工的发展,关键取决于执行力。企业没有执行力,就会在激烈的竞争中败下阵来。同样,如果员工只是一个"策略上的巨人,执行上的矮子",没有执行力的话,一方面会拖累了公司的发展,另一方面也会逐渐在和其他员工的竞争中处于下风,并被企业淘汰。可见要取得成功,正确的目标与有效的执行缺一不可。

在一个企业里老板给员工布置了任务，如果老板说："截至今年年底，我们要实现一千万的销售收入。"老板给出了最后期限和目标额度，但如果没有一批员工去把这个目标化为具体的行动，在实际的销售活动中有效地执行这个目标，一千万的销售收入就会成为空谈。

员工对目标的有效执行不仅是企业目标实现的必要条件，同时还是个人职业目标实现的基础。没有员工对企业计划和任务的具体执行，企业的计划就只能是空谈，企业的发展也就失去了实现的可能。员工没有按照企业的要求去完成工作，那么自己的职业规划也只能是海市蜃楼，看着迷人却永远到达不了。

在工作中有了目标的员工，就会有一种对目标的憧憬和渴望。这种渴望会变成对工作的热情投入，专注于自己的工作，追求工作的完美。对他们来说，明确的目标提高了他们工作的热情和执行力，也为成功打下了基础。而没有工作目标的员工只是在老板的要求下，消极地、被动地、勉强地去应付工作。就算是"完成"，这样的完成，显然不是老板所要的。

有了目标的员工和没有目标整天浑浑噩噩地过日子的员工，在各自的职业生涯中走上两条完全不同的道路。同样，有了对自己职业的目标和追求，如果没有在积极的工作中的完美执行，那么只能说这样的员工有了一辆性能良好的车，却缺少了四个轮子，车再豪华也只能看，永远不能驶上快速飞驰的快车道。

10 第一次就把事情做对

我们要想在某行业中领先，就必须具备追求完美的精神。每当工作时要求自己能够做到最好，就不要做到差不多；可以努力达到艺术家的水平，就不要甘心沦为一个平庸的工匠。只有第一次就把事情做对，才是优秀的人才。

"第一次就把事情做对"是著名管理学家克劳士比"零缺陷"理论的精髓之一。第一次就把事情做对，意味着付出的时间最少，节省的成本最多，取得的效果最好。因此，无论是工作还是生活，人们都追求一种高速度、高标准的原则。工作中，更需要达到高速度和高标准。也只有这样，才会有高效率，才会有一个好的收获。对于企业而言，组织结构的效率是一把“双刃剑”。高效率既加速正确行为，也加速错误行为；而低效率的组织结构以内耗来减缓正确行为，也以迟缓的惯性来阻碍错误行为。只有高效率地做事，才有利于企业的发展。

在企业中，质量是企业常青的基石。产品的质量、服务的质量、与顾客沟通的质量、员工满意度的质量，质量自始至终贯穿于企业运营中的每一个过程、每一个细节，是企业可持续发展的灵魂，产品的速度与质量影响着企业的效率。一个优秀的企业，只有优异的全面的质量管理，才能有效地提升企业的效率，保持企业的活力和竞争力。

陈岱江在一家公司上班。一天，一位客户来到他所在的公司买无线上网卡。但公司里只剩下最后一块，而且这块是两三个月前一位客户更换了的、需要发出去的返修品。怎么办呢？如果不做，那么就会白白跑了一笔生意，这对生意人来说是不可能的；但是做，产品是不行的，怎么办呢？陈岱江最终还是硬着头皮让员工先给安装，这边立即打电话告诉供应商马上送货过来。在他的再三催促下，供应商送货来了，客户的问题也得到了圆满的解决。而且对于上网卡以外的服务，他们也尽心地为客户做了最满意的服务。

第一次就把事情做对，在企业对员工的期待与要求当中有着深刻的含义。它是对员工的期待，它时时刻刻警醒员工要尽最大的可能。在接手每一份工作时，抱着“一次就做对”的坚定信念。它也是对“质量”品质的要求，只有“第一次就做对”，才能尽可能减少废品，保证质量，提高工作效率。第一次就把事情做对，需要员工有扎实的职业技能基础，需要员工对每一个“第一次”从事的工作都有充分的准备。当一个员工在做自己的分内之事的时候，必须考虑到任何不可或缺的细节，才能将事情一次做对。

一次工程施工中，师傅正在紧张地工作着。这时他手头需要一把扳手。他叫身边的小徒弟：“去，拿一把扳手。”小徒弟飞奔而去。他等啊等，过了许久，小徒弟才气喘吁吁地跑回来，拿回一把巨大的扳手说：“扳手拿来了，真是不好找！”

可师傅发现这并不是他需要的扳手。他生气地说：“谁让你拿这么大的扳手呀?”小徒弟没有说话,但是显得很委屈。这时师傅才发现,自己叫徒弟拿扳手的时候,并没有告诉徒弟自己需要多大的扳手,也没有告诉徒弟到哪里去找这样的扳手。自己以为徒弟应该知道这些,可实际上徒弟并不知道。师傅明白了:发生问题的根源在于自己,因为他并没有明确告诉徒弟做这件事情的具体要求和途径。第二次,师傅明确地告诉徒弟,到某间库房的某个位置,拿一个多大尺码的扳手。这回,没过多久,小徒弟就拿着他想要的扳手回来了。

要想把事情做对,就要让别人知道什么是对的,如何去做才是对的。在我们给出做某事的标准之前,我们没有理由让别人按照自己头脑中所谓的“对”的标准去做。第一次没做好,同时也就浪费了做好事情的时间,返工的浪费最冤枉。第二次把事情做对既不快,也不便宜。

“第一次就把事情做对”是一种追求精益求精的工作态度。许多员工在工作中不精益求精,只求差不多,做起事来马马虎虎。有的时候从表面上看来,他们也很努力、很敬业,但结果却总是无法令人满意。

在工作中我们经常看到这样的现象:许多人看不出来是在工作,而是在制造问题,无事必生非是在破坏性地工作。只有一部分人属于正常范围,但效率不高,做事不到位。

有时候忽略一个小小的细节就有可能给后续的工作带来相当麻烦的问题,比如,有位广告经理曾经犯过这样一个错误:由于完成任务的时间比较紧,在审核广告公司回传的样稿时不仔细,在发布的广告中弄错了服务部的电话号码。就是这么一个小小的错误,给公司造成了一系列的麻烦和损失。

很多人在工作中都会遇到越忙越乱、解决了旧问题、又产生了新故障的情况。在忙乱中造成的错误,轻则自己手忙脚乱地改错,浪费大量的时间和精力;重则返工检讨,给公司造成经济损失。

在平时“忙”得心力交瘁的时候,我们应该认真地考虑“忙”的必要性和有效性。假如在审核样稿的时候,那位广告经理稍微认真一点,就不会产生第一次没把工作做好导致的一系列复杂的后续负面效应了。

企业中是不是经常看到这样的情况:工作失误要花时间来修正;产品质量出现问题要花时间来返工;技术不过关要靠培训来弥补。这些因为第一次就没有把事情做对导致的问题在一次又一次地浪费着我们宝贵的时间和为弥补错误所付出的金钱。一个本来用一天时间可以完成的工作,却要很多人花费一周的时间来完成。一个原本可以花费一块钱生产出来的优质产品,却要为弥补产品质量问题再花费一块钱。为什么会这样?答案是:他们没有第一次就把事情做对!

对待工作,人人首先必须树立"第一次就做对"的坚定信念,绝不可有"不行再来"的思想。这样才能保证工作质量的不断提高,工作效率的不断提升。那么究竟怎样才能第一次就把事情做好呢?首先工作前应做充分的准备;其次要提高自己的职业技能,它是第一时间把事情做对做好的最主要的因素。在工作的时候,应该注意到每一个可能影响到工作的细节。用脑思考,学会灵活变通。

张叶青大学毕业后去了一家广告公司担任设计人员,由于他工作努力,一年后便升任公司的项目经理。一天,他接到一项设计任务:为公司的客户设计户外灯箱广告。由于完成任务的时间非常紧,他没有仔细审核广告的校样。当设计好的广告送到客户那里,并准备安装时,客户发现了一个问题:在设计的广告中弄错了客户服务部的电话号码。客户对此很生气。本已疲惫不堪的张叶青一面忙不迭地向客户道歉,一面带领他的团队成员修改这个错误,忙了大半天才重新弄好。打错一个电话号码,看起来是一个小小的错误,却给自己造成了一系列的麻烦和损失。张叶青非常懊悔,如果自己能在审核样稿的时候稍微认真一点,就不会这么忙乱了。还算幸运,安装之前发现和纠正了这个错误,要不然的话,造成的损失必将进一步扩大。

很多人在工作中都有越忙越乱的现象,刚刚把旧问题解决,新的问题又出现了,这样就形成一个可怕的恶性循环。而这个循环带给企业最直接的后果,是从领导到员工都手忙脚乱地充当"救火队员",浪费大量的时间和精力。更为可怕的是,这种忙乱和错误往往不仅让自己忙,还会放大到让很多人跟着你忙,给公司造成巨大的损失。

在工作中,盲目的"忙"毫无价值。"忙"的目的是创造价值,而不是忙着制造错误或改正错误。只要在工作完工之前想一想出错后带给自己和公司的麻烦,想一想出错后造成的损失,就应该能够理解"第一次就把事情做对”这句话的分量。因此，你再忙，也要在必要的时候停下来思考一下，用脑子使巧劲解决问题，而不是盲目地靠拼体力交差。第一次就把事情做好，把该做的工作做到位，这正是解决“忙症”的要诀。记住：第一次就把事情做对是提高效率的第一步。

11 把每件小事都尽力做到完美

卡耐基曾说：“一个不注意小事情的人，永远不会成就大事业。”在人们的潜意识里，对自己将要做的事情做一个值得或是不值得的评价，已经成为了一种习惯。人们潜意识里认为不值得做的事情就不会努力做好，甚至干脆就不去做。工作中太多的人将目光投在能够满足虚荣心或是能够出人头地的大事情上面，认为许多具体事情是不值得做的小事。其实，日常工作几乎都是一些小事。小事做不好，不去做小事，往往是人们失败的主要原因。

对每个人来说，工作应是义不容辞的责任，而不是负担。我们每个人除了要认真对待工作之外，还要注重细节。把工作做到完美，以最高的认同感和满意度来要求自己，这就要注重细节，注重工作中的小事情。用心去做小事，体现了一个人对工作的认真态度。尽职尽责地完成工作，重视工作中的小事与细节，这不仅是工作的原则，也是人生的原则。一件简单的小事情，所反映出来的是一个人的责任心。做好工作中的小事，才是真正堪负大责任的人。工作不是被迫去做的苦役，在工作中投入热情，其中蕴含着极大的乐趣。把工作当成苦役的人，只能永远做别人分配的工作，却未必把分配到的事情做好。而考虑到细节、注重小事，把工作当作乐事去做的人，将小事做细致，不仅学习到了知识，而且必将在做小事中发现机会，最终走上成功之路。

比尔·盖茨说过：“每一天，都要尽心尽力地工作，每一件小事情，都力争高效地完成。尝试着超越自己，努力做一些分外的事情。不是为了看到老板的笑脸，而是为了自身的不断进步。”

在工作中争取把每一件小事都做到完美，不放过任何细节，这就是员工的专注精神。专注精神并不是只有做大事的时候才需要，它更多地体现在员工在平时的工作中如何对待自己的工作，对待工作中的小事，对待小事中的细节。

如果让一个日本员工每天擦 6 遍桌子，他们一定会一丝不苟地每天擦 6 遍。而我们中国的员工第一天会擦 6 遍，第二天会擦 6 遍，可第三天就会擦 5 遍，第四天只擦 4 遍……从宏观的方面来说，这就是为什么我们的企业引进了许多一流的设备，而产品质量却达不到原装水平的原因；这就是为什么我们很多工业品产量能达到世界第一，而我们的出口价格却只有人家的十几分之一，甚至几十分之一的原因；这也是为什么中国产品在国际市场价格上不去的原因。

西点军校对每一个学员都灌输这样的思想：战场无小事。很多时候，一件看起来微不足道的小事，或者一个毫不起眼的变化，却能决定一场战争的胜负。战场无小事，这就要求每一位军官和士兵始终保持高度的注意力和责任心，始终具有清醒的头脑和敏锐的判断力，能够对战场上出现的每一个变化、每一件小事迅速做出准确的反应和决断。“战场无小事”也同样适用于企业，适用于企业的每一位员工。因为，在工作中也没有小事。

希尔顿饭店的创始人、世界旅馆业之王希尔顿就是一个注重“小事”的人。希尔顿这样要求他的员工：大家牢记，万万不可把我们心里的愁云摆在脸上！无论饭店本身遭遇何等困难，希尔顿服务员脸上的微笑永远是顾客的阳光。正是这小小的永远的微笑，让希尔顿饭店的身影遍布世界各地。

每个员工所做的工作，都是由一件件小事构成的。士兵每天所做的工作就是队列训练、战术操练、巡逻和擦拭枪械等小事；宾馆的服务员每天的工作就是对顾客微笑、回答顾客的提问、打扫房间、整理床单等小事；你每天所做的可能就是接听电话、整理报表、绘制图纸之类的小事。你是否对此感到厌倦、毫无意义而提不起精神？你是否因此而敷衍应付，心存懈怠？这不能成为你的借口。请记住：这就是你的工作，工作中无小事。你要想在你的工作中有所成就，就要用你的热情和努力把自己的专注精神贯彻到工作中的每一件小事中去，把自己做的每一项工作都做到完美。

美国“福特公司”的创始人亨利·福特在大学毕业后，去一家汽车公司应聘。和他同时应聘的三四个人都比他学历高，前面几个人面试之后，他觉得自己没有希望。但既来之，则安之。他敲门走进了董事长办公室，一进办公室，他发现门口地上有一张纸，就弯腰捡了起来，发现是一张废纸，便顺手把它扔进了废纸篓里。然后才走到董事长的办公桌前。说："我是来应聘的福特。"董事长说："很好，很好！福特先生，你已被我们录用了。"

福特惊讶地说："董事长先生，我觉得前几位都比我好，你怎么把我录用了？"董事长说："福特先生，前面三位的确学历比你高，且仪表堂堂，但是他们的眼睛只能看见大事，而看不见小事。你的眼睛能看见小事，我认为能看见小事的人，将来自然看到大事。一个只能看见大事的人，他会忽略很多小事。他是不会成功的。所以，我才录用你。"福特就这样进了这家公司，这家公司不久就名扬天下。福特把这个公司改为"福特公司"，也相应改变了整个美国国民经济状况，使美国汽车产业在世界占据鳌头。

只有眼睛里能看到小事的人才能成就大事。虽然我们不能说亨利·福特的成功完全是因为他注重小事，但他的这种力求把每件小事都做到最好的精神无疑是促成他成功的一种重要素质。

"无限的爱"日用品和化妆品连锁超市遍布德国。这家企业的老板名叫格茨·维尔纳，拥有一千家连锁店、两万名员工。

30年前，格茨·维尔纳白手起家创建了这家连锁店。他有自己的一套注重细节的经营理念，有时还会因为注重细节做出一些特别"古怪"的事情。

一次，维尔纳走进一家分店时，他要求分店经理拿扫帚来。经理把扫帚递给维尔纳，非常疑惑地说："维尔纳先生，我不明白您要它做什么？"维尔纳指着地下的灯光说："您看，灯光的亮点聚在地上，什么作用也没有。"于是，维尔纳用扫帚柄拨了一下上面的灯，让灯光照在货架上。

把灯光照在正确的位置上，维尔纳先生给他的员工做出了表率。这让他的员工很受启发。也让他的员工深刻地体会到了工作中无小事这个道理。

很多时候，有些大事没有取得成功就是因为在一些小事上没有做好。老子说："天下难事，必做于易；天下大事，必做于细。"想成大事者，就必须从身边的小事、细节做起。人世间，任何大事都是由小事构成的。

曾有一则园艺所重金征求纯白金盏花的启事，在当地引起一时轰动，高额的奖金让许多人趋之若鹜。然而在自然界中，金盏花除了金色的就是棕色的，要培植出纯白色的金盏花，非常不容易。所以，许多人一阵喧闹之后，就把那则启事抛到九霄云外去了。时间一晃就是20年。一天，那家园艺所意外地收到了一封热情的应征信和一粒纯白金盏花的种子。当天，这件事不胫而走。原来寄种子的是一位古稀老人，他是一位地地道道的爱花者。当他20年前偶然看到那则启事后，便怦然心动。他不顾儿女们的一致反对，义无反顾地干了下来。他撒下了一些最普通的种子，精心侍弄。一年之后，金盏花开了，他从那些金色的、棕色的花中挑选了一朵颜色最淡的，任其自然枯萎，以取得最好的种子。次年，她又把它种下去，然后，再从这些花中挑选出颜色更淡的花的种子栽种……日复一日，年复一年。终于，在20年后的一天，他在那片花园中看到一朵金盏花。它不是近乎白色，也并非类似白色，而是如银如雪的白。

的确，偶然的、意外的机遇在工作、生活及社会中实在是少之又少，它们所起的推动作用也并不大。大胆地冒险有时能碰上好运气，人生有时也能得到意外的收获，但这些都只是属于偶然的情况。要想真正达到自己所追求的目标，只有靠勤奋和毅力，靠从小事做起，舍此别无他途。

我们知道，伟大源自于平凡的积累。只有通过专心致志、认真刻苦地训练，才能成为真正的大师。那些成就非凡的大师总是于细微之处用心，于细微之处着力，这样日积月累，才能渐入佳境。

专注是工作态度。专注于小事，力求把每一件小事做到完美是一种境界，也是对待工作和生活的一种执著精神。用这种精神去面对工作，去做好工作中的所谓“小事”，才能取得最后的成功。

第八章　调节情绪，轻松赶走浮躁

浮躁像梦魇一样，时时缠绕着、影响着我们，成为我们走向成功、幸福和快乐人生的最大敌人。工作浮躁的结果是一无所获，这个世界上的人们日益浮躁，而唯有那些工作中淡定的人才会最终获得成功，让我们调节情绪，轻松赶走浮躁。

1 不要感染职场情绪病毒

如今,繁忙的生活节奏,紧张的工作压力,使得人们的精神承载力变得十分脆弱。再加上一些人并不善于用合理的方式释放自己的不良情绪,所以,我们就看到不良情绪和他们一起进入到了工作中。而不好的情绪会使人们的心情烦躁,常常拿身边的人和事发泄,往往把不该搞糟的事情搞糟,甚至会在关键时刻,做出错误的决定。

老赵是一名长途汽车司机,由于工作性质的关系,一个月至少有半个月在外面度过。前段时间,他无意中发现老婆有了外遇,和老婆大吵一架,没想到老婆不但没有一丝悔改之意,还向他提出了离婚。他心里面这个火,甭提有多大了。

吵架后的第3天,轮到他出车了。车开出去没多久,就出了点故障。老赵下车捣鼓了很久,也没修好,这时车上已经是一片抱怨声。好不容易修好了,心里有气的老赵恨恨地踩了油门,这一段路不太平整,车有点颠簸。刚刚的抱怨声还未平息,新的抱怨声又起,他们都将不满发泄在司机身上。在一片怨愤声中,只听一位老人说:"行了,大家都别说了,车坏了也不是司机的错,这路不平更不能怪司机,不要再埋怨司机了,司机也想一路顺顺利利的。"抱怨声终于渐渐变小了。

过了大约半个小时,车要进入盘山公路了,老赵停车转过身对那位平息抱怨声的老人说:"你下车去吧。"老人非常奇怪地说:"我还没到站呢。"老赵脸色一变:"你到底下不下?"车上有乘客在小声地议论,老赵只是黑着脸,对老人吼叫:"我不想让你坐我的车,你快下去!"老人无奈地下了车。

10分钟后,车到半山上,老赵把方向盘一打,车向山涧冲去……

老赵把不良情绪带到了工作中,而几位有不良情绪乘客的言语激化了这种不良情绪,导致了事故的发生。也许,这只是一个特例,但类似的"情绪污染",我们或多或少都经历过。

美国耶鲁大学管理学院研究发现,四分之一的上班族经常生气。经常生气就像不断的小感冒,严重影响工作表现。

奥斯特瓦尔德是德国著名的化学家。有一天，他由于牙病发作，疼痛难忍，情绪很坏。他走到书桌前，拿起一位不知名的青年寄来的稿件，粗粗看了一下，觉得满纸都是奇谈怪论，顺手就把这篇论文丢进了纸篓。几天以后，他的牙痛好了，情绪也好多了，那篇论文中的一些"奇谈怪论"又在他的脑海中闪现。于是，他急忙从纸篓里把它捡出来重读了一遍，结果发现这篇论文很有科学价值。在为作者的新思路惊讶不已的同时，也为自己因情绪不好险些埋没了一篇天才的科学论文而懊悔。他马上写信给一家科学杂志，加以推荐。这篇论文发表后，轰动了学术界，该论文的作者后来获得了诺贝尔奖。

在职场中，每个人都有自己的烦恼，于是焦虑、忧愁、痛苦、悲观、失望、迷惘等各种像病毒一样的负面情绪缠绕着我们。

作为一名员工，如果不小心感染了这种职场情绪病毒，会给别人一种缺乏职业感、不可信赖的印象；而作为上司，如果让下属看着自己带着不良情绪来工作，他们就小心翼翼，每时每刻都要花心思揣测上司的心情，势必会耽误工作。

要想在职场中表现得大方得体，就一定要学会控制情绪，更不能让自己感染上职场情绪病毒。因为过于情绪化的反应，不仅会破坏自身形象，还会影响团队形象和公司业绩。

情绪是人对外界的一种正常心理反应，有消极和积极之分。作为一个职场人，不应该混淆自己工作和生活中的情绪，更不应该将私人情绪带入工作中。

2 安静专注，拒绝浮躁的纷扰

中国文化给人的感觉一直是沉稳、含蓄的，就如太极拳般心平气和、不急不躁。然而，当今社会，经济正在高速发展，物质水平不断提高，不少人少了脚踏实地，多了急于求成。在市场经济的大背景下，很少人能按捺住自己驿动的心，守住自己可贵的孤独与寂寞，而是变得越发浮躁和一定程度的急功近利。

浮躁是一种情绪，一种并不可取的生活态度。浮躁者对现有目标的专注度不够、耐心度不足，对现有的目标拥有不切实际的想法和希望。

在一些人的心灵深处,总有那么一种力量使他们茫然不安,让他们无法宁静,这种力量就是浮躁。浮躁不仅是人生最大的敌人,而且还是各种心理疾病的根源。

古时候有这样两兄弟,都很有孝心,他们每日上山砍柴换钱为老母亲治病。一位神仙为他们的孝心所感动,决定帮助他们。于是告诉他们两个人说,用四月的小麦、八月的高粱、九月的稻、十月的豆、腊月的雪放在泥做成的大缸内密封七七四十九天,待鸡叫三遍后取出,汁水可卖钱。兄弟两人各按神仙教的办法做了一缸。待到四十九天鸡叫二遍时,老大耐不住性子打开缸,一看里面是又臭又酸的水,便生气地洒在地上。老二则坚持到了鸡叫三遍后才揭开缸盖,发现里边是又香又醇的酒。这就是"酒"和"洒"字的出处。只是差了那么一小横,只是早了那么一小会儿,但却造成了巨大的差距。

有些时候,我们需要在心中添把火,以燃起某些希望;而在有些时候,我们需要在心中洒点水,习惯等待,以浇灭某些急于求成的欲望。只要我们能够真正地静下心来,认真地去学习、工作,我们做的会比现在好得多。

浮躁这种情绪对我们生活的影响越来越大。人浮躁了,就会终日处在又忙又烦的应急状态中,脾气会变得暴躁,神经会越绷越紧。长久下来,会被生活的急流所挟裹。这种情绪在人的内心里积存下来,久而久之,逐渐形成了某些人固有的性格,使他们在任何时候任何环境中,都不能平静下来,因而不自觉地,在盲目和冲动的情况下,做出错误的决定,给自己造成更大的精神压力,让自己越来越急躁,终究形成恶性循环,一发不可收拾。因此,想成就大事者,要心存高远,更要脚踏实地。

在生活中,人们热情饱满、甚至凡事跃跃欲试,这自然不是什么坏事,生活本来就需要这样一种劲头。如果每天懒散不羁,对人对事毫无热情,那么生活往往会成为一潭死水,毫无生命气息可言。但是热情也要讲究方式,热情用在积极的心态上,是一种动力。而人们所表现出的浮躁,则是一种对热情的错误运用。

浮躁的人虽然并不缺乏生活热情,但是却缺少合理分配和利用热情的能力。这类人在处事上常常缺乏理智,容易半途而废、浅尝辄止,易将热情消极化。如梁实秋所言,为迫切完成某事而心浮气躁,就容易导致言行过分。这不仅有碍于人际关系,容易语出伤人,更容易分散心智,影响做事的效率或是错过眼前的良机。

谭传华用一把小小的木梳打开了他的商业市场，用“谭木匠”的品牌，成为一个成功的企业家。成功后的谭传华，在成功面前变得有些膨胀和浮躁。因为浮躁，他有过一次失败的投资，这次“出轨”的投资，就是他把目光转向了电视业。

成功后的谭传华，在几个朋友怂恿下，决定投资拍摄电视剧。在投资了250万元之后，这部电视剧一度给他带来不小的惊喜：那年春节前，多家电视台打电话预订这部电视剧，以至于公司的两部联络电话“都打爆了”。但是，谭传华“明显感觉到以后还会有更大的买家找上门”，他决定再“等一等”。但是春节过后，公司的两部联络电话安静得像两个古董，再没有发出任何声音。无奈之下，谭传华以150万元的价格，勉强将这部电视剧卖了出去。这一次，谭传华损失了100万元。

对于谭传华来说，这是一个教训。他意识到了自己的浮躁，经过再三考虑后，他给自己定下了方向，那就是不能走“多元化”的发展道路，而是专心于他的治木特长。如今，谭木匠加盟店数量已超过了五六百家，在新加坡、马来西亚等地，也有了该品牌的加盟店。

其实，成功与失败，平凡与伟大，往往就在等待的一念之间。许多成功人士的重要秘诀也就在于他们将全部的精力、心力放在一个目标之上，而且善于等待。而另外还有一些人，他们虽然很聪明，但心存浮躁，做事不专一，缺乏意志和恒心，到头来只能是一事无成。学会循序渐进地做事。凡事不可贪大，成功要一步一步来。做事前首先要安下心来，为自己树立起框架，然后从最微小的部分做起，循序渐进，逐渐完成。

3 将压力转化为动力

现代社会是一个“压力的社会”。随着竞争越来越激烈，人们的工作压力也在相应地加大。如果不及时排解或调适，就会进一步影响人们的身心健康，出现身心疾病。人生而为劳动，犹如马生而为奔跑。如何找到行之有效的方法和渠道及时排解、调适压力，使我们以饱满的热情投身到工作中去，成了现代人亟待解决的问题。关爱自身，快乐工作，是职场人士永恒的追求。

最近，小吴的心情坏透了：刚参加工作不久，一方面，业务水平比同事差了一大截，明显跟不上趟，工作很吃力；另一方面，还没有适应新的工作环境，和同事交流、沟通有障碍。为此，小吴茶不思饭不想，为工作上的事情而烦恼。一段时间下来，她的脸蛋瘦了一圈，除此之外还多了一对“熊猫眼”。

在别人的眼里，老张家庭幸福，工作稳定，是个快乐的人。可老张这几天也在烦恼：在单位干了十多年，当初刚参加工作时的激情和热情都已不在，可工作依然繁重，有时觉得快要承受不住了。老张想：干这份工作有什么意思，还不如能偷懒则偷懒，在单位里混混日子算了。

我们时不时会听到周围的亲朋好友发出诸如此类的抱怨：如今竞争太激烈，工作压力太大，有时甚至超出了个人的承受范围；工作上努力过了，却没有回报；同事之间有竞争，和同事的关系老是搞不好，年年评不上单位先进工作者；厌倦了原先的那份工作，想换个更好的单位和环境，可又没有那个能耐。

事实的确如此。现在的社会是一个“压力的社会”，人们的工作、生活、学习都非常紧张、繁忙，在充满竞争和压力的环境下，职场上的人很容易感到来自生活上特别是来自工作中的重重压力。

工作压力大并不是个别现象。在部分行业，工作压力过重现象依然普遍存在。有的朋友说：“每天上班都在做文字工作，有时，颈部和腰部酸痛难忍，我真想出去走走，活动一下手脚，可是工作实在太多，不得不忍了又忍，一直忍到下班。”有的朋友说：“人到中年，最怕考试，特别是参加与工作有关系的各类考试。每逢大考小考，怕得要命，晚上睡觉的时候，一闭上眼睛，都是一道道题目。就连做梦的时候，都梦到考试，当梦到面对试卷一道题目都答不出来的时候，突然惊醒，被吓出一身冷汗。工作要做，考试还要考，家里事多，我能顾得上哪一头……”

人不可能没有压力。压力在生活、工作中处处存在，人们几乎每天生活在压力之中；但压力太大，超出了人们所能承受的能力范围时，如果不及时排解和调适，就很容易导致身心疾病。这几年，“亚健康”这一名词对人们来说已不再陌生。从医学上讲，亚健康指的是处于健康和不健康之间的灰色中间地带，这时，人的身体和情感的活力都降低了，包括身体上心律不齐、肌肉紧张、食欲下降，精神上心神不宁、失眠、疲劳等。用此标准观照身边的芸芸职场人，很多人都遭遇到了上述的一种或几种状况。

俗话说："病由心生。"当由工作和生活引发的压力超出个人所能承受的能力范围和心理承受能力时，就会出现如挫折、逆反、嫉妒等常见心理状态，严重的还会产生心理疾病，如自卑、猜疑、冷漠、自私、病态的怀旧心理等。

有时候，压力的杀伤力比我们周围环境中的任何事物都还要大。对于职场人来说，工作压力是人要承受的所有压力中的主要部分。工作压力有时候是看不见摸不着的，但是太大的工作压力能引起内分泌变化，免疫系统降低，进而影响人们的健康。有的人容易感冒，容易感到疲劳，经常出现耳鸣等现象，还以为是自己受了风寒或者太累了的缘故；有的人经常无缘无故发脾气，旁人把他的行为理解成他的心情不好，过段时间就会没事的。殊不知，出现上述第一种情况也许就是由工作压力间接或直接引起的，第二种情况则可能是他的工作压力过重，通过发脾气的渠道加以宣泄。这两种情况都是向人发出的警告。

研究压力对人类身心影响的加拿大医学教授塞勒博士曾说过："压力是人生的香料。"他提醒我们，不要认为压力只有不良影响，人们应该转换认识和情绪，多去开发压力的有利方面。

是的，在人的一生中，压力自始至终存在着。人一出生，压力便开始附着在他的周围；长大后，压力越来越大。既然人无法摆脱压力，如同生活在地球上的人无法摆脱地球引力一样，人们就要学着正视它。

职场人应该要认识到，工作是必需的。"毋恃敌之不来，恃吾有以待之。"因此，当普通老百姓把工作当作谋生手段、实现个人自我价值的时候，更要重视精神生活，崇尚身心健康，学会化解过重的工作压力，化工作压力为工作动力，快乐生活，快乐工作。

4 拥有空杯心态才能发挥最佳工作状态

一个杯子装满水，就不能再盛更多的水了，想要装更多的水，唯有将杯子里的水倒空。而空杯心态就是指要将心里的杯子倒空，将曾经的辉煌、失败都在心态上彻底了结清空，然后，用崭新的自我去迎接崭新的未来。

古时候，有一个自认为佛学造诣很深的人，听说某个寺庙里有位德高望重的老禅师，便去拜访。老禅师十分恭敬地接待了他，他讲了自己的很多心得，希望老禅师给予指点。

老禅师听后，没有说话，只是为他沏茶。可是在倒水时，明明水已经满了，老禅师还在倒，而不顾茶水都已经溢了出来。最后，这个人终于忍不住说："大师，杯子已经满了。"老禅师这才住手。这个人问老禅师："大师，请你指点。"老禅师说："我已经教你了。"

这个人不明所以，只好回去了。冥思苦想，终于有一天他想明白了：如果自己不把旧茶倒掉，又哪有空间来添续新茶？

每一个想在职场发展的人都必须拥有空杯心态，不仅要能干，还要敢于归零。每一天都是一个新的开始，过去的失败不会让今天的你退缩、怯懦，过去的成功也不会让今天的你目空一切，始终怀着希望、信念和学习的心态去工作，去生活。从此刻开始，进行全面的超越！当归零成为一种常态、一种延续、一种不断时刻要做的事情时，职业生涯的全面超越就唾手可得了。

正如无门禅师所说："春有百花秋有月，夏有凉风冬有雪。若无闲事挂心头，便是人间好时节。"在我们的一生中，得到多少就会失去多少。如果你没法适应，没有足够的勇气去接受现实的挑战，整天生活在忧郁之中，那就等于被生活击垮了。唯有接受现实，并积极去面对，调整好自己的心态，才有机会改变自己的处境。

空杯心态不仅是一种心境，更是一种做人的境界。面对失去能从容不惊的人是经历过人生风雨的人，是生活中的强者。人生之路肯定是坎坷的，你在路上走着，前面会有什么阻碍你无从知晓。但是不管能不能预料，能不能承担，只要努力去做了，能够坦然地去面对，总归会是一种收获，也是一种快乐。

我们可以从佛教经典中得到启发，"一切皆为空"，恩怨得失、爱恨情仇，都将成为过眼云烟。得到了，没必要沾沾自喜，矫揉造作；失去了，也没必要暗自神伤，颓废沮丧。当我们的心变得豁达平静、遇事不惊时，我们就可以称得上是真正的成熟了。所以，我们要做的就是改变可以改变的，接受无法改变的，努力达到"得之淡然，失之坦然"的崇高境界。

一代武学宗师，功夫巨星李小龙就非常推崇空杯心态，他说："清空你的杯子，方能再行注满，空无以求全。"很多人都有一个弱点：在成绩面前，容易自满，容易得意忘形，自满了、忘形了就不愿意再辛苦地朝更高的目标迈进。而空杯心态则很好地解决了这一点，它让人时刻处于在山底仰望山顶的状态，能逼迫自己去反思和成长，去改造和创新，最后激发出无限的生命潜能，创造生命奇迹。

空杯心态也有层次之分。有彻底的空杯，也有半杯水的空杯，还有不溢出来就好的空杯。不同程度的空杯，会造成不同的效果。空杯程度越高，带来的好处也越多；空杯的程度越低，个人所得也就越少。任何一家单位都只会为员工的使用价值买单。“倒空”自己，轻装上阵，才能体现自己的更大的使用价值。只有善于倒空的杯子才能装更多的水。

保持开放的心灵为空杯心态奠定了基础，但是还远远不够。我们还要往前走，也就是放下。放下指的是，只要是束缚和阻碍自己发展、使自己步履沉重的包袱都要义无反顾地抛弃，包括地位、金钱、面子、贪念以及仇恨等。

放下往往伴有一定程度的艰难和痛苦，因为你必须要放弃的东西很可能是你最难以割舍的，比如金钱和权利等，这要求我们具有宽容、豁达和勇敢等品质。对一个强大的心灵而言，没有什么是放不下的。

美国总统华盛顿，在很有可能无限期担任总统的情况下，毅然放下权力和光环，主动卸任。从而使美国基本保留了总统不超过两任、每次任期不超过四年的传统，保证了民主政治的实施。

南非黑人领袖、诺贝尔和平奖获得者纳尔逊·曼德拉为了追求民族的平等，为黑人争取应有的权利，被囚禁 27 年之久。在出狱的当天，他说了这么一句让人钦佩的话：“在我走出囚室、迈出监狱大门的那一刻，我就已经把悲痛与怨恨留在身后。”

“留在身后”就是一种放下。从此，不再因过往的痛苦而流泪，不再因曾受到不公平待遇而怨恨，只是朝着自己梦想的方向前进，再前进。

作为在职场中打拼的我们，空杯心态是不可缺少的。我们应该永远怀着谦卑的、渴望成功的心去吐故纳新，去实现自己的人生价值，不断超越。

5 心胸豁达是洒脱快乐的源泉

在职场中，我们经常会碰到看起来很吃亏的事，或者很受委屈的事。比如本该自己升职加薪的，却花落别人家；或者无辜受到老板、上司的批评，当了别人的替罪羊；或者受到同事的误解，乃至算计。凡此种种，怎么办呢？最好的办法就是忍耐、理解、宽容、豁达。

豁达其实是一种心态，一种不苛求、不极端、不任性的健康心理。如果你以一种豁达大度的眼光去看世界，就会觉得绿水青山，碧云蓝天，无一不是令人赏心悦目的彩图。如果你以一种豁达大度的心态去对待生活，就会觉得生活是一首诗、一首歌，无比轻快、欢畅、美好。

因此，当你在工作中遭遇到不公平待遇时，要相信这只是公司管理层的暂时失误，甚至是公司对员工的一种考验；当公司的某些制度和员工利益发生冲突时，一定要正确理解这一切，充分相信公司的"智能"和"眼光"；甚至在公司面临暂时的经济困难时，也要尽力想办法帮助公司渡过难关。

很多人常常会因为失去一些曾经拥有的东西而无比心痛，或者因过去的某个过错而一直在内心深处留下阴影，不肯轻易原谅自己。其实完全没有必要这样做，因为一味地追悔过去，只会令自己困在一个死胡同里。这样只会让事情变得更糟糕，让自己的内心永远得不到安宁，永远感受不到快乐。

想要不为过去的种种烦恼，唯一的方法就是保持豁达的情绪。空间不能逆转，时间无法倒流。无论你为过去怎样后悔和烦恼，都只是徒劳，更会浪费你的精力和时间，阻碍你去完成原本今天该做的一切。如果你是一个害怕孤独的人，你一定要用心结交一些朋友从而努力改善自己，而不是埋怨这个世界太冷酷；如果你沉浸在回忆之中无法自拔，那就要常常提醒自己，那只是自己的一个小小错误而已，不需要死死地纠缠不放。要知道，当你为失去太阳而难过不已的时候，你也将会失去天空的点点繁星。

一个妇人外出办事，不小心把自己的伞弄丢了。于是在回家的路上，她一直十分懊恼，不停地责怪自己为什么那么粗心，还时不时地想雨伞到底被自己放在哪儿了。看到街上有人提着和自己颜色相同的伞，就在想那是不是自己的伞。就这样，她不知不觉到了家，坐下之后，她忽然发现自己的钱包不见了。原来她一直惦记着丢雨伞的事情，因为仓促、惶恐和不安，连自己的钱包丢了也没有发现。

试想，如果这位妇人在丢伞之后能够豁达一点，洒脱地不放在心上，又怎么会因一时大意而丢了钱包呢？对那些已经发生的事情耿耿于怀、反复思虑，无疑是在白白浪费自己的精力。既然那些已经发生的事情无法重来，为什么不豁达地放下？我们不属于昨天，而是属于当下和未来，过去的一切就像流失的沙，回不来，也抓不住。忘记从前的一切，拥抱现在，迎接未来，才能展现我们生命中向上的力量，我们也才能从中感受到前进的快乐。

懂得把过去的痛苦和光辉放进历史的人，才可能创造更大的辉煌。忘记曾经的痛苦，摆脱掉负面的思维习惯，积极的人生态度就能助你创造出奇迹。走出曾经的光环，就算它再夺目，也是属于过去的。专心于你的现在和未来，你的人生之路会被你描绘得更加绚丽。

我们完全没有必要去喜欢自己认识的每一个人，因此，我们也没有必要要所有人都喜欢自己。别太在意别人的眼光，走自己的路，让别人去说吧！要有一颗豁达之心，当得不到别人的认可时，也照样可以活出自己的风采。对自己的每一天负责，相信自己能够做得很好。

生命如此短暂，要善待自己的生命。每个人都会犯错，逃避问题似乎是人类的天性。不要担心事情会出错，也不要把时间浪费在犯错后的惴惴不安上。一个人的能力和价值就体现在你做的事、你承担的责任和你的想法上。最主要的是要找出原因，请接受自己也接受别人犯的错，并且告诉自己再也不会犯同样的错误了。只有这样你才能成长，才能让自己变得更加宽阔和伟岸！

6 空发抱怨不如反省自己

在生活中，唠唠叨叨地不停抱怨，只会让事情变得更糟，而且也让同事想离你远远的。在工作中，做好自己的本职工作当然是应该的。可是如果你再多做一些别的力所能及的事，这就变成了你和别人不一样的地方。所以当接到上司额外且适度的工作安排时，千万不要抱怨，而应尽力去把它做得很好。这不仅是一个机会，更是你有气度的表现。

江丽在短短一个月的时间内已经连续更换了四次工作，无奈中只好去求助一位职业咨询师。

“第一家单位的老板太苛刻，脾气太坏，我忍受不了他那张严肃的脸，结果我一气之下就走了！”江丽不无遗憾地说，“不过那里的员工还不错。”

职业咨询师问:“第二家呢?”

“我是一个相对安静的人,我不喜欢吵闹的环境,我上了一周的班,可是那个部门的人太活跃了,我受不了他们的笑声。”

职业咨询师笑了一下,问:“第三家是什么问题?”

“第三家我待的时间比较长,但是我反感在背后说别人坏话的人。我连续听到好几次别人说我清高,可是我不是那样的人。我的情绪受到了干扰,我想换个新的环境。”

“可是我发现第四家的人更难以相处,虽然他们都很安静,但是我觉得似乎也太冷漠了,我去了两天竟然没有人拿正眼看过我。”

职业咨询师把身子向后仰去,说:“你的困难其实很好解决,你只需要明白,你要适应环境,而不是让环境适应你。你要尽量合群,而不是把自己置于群体之外。”

任何一个公司,都可能有苛刻的老板,或者异常活跃的同事,或者在背后抱怨的小人,或者冷漠的人,甚至最糟糕的情况是,这几种人可能会同时存在。但是你所要做的是融进你的工作环境中,你要适应同事和周围人的生活习惯。因为只有这样,你的才能和情绪才可达到最好的状态。

桑德斯上校是肯德基连锁店的创始人,他是如何建立起如此成功的事业的呢?桑德斯上校在65岁高龄时才开始从事快餐这项事业。当身无分文的桑德斯拿到生平第一张只有105美元的救济金支票时,他既不怪社会像抛弃旧水壶一样抛弃了他,也没有写信去骂国会,而是心平气和地自问:“到底我能对人们做出何种贡献呢?我有什么可以回馈给这个社会的呢?”随之,他便倾尽自己的所有,开始寻找新的出路,最终取得了巨大的成就。

罗丹说过:“这个世界并不缺少美,而是缺少发现美的眼睛。”有些人经常看不到别人身上的优点和长处,而对自己的缺点和不足则常常视而不见。这是一种不健康的心理状态,只会让我们感到痛苦。我们都不是十全十美的天才,别人也绝不都是问题存在的罪魁祸首。当需要澄清问题产生的原因和应该承担的责任时,我们需要的是理性的态度,需要的是客观,并更多地从自己做起,加以改善。

显然,我们身边很多人都不具备这种意识。当失败、挫折到来时,我们常常抱怨外界的人或事物。在这种心理下,我们往往认为自己怀才不遇，认为没有足够好的环境支持自己成功。

这种抱怨无助于自己的成长，更不会让自己的局面得到改善。

一只小老虎刚生下来就被人当作小花猫养了起来，每天和其他猫一样白天睡觉，夜晚起来捕捉老鼠。渐渐地小老虎知道自己不是一只普通的猫，而是兽中之王。于是它天天渴望着自己能够威风八面，但主人对待它的态度与其他猫并无二异，感到不服的小老虎要求主人优待自己，没想到主人不屑一顾地对它说："你确实是一只老虎，但是你却不具备老虎本应具有的一切能力，甚至你捕捉老鼠的能力都不如一只猫。你让我以什么样的理由优待你？难道仅仅因为你出生在虎妈妈的肚子里吗？"

要记住，真正才能卓越的人是不会找不到施展自身才能的空间的，除非他恃才傲物，既不愿从基层开始锻炼，又不屑与团队中的其他成员共同协作。

更需要问问自己的问题是，我们是否"眼高手低"——报酬少的工作不愿做，而报酬多的工作又做不了？

假如是这种情况，那就相当危险了。这是一种典型的自我膨胀的心理。在这种情况下，如果我们无法受到重用，如果我们做不出更好的成绩来，完全是因为我们自己的错误，而与客观环境和其他人没有任何关系。

抱怨和推脱没有任何意义。对自己孤芳自赏和对别人埋怨指责是人性的弱点。在这种情况下，理智会被蒙蔽，正确的眼光会被遮挡，从而看不到自己的不足和别人的优势。当工作的团队创造出一些成就时，我们会把所有的功劳都记在自己名下；而一旦遇到棘手的问题，就会怨天尤人，对环境和合作伙伴横加挑剔。

这是一种可悲的错位——对自己格外宽容，但是对待别人却要苛刻许多。这与"严于律己，宽以待人"的为人之道背道而驰。

无论我们遭遇什么样的环境，面对什么样的问题，都必须学会从自己身上寻找原因，抱怨和推脱没有任何意义。细心观察你就会发现，那些抱怨少、自我反省深刻的人，总是比其他人更能有效地解决问题。而且对于这些人来说，问题不仅不是阻碍和累赘，而且还是通往成功的基石。

它的结果就是，当我们在工作或生活中一帆风顺的时候，我们会得意洋洋，丝毫意识不到潜在的危机和风险。如果一帆风顺的好运始终伴随着我们，也许我们会一直这样得意下去；但是，一帆风顺从来都是我们一厢情愿的美好想象。在我们的工作和生活道路上，时时刻刻都会出现危机、风险甚至是陷阱。而一旦遇到不可避免的问题时，我们会把所有的责任推到团队的其他成员身上，而且还要一遍又一遍地抱怨环境、命运和他人。而解决问题的最佳时机常常就在我们的抱怨声中被一次一次地错过了，直至事情变得无可换回。

我们需要对自己的行为进行反省和深刻剖析——在挫折与失败面前，在不尽如人意的时候，请不要咄咄逼人地指责别人。否则，我们会在顷刻间被问题击得粉碎。那是因为，在这种情况下，我们从来不会认真地考虑从自身出发，改善那些糟糕的局面，而从自身出发正是改变这种糟糕局面的关键。

无谓的抱怨除了浪费时间和精力之外别无用处，所以当问题出现时，与其空发抱怨还不如反省自己。许多问题的产生和恶化实际上正是由人们的不经常反省造成的，如果每个人都能够处处反省自己，时时总结经验教训，那就可以避免许多问题的发生。即使当问题发生时，也可以集中精力将问题及时解决。

经常抱怨这一行为本身就是一种亟待解决的问题，如果你不能及时纠正这种行为，那你以后面临的形势会更加糟糕。等不到合适的机会、受到大环境的限制以及其他人的失误等，这些都是人们遇到问题时的托辞。逃避问题和推脱责任都不会令问题得到根本解决，如果不从自己身上找原因，就永远不会碰到“好运”。

7 激情是战胜一切的力量

激情是一种意识状态，能够鼓舞激励一个人对手中的工作采取行动。不仅如此，它还具有感染性。它不只对其他热心人士产生重大影响，所有和它有过接触的人也将受到影响。

一个充满激情的人，无论是在挖土，还是在经营大公司，都会认为自己的工作是一项神圣的天职，并对其怀有深切的兴趣。对自己的生活抱有激情的人，不论有多少困难，或需要多少的努力，始终会用不急不躁的态度去进行。只要抱着这种态度，任何人一定会成功，一定会达到目标。

正是因为激情，伽利略才举起了他的望远镜，最终让整个世界都拜倒在他的脚下；正是因为激情，哥伦布才克服了艰难险阻，享受到了巴哈马群岛清新的晨风。激情会使人精神百倍，昂然奋进；会使人充分释放出身体里蕴涵的能量,发掘出自己巨大的潜能。同时,一个人的激情可以感染和唤醒一大批人,他们会成为你事业的忠实追随者。而掌握了激情力量的你,注定会成为人群中的领袖。

要用激情的心度过短暂生命的每一秒钟,永远把自己想象成一轮初升的太阳。初出茅庐的年轻人,既缺乏实践又没有经验。可是,这些都不能成为其迈向成功的绊脚石。因为在他们身上,强烈地凝聚着一种唤醒成功的力量,这种力量就是激情。看看我们身边的楷模,看看我们国家的中坚,不是有很多风华正茂的年轻人么?在他们的脸上,没有中年人饱经沧桑的忧虑和保守,只有饱满的激情和感人的微笑。

激情源于一个人的内心,它会使人富有生命力,使人永葆青春,使人心中永远充满阳光。一个人一旦对工作失去了激情,就会把工作看成是劳役一样的苦差事。他从中感受到的只是无聊、苦恼、郁闷,工作也很难做出成绩,无形之中背负上了双重的压力。但是,当一个人拥有激情,情景就大不一样了。有些人因为对工作不满意而很难对工作产生激情,有些人因为遭受打击而对工作失去激情。如果不自己点燃激情,不但工作毫无建树,心情也会郁郁寡欢。把工作看得神圣而伟大,是对工作产生激情的基础。

不论做着多么平凡的工作,只有把工作看得神圣而伟大,才会爱上工作,才会源源不断地迸发激情,才会快乐地投入到工作中去,而且更容易获得事业上的成功。

因此,要想点燃对工作的激情,要从小事做起,养成全身心投入把小事做好的习惯。当有重要的工作交给你做时,你自然会激情似火,热情澎湃。自己动手将激情点燃吧,让那熊熊火光驱除你心灵上的阴霾,照亮你的前程!

不是只有兴趣才能让我们对工作充满激情,很多人都在强调兴趣的重要性,也有很多人把兴趣当作激情的源泉。诚然,兴趣非常重要,兴趣也可以培养。你可能因为兴趣选择了一份职业,几个月或者几年后你就会发现,支持你一路充满激情做下去的不再是初始的兴趣,更多的是一种责任,一种被人肯定的自豪,再有就是一份因为熟悉而产生的眷恋。因此,当你用兴趣作为自己工作没有激情的借口的时候,请仔细想想:究竟是兴趣还是自己的惰性在主导着你呢?

任何工作在本质上都是一样的,都存在周而复始的重复。面对这周而复始的永无休止地重复,不论谁都会有厌倦的时候。这个时候就要求我们改变态度，树立新的目标，挖掘新鲜感，把以前的梦想捡起来，找机会实现它；不断审视自己的工作，看看有哪些事情还没做，然后把它做完。每解决一个问题后，就会产生一些小小的成就感，这种成就感就是让激情每天都陪伴着自己的最佳良药。

考虑清楚有关自己理想职业的每一件事——从工作形式到工作环境，然后确定自己所追求职业的标准或目的。你可以尝试一下是否能调到另一个部门，或者先谋个较低的职务，然后找机会进修。最低限度，也要找出妨碍你日后发展的不利因素。

假如你做得很不愉快，你就不会发挥出自己的才能，也就很难取得好的成绩。当经济困难时期到来时，你就会成为被裁员的对象。而当你被裁掉后，才发现自己所喜欢的工作，从没做过，也没有任何经验。因此，你一定要确定找一份你自己所喜欢的工作，并且如果找这种工作要用很长时间，你也一定要尽量坚持下去。要保证自己在又一次听到“上船来吧”时，第一个反应是不加考虑地走上那艘船。

如果你只是为了工作而工作，那么你是无法享受到其中的乐趣的。就算是发工资的时候，你心里也还在嘀咕，这日子真过不下去了。这不是工作本身的问题，而是你把自己游离于公司之外。你没有把工作和自己的职业生涯联系起来，工作只是你赚取生活费用的手段。假如你把工作当作了事业，你就会觉得自己所从事的是一份有价值、有意义的工作，你也就会从中感受到使命感和成就感，自然就会燃起激情。

激情只能从内燃烧，别人无法真正帮助你点燃。当你觉得工作乏味的时候，你就要从工作中寻找乐趣和惊喜，点燃心中的激情。激情有着不可思议的魔力。当这股力量被释放出来支持明确目标，并不断被信心补充它的能量时，它便会形成一股不可抗拒的力量，并足以克服一切贫穷和艰难。一个人如若养成用激情的态度来对待周围的一切事物的习惯，常常可以改变自己的整个生活。其中思维与心境的变化最为微妙，有时甚至可以看到生活中色彩斑斓的另一面。饱含激情的人，必是有着快乐天性的人。这样的人不但幸福，而且长寿，对社会的贡献也最大，因为他们拯救了凡人的心灵。

你还可以将这股力量传给任何需要它的人，这恐怕是你能够运用激情所做的最伟大的工作了。激发他人的想象力，激励他们的创造力，帮助他们和伟大的成功如期会面是激情最大的价值。

8 把苦难当作垫脚石

我们综观历史,发现多少出类拔萃之人用不幸做垫脚石,走出了失败的深渊。当他们面对失败时,从不惊慌失措,也没有彷徨不安,而是冷静地分析失败的根源,找出导致失败的因素,然后及时地改进和调整,一步步地扭转局面,反败为胜。所以,失败只是他们人生中的一个转折点而已。

小提琴家帕格尼尼是一位经历多重磨难的人。4岁时,一场麻疹和强制性昏厥症,差点使他夭折;7岁时,他患上严重肺炎,不得不大量放血治疗;46岁时,他的牙床突然长满脓疮,只好拔掉几乎所有的牙齿。牙病刚愈,又染上了可怕的眼疾,幼小的儿子成了他的"盲杖";50岁后,又有肠道炎、关节炎、喉结核等多种疾病吞噬着他的肌体,后来声带也坏了,靠儿子按口型翻译他的思想。

帕格尼尼是一位天才,3岁学琴,12岁就举办了首次音乐会,并一举成名,轰动音乐界。在之后的游历经历中,他的琴声传遍英、法、德、意、奥、捷等国。他的演奏使提琴家罗拉惊异得从病榻上跳了下来,并且收他为徒。他的琴声使卢卡观众欣喜若狂,宣布他为共和国首席小提琴家。他在意大利的巡回演出产生神奇效果,人们到处传说他的琴弦是用情妇的肠子制作的,魔鬼又暗授妖术,因此他的琴声才魔力无穷。维也纳一位盲人听到他的琴声,以为是乐队演奏。当得知台上只他一人时,大叫"他是个魔鬼",随之匆忙逃走。巴黎人为他的琴声陶醉,忘记了正在流行的严重霍乱,演奏会场场爆满。

帕格尼尼不但用独特的指法和充满魔力的旋律征服了整个欧洲乃至全世界,而且发展了指挥艺术,创作出《无穷动》、《随想曲》、《女妖舞》和六部小提琴协奏曲及许多吉他演奏曲。欧洲几乎所有文学艺术大师如巴尔扎克、肖邦、大仲马、司汤达等都听过他的演奏并为之激动。李斯特大喊:"天啊,在这四根琴弦中饱含着多少苦难、痛苦和受到残害的生灵啊!"歌德评价其为"在琴弦上呈现了火一样的灵魂"。音乐评论家勃拉兹称他是"操琴弓的魔术师”。

是苦难成就了天才，还是天才特别热爱苦难？这个问题一时难以说清。但是，弥尔顿、贝多芬和帕格尼尼被称为世界音乐史上三大怪杰，他们居然一个是瞎子，一个是聋子，一个是哑巴！可见，铸就越挫越勇的坚强意志，苦难是最好的大学，只有不被其击倒的强者，才能成就自己。

在工作中，也是同样的道理，关键是看你能否经得起困难的磨炼。假如将每次的困难都看成是不可逾越的高山，那么前一次的困难，就为下一次的困难埋下了种子。假如把困难当作锻炼自己的机会，那么每一次的困难，就为将来的成功奠定了基石。

不能否认，工作中确实存在这样一些人：他们永远不敢正视困难，对自己也没有任何信心。认为自己做这个不行，做那个也不行，是个彻头彻尾没用的家伙。他们根本无法振作精神，更谈不上与困难面对面地交战。脆弱的心理导致他们经不起一点点的挫折打击。即使问题出现转机，有了好机会，他们也会因沉浸在消极沮丧之中而难以察觉；而错过这个好机会，工作很可能就落实不了。可以想象得到，在一个公司中最先被解雇的一定会是他们这样的人。

检验一个员工的工作能力最好是在他处于困境的时候。看一看他是否经得起困难的磨炼，困难能否唤起他更多的勇气，能否使他发挥出更大的潜力。一个把困难当作垫脚石的员工，将会从困难中体会到快乐和幸福；而一个把困难当作绊脚石的人，只会从困难中体会到悲哀和失败。

困难是一个人提高工作能力和丰富工作经验的最好机会。从困难中，你可以学到通常情况下难以接触到的东西，让自己逐渐变得成熟而勇敢，对工作的处理更得心应手。假如学会了在困境中奋斗，顺境中的事情对你来说都算不了什么，因为需要的技能和意志在困难中已经得到了磨炼和提高。

要想成为一名优秀的员工，必须向那些能够战胜自己命运的人学习，培养自己顽强的意志，拥有坚忍不拔的性格。只有这样，才能受到老板的赏识，赢得事业的成功。

9 懂得感恩是缔造多赢的人生哲学

假如你对工作心怀感恩，那么你的生活就是天堂；假如你非常讨厌你的工作，那么你的生活就是地狱。因为你的生活当中，有大部分的时间是和工作联系在一起的。对待工作的态度决定了工作的好坏，也决定了生活的质量。

古罗马的一位将军被埃及人打败了，逃回了罗马。皇帝不仅没有处死他，反而再次给他一支大军，让他继续出征。朝中的大臣都纷纷表示反对，认为不能再信任他了，皇帝就问道：

"为什么不能信任他?"

"因为他失败过!"

"而这正是我相信他的原因。"皇帝说。

不久后，捷报从前方传来。

失败，其实比成功更能够给人教益。成功的时候，很少有人在欣喜之余还能心平气和地总结原因。而失败却会给你带来心灵上更大的震撼和刻骨铭心的记忆，使你不得不一次又一次地审视自己犯过的错误。

人生只有拼搏进取，勇于挑战才能成功。每个人从生到死，就是由一连串的成功和失败组成的。从每一次失败的经验中积累智慧，你就会拥有足够的力量去获得成功。成功与失败，永远都是并肩携手的，谁也离不开谁。所以，即使失败给你带来痛苦和挫折，也请你感激失败、善待失败。从哪里跌倒，就从哪里站起来。这样你才能最终战胜失败的阴霾，拥有一片蔚蓝的天空!

古印度有一位英勇无比的王子，在一次征战后得胜回朝。在庆功宴上，王子谦逊地举杯，向前辈、大臣以及在座的将士一一表示感谢，甚至连为他牵马的仆人都没忘记，这让大家都非常感动。此时，坐在旁边的老国王提醒王子说："孩子，有一个最重要的人你还没有向他致谢呢。"王子怔了半晌，也没想出是谁，只好向父王请教。老人一字一句地说："你的敌人。"

很多时候，对手往往显得比朋友更真诚。当他们打败你时，绝不会留情；当他们嘲笑你时，那份冷酷也令你刻骨铭心。然而正是对手的强悍让我们昼夜习武，练成一身好功夫；是对手的狡诈让我们时刻保持警戒之心，是他们的威胁警示我们提高警惕，是他们的围追堵截使我们不断自我否定，并最终打败真正的敌人——我们自己！在一次次这样与对手的磨合中，两颗心在竞争组成的螺旋线里，彼此用自己的爱与感恩，宽容地将对方的棱角环住，从而共同进步，共同成长，共同成功。用一颗感恩的心对待你的对手吧，至少他改变了你既定的生活轨迹，让你的人生登上了一座最高峰。只要信念不老,你的人生就会与众不同!

如果企业里的成员能够彼此友爱、互相感恩、共担责任,那么企业之树必将枝繁叶茂,企业之师也必将无坚不摧。彼此友爱、互相感恩、共担责任是企业常青的三大支柱。员工因为彼此友爱,才会互助合作,因互助合作而互相感恩,因互相感恩而共同担责,像战场中的兄弟连一样共进共退。奉行这种职业精神的企业,即便刚开始只是一支三五人的小团队,最终也能成为一个像微软、苹果等这样的大型跨国集团。

工作为你提供了生活的保障,工作为你提供了施展才华的平台,工作为你展示了广阔的发展空间。你对工作为你所带来的一切,都要心怀感恩,并通过努力工作以回报社会来表达自己的感恩之情。失去对工作的感恩之情,人们会马上陷入一种糟糕的境地,会对许多客观存在的现象日益挑剔和不满。如果你的头脑被那些令你不满的现象所占据,你就会失去平和宁静的心态,并开始习惯于注意并指责那些琐碎、消极甚至肮脏的事情。

对工作心怀感恩,你才能努力工作。每天带着一颗感恩的心去工作,相信你工作时的心情自然会愉快而积极。知道自己工作的意义和责任,并永远保持一种主动的工作态度,对自己的行为负责,是那些成就大业之人和凡事得过且过之人的最根本区别。明白了这个道理,并以这样的眼光来重新审视我们的工作,工作就不再成为一种负担,即使是最平凡的工作也会变得意义非凡。

对工作心怀感恩之情,可以改变一个人的一生。当我们清楚地意识到无任何权利要求别人时,就会对周围的点滴关怀或任何工作机遇都怀有强烈的感恩之情。因为要竭力回报这个美好的世界,我们会竭力做好手中的工作,努力与周围的人和睦相处。结果,我们不仅工作得更加愉快,所得到的帮助也更多,工作也更出色。

张影是一家高级酒店的保洁员,她对自己的工作总是抱着一种感恩的态度。无论何时,她的脸上总带着灿烂的笑容。她的笑容让人如沐春风。一次,她在下班的路上,遇到了一个打听另一家酒店的外国人。她摊开地图,详细地写下路径指示,并带着外国人到路口,对着马路告诉他酒店的方向。在外国人致谢道别之际,她有礼貌地回应:“不客气,祝你很顺利地找到。”接着她又说道:“我相信你一定会很满意那家酒店的服务,因为那儿的保洁员是我的徒弟!”“太棒了!”那个外国人笑了起来,“没想到你还有徒弟!”张影脸上的笑容更灿烂了,答道:“是啊,我做这个工作已经做了15年,培养出好多的徒弟,而且我敢保证我的每一个徒弟都是最优秀的保洁员。”外国人非常疑惑,问道:“是什么使你对自己的工作保持这样的热忱呢?”张影笑着说:“我的工作给了我生活,给了我乐趣,所以我非常感激这份工作。”正是对于工作的感激使得张影以自己的工作为自豪。

如果一个健康的人长期因为没有工作而食无定餐、居无定所,惶惶不可终日,那么他在得到了一份稳定工作后一定会善待这份工作。失业的日子是痛苦的,当失业的人听到别人下班后连连抱怨:“太累了!”他们一定会说:“身在福中不知福!”人往往好了伤疤忘了疼,那些抱怨工作很累的人也曾失业,也曾神往得到一份工作,哪怕只给吃、喝、住;但一旦千辛万苦好不容易找到一份工作,时日不长,又嫌吃的不佳、睡的不适、工资太少了,并且大有抬脚开溜之意。其实,工作着才是幸福的。要想生活得快乐,最重要的是要知足。

对工作心怀感恩并不仅仅有利于公司和老板,努力工作还会给你带来更多更好的工作机会和成功机会。除此之外,对于个人来说,感恩是富裕的人生。它是一种深刻的感受,能够增强个人的魅力,开启神奇的力量之门,发掘出无穷的智能。感恩也像其他受人欢迎的特质一样,是一种习惯和态度。

每一份工作或每一个工作环境都无法尽善尽美,但每一份工作中都有许多宝贵的经验和资源。如失败的沮丧、自我成长的喜悦、友好的工作伙伴、值得感恩的客户等,这些都是工作中必须学习的感受和必须具备的财富。如果你能每天怀着感恩的心情去工作,在工作中始终牢记“拥有一份工作,就要懂得感恩”的道理,你一定会收获很多。

10 给浮躁的心一点清凉

浮躁的积累会导致压力增大,所以,拒绝浮躁正是减轻压力的开始。

一次针对高校毕业生的招聘会上,一家企业在收到的一百多份大学毕业生简历中,发现有5人同时为同一学校的学生会主席,6人同时为同校同班“品学兼优”的班长。但是,走进大学校园里调查一下,发现有人把别人的英语等级证书、计算机等级证书、奖学金证书、优秀学生干部奖状以及发表过的文章，改头换面复印，就变成自己的"辉煌经历"。有的女大学生为了吸引用人单位的注意，更是把自己的简历搞成了豪华本的艺术图片集。当用人单位在感叹"现在的大学生真是浮躁"时，这些大学生的做法，不但没有提高自己的竞争力，反而减弱了自己的竞争力，如此"不诚实"哪个单位敢录取？

这是一个充满诱惑的时代，香车美女、豪宅别墅、喧嚣尘世充斥着整个社会，抵制诱惑需要不同一般的定力。流光溢彩的大千世界，每个人似乎都难以抑制那颗躁动的心。它让人们义无反顾地冲向前面不可名状的诱惑，这种种诱惑中有虚无缥缈的名，有金光闪闪的利。这令人眼花缭乱的名利，是让人浮躁的根源。

我们都是普通人，面对诱惑，不可能完全无动于衷。但是，当我们真正要选择时，面对纷繁复杂的诱惑，是沦为名利的奴仆，还是面对真实的自我？如果头脑发热地被名利牵去，那我们不但锁不住浮躁，反而会被浮躁锁住。心理学家认为：焦灼与浮躁，通常是动机水平和焦虑过高的表现。享受安逸，逃避辛苦，敷衍塞责，惰性膨胀，怀着浮躁的心态走远了，很容易导致理性的迷失，渐变一种病态的人格。俗话说："欲速则不达。"为此，心理学家一再告诫人们：成就某事的动机水平和焦虑程度以适度为宜。任何事情都有规律和顺序，人生宏大的目标应当以累积诸多小目标为基础。当我们被烦恼困扰时，重要的是赶快调整自己心灵的镜头焦点，排遣出心中的郁闷，让浮躁的沙砾沉淀下来。

给自己浮躁的心一点清凉，并不是要锁住奋斗向上的雄心，而是要锁住永不满足的欲望；不是要锁住勇往直前的进取，而是要锁住投机取巧的钻营。锁住浮躁，要靠一种成大事的决心和旷日持久的恒心。这是一种内心的修炼，更是一种定力，需要我们长久地磨炼。

在短短的人生之旅中，如果我们锁住了浮躁，就能减轻来自各个方向的压力，以此为基点，战胜生活中所有挫折和困难，登上人生一个又一个的制高点。

11 克服浮躁心态，化解内心不安

在现代社会激烈的竞争中，有人成功，就必然有人失败。失败之后所产生的由羞愧、愤怒和怨恨组成的复杂情感就是嫉妒。人一旦有了嫉妒心理，便会变得心神不定，浮躁不安，甚至变得不可理喻……

曾经有一个员工，非常嫉妒他的同事。同事越是高兴，他越是不高兴；他同事的生活过得越好，他越是不痛快；每天都盼望他的同事倒霉，或盼望同事家着火，或盼望同事得什么不治之症……然而每当他看到同事时，同事总是活得好好的，并且微笑着和他打招呼，这时他的心里就更加不痛快。就这样，他每天折磨自己，身体日渐消瘦，胸中就像堵了一块石头，吃不下也睡不着。终于有一天他决定给他的同事制造点晦气，这天晚上他在花圈店里买了一个花圈，偷偷地给同事家送去。当他走到邻居家门口时，听到里面有人在哭。此时同事正好从屋里走出来，看到他送来一个花圈，忙说："这么快就过来了，谢谢！谢谢！"原来同事的父亲刚刚去世。这人顿觉无趣，"嗯"了两声，便走了出来。这个故事中的员工就是出于嫉妒，把自己置于一种心灵的地狱之中，折磨自己。但折磨来折磨去，却一无所得。

在人类所能表达的情感当中，嫉妒是最普遍和最令人不安的一种。它会展现我们内心最阴暗的部分，尽管大多数人都非常了解这一点，但是嫉妒心仍然在很多人的内心里存在着。

嫉妒心理的产生是差别和比较的产物，属于一种内心情绪体验。差别和比较的结果是形成心理不平衡，而这种不平衡常常是消极的。嫉妒心理总是与不满、怨恨、烦恼、浮躁等消极情绪联系在一起的，这就构成了嫉妒心理的独特情绪。

在现实生活中，嫉妒是人际交往中的一大心理障碍，它会限制人的交往氛围，会压抑人的交往热情，甚至能反友为敌。

在以竞争为主要特征的市场经济中，嫉妒似乎成了一种比 SARS 病毒更为严重的流行病，成了社会的洪水猛兽。

有嫉妒心的人，自己不能有所作为，便尽量低估他人的能力，使之与他本人相齐，或者用怀疑别人动机、诬蔑别人伪善的办法，来剥夺别人可敬佩的成就。于是，因嫉妒而产生的种种心态便表现出来：或消极沉沦，萎靡不振；或咬牙切齿，恼羞成怒；或铤而走险，害人毁己。

古希腊斯多葛派的哲学家认为："嫉妒是对别人幸运的一种烦恼。"嫉妒心理的对抗特征具有明显的攻击性，其攻击目的在于颠倒被攻击者的形象。有嫉妒心的人往往不看别人的优点、长处，而总是挑剔别人的毛病，甚至不惜颠倒黑白，弄虚作假。

嫉妒心理的指向性往往产生于同一时代、同一部门的同一水平的人中间，主要是因为嫉妒心理是一种以极端自私为核心的绝对平均主义。因为曾经“平起平坐”过，或是曾经“不如自己”过，如今成了“能干”者，使嫉妒者产生抵触和对抗。

一般说来，嫉妒心理都伴随着发泄性行为。发泄主要有 3 种方式：言语上的冷嘲热讽；行为上的冷淡，疏远被嫉妒者；具体行为，或是攻击性强的行为。

由于社会道德的威力，嫉妒心理被大多数人所不齿，一般都不愿直接地表露出嫉妒来，而是千方百计地伪装，企图使人不易察觉。如本来是嫉妒某人的某一方面，却不敢直言，就会故意拐弯抹角地从另一方面进行指责或攻击。

不同的嫉妒心理有不同的嫉妒内容，但在 4 个方面表现得尤为突出，即名誉、地位、钱财、爱情。有的还表现为一种综合性的笼统内容，只要是别人所拥有的，都在其嫉妒之内。

想克服嫉妒，首先要去除你因嫉妒引起的浮躁情绪。凡事不与别人攀比，对待他人要宽容，对待自己要客观，那些可能会不期而至的嫉妒心理便会烟消云散。具体来说要做到以下几个方面：

正确认识自己。既看到自己的短处，也看到自己的长处，就不会有处处不如人的想法。当看到自己的不足时，不怨天尤人，自暴自弃，而应加倍努力，奋起直追。尤其要克服乱攀比的心态，要善于学习，勇于超越。久而久之，嫉妒心理就会消失。

克服个人主义和虚荣心。嫉妒心理是由于个人主义和虚荣心在作祟。如果能加强思想修养，克服个人主义和虚荣心，那么就会“心底无私天地宽”，把别人的成就和荣誉当作自己学习的榜样和前进的动力，这是消除嫉妒的根本方法。

对待贤者要思齐。一个有道德的人，一个思想纯正的人，一个能积极进取的人，当他发现有人比自己做得好，比自己有能力时，从不去考虑别人是否超过了自己，或对别人心生不满。而是从别人的成绩中找出自己的差距所在，从而振作精神，向别人学习。这样便有可能在一种积极进取的心理状态下，迸发出创造性，赶上或超过曾经比自己强的人，这就是古人说的“见贤思齐”。

对待他人要宽容。心胸狭窄的“小心眼”很容易产生嫉妒心理。只有使自己的胸襟开阔，改变器量过小的性格特点，才能时时刻刻清醒地意识到世界是很大的，能人背后有能人，要想自己所有方面都胜过别人是根本不可能的。一个人如果善于以宽厚的态度对人处事，就必然能够善于容人。所谓善于容人，就是善于与任何人包括超过自己的人相处。如果能做到这一点，就不会出现斤斤计较、唯恐委屈自己的嫉妒心理。做人无私，胸怀宽广，坦诚处事，才能净化自己的心灵，才能真正感受到“心底无私天地宽”，也才能避免沾染上嫉妒心理之病。

必须具有忍让精神。要具有忍让的精神，就要做到这样两方面：一是看到别人比自己强时，要能忍住自己的嫉妒心。多看人家的长处，多找自己的短处，这样不仅能寻求心理上的平衡，久而久之还会纯净自己的心灵，提高自己的道德修养。二是自己比别人强时，要能忍受住别人的嫉妒。

积极参加社交活动。大凡嫉妒心强的人，社交范围很小，视野也不开阔，只做“井底之蛙”，不知天外有天。一个人只有投入到人际关系的海洋里才能消除自私和狭隘的嫉妒心理。因此，平时应相互主动接近他人，对他人多加帮助和协作，增进双方的感情，才会逐渐消除嫉妒，消除浮躁，你的人格才会不断地健全，成为一个受欢迎的人。

嫉妒可以使一个人萎靡不振，但如果经过合理的内心调整，它也可以化为动力，催人奋进。为此，你应给自己订立一个长远目标和一个近期目标，孜孜不倦地为实现这个目标而努力。确立了坚定、明确、始终如一的目标，你就不会为别人的成功而烦忧，就不容易分心，嫉妒也就很难再占据你的内心，阻碍你的前进了。为了自己的明天，将自己与别人的差距作为自己的动力，你终将会在自己的领域取得辉煌的成就。

保持从容的心态。从容是一种对人生的透彻把握，不管是谁，只要能以平和的心态面对周围的事物，“闲看天边云卷云舒，笑看庭前花开花落”，必能摆脱是是非非、纷纷扰扰。也只有这样，才能善待自己，善待他人，善待生命。

12 用积极的心态坦然面对人生

俗话说:“天有不测风云,人有旦夕祸福。”生命之舟始终沉浮不定,我们要笑看人生沉浮。“沉”时,志气不能丢;“浮”时,骨气不动摇。从容地应对人生沉浮,使自己的每一天都充实而快乐。

一个士兵在战争中受了伤,喉部被碎弹片击中,输了四五次血,他写了一张纸条给他的医生,问道:“我能活下去吗?”医生回答说:“可以的。”他又另外写了一张纸条问道:“我还能不能说话?”医生又回答他说:“可以的。”然后他再写了一张纸条说:“那我还担心什么!”

积极的心态是一种对任何情况或环境都要保持正确、诚恳而且具有建设性的思想、行为或反应。积极的心态允许你扩展你的希望,并克服所有的消极心态。积极的心态能够给你强大的精神力量,让你实现自己的梦想。

尹姿被公司解雇了。她是突然被炒鱿鱼的。而且上司未做任何解释,唯一的理由是公司的战略有些变化,现在不再需要她了。更令她难以接受的是,就在几个月以前,另一家公司还想以优厚的条件将她挖走,当时她把这事告诉了上司,上司极力地挽留他说:“我们更需要你!而且,我们会给你一个更好的前景。”

而现在尹姿却落到如此结局,可想而知她是多么的痛苦。一种不被人需要、被人拒绝以及不安全的情绪开始缠绕着她,她不时地徘徊、挣扎,自尊心深受损害,一个原本能干而富有生机的她开始变得消沉沮丧、愤世嫉俗。由于自己的心态不是很好,一段时间内她一直没有找到合适的新工作。

一天,尹姿在无意之中翻出《积极思考的力量》这本书。她看过之后深受启发,于是开始思考自己目前的状况。她想自己是否还存在着一些积极的因素呢?她不能确定。但此时的她认识到了自己有许多消极负面的情绪,这些负面因素是她这段时间一直一蹶不振的主要原因。她发现了问题,于是就想着要怎样去改变自己。她觉得自己首先要做到的一点就是,排除消极的情绪，发挥自己的积极思想。

没错！这便是她必须开始着手的地方。想法确定之后，她开始改变自己的思维方式，尽可能多地用积极的思想来看问题、做事情，以此消除自己心里的那些不良情绪，她想用此方法来唤醒自己的信心。她想上司这样做肯定是事出有因的，肯定是迫不得已而为之的。她这样开导自己之后，对上司的做法也就不再愤懑不已了。她还觉得，如果自己身为上司，或许自己可能也会这么做吧。如此安慰自己后，她觉得自己的整个心态完全变了，变得非常轻松和豁达起来。因为心态的调整，不久之后她又找到了一份属于自己的工作。

积极的心态所迸发出来的力量真是让人难以预料啊！所谓的积极的心态，其实也只不过是一种精神的力量罢了，它不能平白无故地给失业者安排一份工作，而只能在内心里充分地给你鼓励，让你有信心、有力量去尝试新的挑战，适应新的环境。但最终取得怎样的结果，还得靠自己的真正实力。例如尹姿，她无缘无故被炒鱿鱼之后，心中总是充斥着不满，一身的怨气和仇恨。试想这样的心态哪家公司会雇佣她呢，当然在这种心态下她也不可能尽心尽力地去找工作。尹姿之所以会有后来的转机，在于她调整了自己的心态，改变了自己的思考和行为方式，而且能够理性地实事求是地分析问题。再比如你的朋友看到你不好过想帮你，但你整天怨天尤人，自暴自弃，试想换做是你，还愿意去帮他推荐工作吗？

要保持积极的心态，要求我们在看待事物时，不要盲目浮躁地只看到坏的一面，也应该考虑到事物好的一面，这样才能让自己保持良好的状态。得与失，并不是单独存在的，往往是事物的正反两个方面。有时得到了这个却要失去其他，有时失去了这个机会却可能因此得到别的机会。

一位青年在高速行驶的火车上一不小心将刚买的新鞋从窗口弄掉了一只，周围的人倍感惋惜，不料那位青年立即把第二只鞋也从窗口扔了下去。这一举动令大家很吃惊，青年人解释道：“这一只鞋无论多么昂贵，对我而言都没用了。如能有谁捡到一双鞋子，说不定他还能穿呢！”

换一个角度看问题，你会发现很多积极的东西。

一个孩子伸手到一个装满榛果的瓶里，尽其所能地抓了一把榛果。当他想把手收回来时，手却被瓶口卡住了。他既不愿放弃榛果，又不能把手缩出来，不禁伤心地哭了起来。旁人对他说："如果你只拿一半，让你的拳头小些，那你的手就可以很容易地拿出来了。"

正确的放弃不是逃避、不是懦弱，而是理智的选择。在生活中，我们常常遇到"鱼和熊掌"不可兼得的情况。为了得到熊掌，只有放弃鱼；为了得到更大更长久的利益，只有先放弃一些眼前的好处，甚至是忍痛割爱。

人生总有得与失，对待得失，关键是要调整自己，从而保持积极的心态。积极心态要求你在生活中的一时一事中学会积极的思考。积极思考是一种思维模式，它使我们在面临恶劣的情形时仍能寻求最好的、最有利的结果。浮生若茶，我们何尝不是一撮生命的清茶？命运又何尝不是一壶沸水？茶叶因为沉浮才释放了本身的清香，而生命也只有在不断的成功和失败中沉浮，才激发出人生那一脉脉幽香！

在未来的人生旅途中，总会发生许许多多的变化：贫富的变化、环境的变化、工作的变化、身份的变化。所有的变化最终都会引起生活的变化，以至人生的变化。在变化中把握人生，在变迁中体验人生，不断地调整自己的生活目标，调节生活内容。只有这样，生活之舵才不会偏移。让自己主动去适应每一次沉浮变幻，坦然面对每一次沉浮带来的得失，未来的生活才有定向。

13 调适情绪，拔掉心中浮躁的"杂草"

当工作状态出现问题时，优秀员工会及时进行自我调节，会时刻提醒自己、激励自己，防止自己出现懈怠心理和不良情绪。

研究表明，人情绪好的时候，开心的时候，体内就会发生奇妙的变化，从而获得新的动力和力量，这对于工作很有益。然而，人总有情绪低落的时候，难免会厌倦自己的工作，难免会烦躁、忧虑。这时就要学会调整自己的情绪，试着劝慰自己，鼓励自己，努力让自己保持稳定的情绪。顺境时不要忘乎所以；逆境时不要垂头丧气，消极萎靡；遭受打击的时候不要一蹶不振。

此外，在工作中，保持勤奋的工作态度和良好的人际关系，对我们拥有良好的工作情绪也至关重要。

凯斯特是一名普通修理工，生活虽然勉强过得去，但离自己的理想还差得很远。一次，他听说底特律一家维修公司招工，决定前去试一试，希望能够换一份待遇较高的工作。他星期日下午到达底特律，面试时间定在星期一。

吃过晚饭，他独自坐在旅馆房间中想了很多，把自己经历过的事情都在脑海中回忆了一遍。突然间，他感到一种莫名的烦恼：自己并非一个智力低下的人，为什么至今依然一事无成？他想到，曾经的 4 位朋友跟他一同起步，彼此的聪明才智不相上下。可现在的情况却是，两位搬到高级住宅区，另两位做了老板。

经过很长时间的思考和反思，他悟出了问题的症结——自我性格情绪的缺陷。在这一方面，他不得不承认自己比他们差了一大截。他发现自己很多时候不能控制自己的情绪，爱冲动，自卑，不能平等地与人交往等等。

整个晚上，他都坐在那儿自我检讨。他发现自从懂事以来，自己就是一个极不自信、妄自菲薄、不思进取、得过且过的人，总是认为自己无法成功，也从不认为能够改变自己的性格缺陷。于是，他痛下决心，自此以后，决不能再有自己不如别人的想法，决不再自贬身价，一定要完善自己的情绪性格，弥补自己的不足。

第二天早晨，他满怀自信前去面试，顺利地被录用了。在他看来，之所以能得到那份工作，与前一晚的沉思和醒悟让自己多了份自信不无关系。在走马上任的两年内，凯斯特逐渐建立起了好名声，人人都认为他是一个乐观、机智、主动、热情的人。随之而来的经济不景气，使得他的个人情绪因素受到了考验。而这时，凯斯特已是同行业中少数可以做成生意的人之一了。公司进行调整时，分给了凯斯特可观的股份，并且加了他的薪水。

学会控制情绪对我们的工作很重要，尤其是学会调整消极情绪对我们的影响。工作中，避免受到不良情绪、消极情绪的影响，应该减少情绪波动。作为一个职场人士，我们永远不要把消极情绪带入工作。当在工作中因为某些小事影响到心情时，要及时进行自我调整。不良情绪来的时候，要告诫自己，一定要冷静。

大文豪托尔斯泰曾经讲过一个故事：

一个人想得到一块土地，地主就对他说："清早，你从这里往外跑，跑一段就插个旗杆。只要你在太阳落山前赶回来，插上旗杆的地都归你。"那人就拼命地跑，太阳偏西了还不知足。太阳落山前，他是跑回来了，但人已精疲力竭，摔个跟头就再也没起来。于是有人挖了个坑，就地埋了他。牧师在给这个人做祈祷的时候说："一个人要多少土地呢？就这么大。"

贪婪的人被欲望牵引，欲望无边，贪婪无边；贪婪的人常怀有私心，一心算计，斤斤计较，却最终一无所获。人不能没有欲望，不然就会失去前进的动力。但人却不能有贪婪，因为贪欲是个无底洞，你永远也填不满它。一个穷人会缺很多东西，但是，一个贪婪者却什么都会缺！

上帝在创造蜈蚣时，并没有为它造脚，但是它们可以爬得和蛇一样快。一天，它看到羚羊、梅花鹿和其他有脚的动物都跑得比它还快，心里很不高兴，便嫉妒地说："哼！脚愈多，当然跑得愈快！"于是，它向上帝祷告说："上帝啊！我希望拥有比其他动物更多的脚。"上帝答应了它的请求。他把好多好多脚放在蜈蚣面前，任凭它自由取用。蜈蚣迫不及待地拿起这些脚，一只一只地往身上贴去，从头一直贴到尾，直到再也没有地方可贴了，它才依依不舍地停止。它心满意足地看看满身是脚的自己，心中窃喜："现在，我可以像箭一样地飞出去了！"但是，等它一开始要跑步时，才发觉自己完全无法控制这些脚。这些脚劈里啪啦地各走各的，它非得全神贯注，才能使一大堆脚不致互相绊跌而顺利地往前走。这样一来，它走得比以前更慢了。

任何事物都不是多多益善，蜈蚣因为贪婪，想拥有更多的脚，结果却适得其反，脚却成了束缚它行动的绳索，代价可谓惨重。

人生好像一条河，有其源头，有其流程，有其终点。不管生命的河流有多长，最终都要到达终点，流入海洋。人生终有尽头，活着的时候，少一点儿欲望，多一点快乐，有什么不好？

罗马哲学家塞尼加说："如果你一直觉得不满，那么即使你拥有了整个世界，也会觉得伤心。"即使我们拥有整个世界，我们一天也只能吃三餐，一次也只能睡一张床。即使是一个挖水沟的工人也可以得到这种享受，而且他们可能比世界首富吃得更津津有味，睡得更安稳。

学会知足，才会感恩，也才会懂得珍惜。而懂得珍惜现有的人往往会得到更多。所以，我们要知足常乐，开心快乐地走完自己的人生路。

美好的东西数不胜数，我们总是希望得到尽可能多的东西。其实欲望太多，反而会成了累赘，还有什么比拥有淡泊的心胸，更能让自己充实满足的呢？

14 给浮躁的心灵排排毒

假如我们能换一种思维模式，别总是专拣自己的弱项、劣势去比人家的强项、优势，比得自己一无是处。应该把眼光放低一点，学会俯视，多往下比一比，想必生活会多一份快乐，多一份满足。生活中的许多烦恼都源于盲目与别人攀比，而忘了享受自己的生活。

不要盲目地去羡慕别人如何如何，每个人的生命都有欠缺，好好数数自己的优点，换位思考，你就会发现你所拥有的绝对比没有的要多出许多。而缺失的那一部分，虽不可爱，却也是你生命的一部分。接受它并且善待它，你就不会再与人做无谓的比较了，你就会更加珍惜自己所拥有的一切。

一天，上帝酒足饭饱之后，突发奇想：假如让世界上的每一位生存者都再活一次，他们会怎样选择自己的生活呢？于是，上帝授意给世界上的每一位生存者都发一份答卷，让大家填写。答卷收回后，大家的答案令上帝大吃一惊。

鼠答："如果让我再活一次，我要做一只猫。吃皇粮，拿官饷，从生到死由主人供养，时不时还有我们的同类给它送鱼送虾，生活很自在。"

猫答："如果让我再活一次，我要做一只老鼠。我偷吃主人一条鱼，会被主人打得半死。而老鼠呢？它可以在厨房里翻箱倒柜,大吃大喝,人们却对它无可奈何。”

鸡答:“如果让我再活一次,我要做一只鹰。可以翱翔蓝天,任意捕捉鸡兔。而我们除了生蛋、早上打鸣外,每天还胆战心惊,怕被捉被宰,惶惶不可终日。”

鹰答:“如果让我再活一次,我要做一只鸡。渴了有水,饿了有米,有住房,还受主人保护。而我们呢?一年四季漂泊在外,风吹雨淋,还要时时提防冷枪暗箭,活得多累呀!”

猪答:“如果让我再活一次,我要做一只牛。生活虽然辛苦点,但名声好。我们似乎是傻瓜懒蛋的象征,连骂人都要说懒猪。”

牛答:“如果让我再活一次,我要做一只猪。我吃的是草,挤的是奶,干的是力气活。有谁给我评过功,发过奖?做猪多快活,吃罢睡,睡罢吃,肥头大耳,生活赛过神仙。”

它们的回答虽然让人觉得很有意思,但最有意思的回答却是人类的答案。

男人答:“如果让我再活一次,我要做一个女人,可以撒娇、可以邀宠、可以当妃子、可以当公主、可以当太太、可以当妻妾……最重要的是可以支配男人,让男人拜倒在她们的石榴裙下。”

女人答:“如果让我再活一次,我要做一个男人,可以蛮横、可以冒险、可以当皇帝、可以当王子、可以当老爷、可以当父亲……最重要的是可以驱使女人。”

上帝看完,非常生气:“这些家伙只知道盲目攀比,太不知足了!”他把所有的答卷全都撕得粉碎,厉声喝道:“一切照旧!”

我们应该做到心态平和,知足而长乐。平和是一种人生的美丽,“淡泊以明志,宁静以致远”。不做作,不虚饰,洒脱适意,虚怀若谷。平和是一种经历过挫折和失败后,仍不断奋斗努力,才能历练出的人生境界。它不为虚荣所诱,不为一切浮华沉沦。

浮躁是心灵的毒素。心灵如果有了浮躁的毒素,就应该立刻排除。否则,只能越积越多。真正的宁静,是你学会“放下”的时候,是你学会排除“浮躁”的时候!

郭达毕业后留学美国，身处异乡的他拥有自己的梦想，希望自己能在这里得到成绩，打拼出自己的一条成功之路。他想在美国找到一份满意的工作，于是就拿着自己各种证书到处求职。但他跑了很多大公司，却没有一家公司愿意聘请他担任重要的职位。他感到十分困惑，自己拥有博士学位，怎么就找不到一份像样的工作呢？但几天以后他冷静了下来，他想：或许我真的有不适应高层的地方，需要我慢慢地发现。既然是这样，那么我就安心地先找一份简单的工作来干吧！

于是郭达收起了他的所有学位证书，到一家跨国公司申请做一个“程序录入员”，于是他马上被录用了。

这份简单的工作对于拥有博士学位的郭达来说根本就是小菜一碟，但他仍然一丝不苟，十分投入地做自己的工作。慢慢地，主管发现他能找到程序中的错误，并加以改正，非常不简单，一般的程序录入员绝对做不到这一点，于是感到奇怪。

在主管的询问之下，郭达亮出了自己的学士学位证书。主管吃惊了，马上向上级汇报，他感觉一个拥有学士学位的人才只做一个程序录入员太可惜了。老板发现后也很高兴，就马上给郭达调到了一个更好的位置。

郭达在新的岗位上依然干得兢兢业业，这个时候，他已经有了更多的机会和老板接触。老板发现郭达不同于一般的大学生，因为他提出的建议常常显得与众不同，很有价值。于是老板找他单独谈话，郭达又在谈话的时候拿出了自己的硕士学位证书。老板很高兴，马上提升了郭达。

又过了一段时间，老板发现郭达在新的岗位上还是卓越不凡，而且他似乎很适合在高层工作，就又找他谈话。这一次，郭达才拿出了自己的博士学位证书。老板笑着问他：“为什么当初不直接拿出博士学位证书呢？”郭达回答说：“我虽然学位很高，但缺乏工作经验和社会经验。在从程序录入员开始一直到现在的日子里，才是我真正学到东西的时间，现在的我才有能力和资格担任公司里的高层职务！”

就这样，老板对他的能力已经完全了解了，所以就毫不犹豫地对他委以重任。而郭达也就从此拥有了施展才华的空间和机会。

浮躁的人永远飘在空中,不能够脚踏实地,就像断了线的风筝一样随风飘荡。只有像郭达这样选择务实,才能站稳脚跟。无论是有资金、有才华,还是有人脉,这些都不是让自己变得浮躁的理由。相反,越是有基础、有资本,就越是应该冷静、谦逊、平和,认真地面对自己的每一个工作和每一个阶段的处境。这样的人是睿智的,因为他们知道自己的价值该如何体现,也知道自己的未来该如何创造。他们避开了浮躁不安、骄傲自大的泥潭,将自己引领到了成功的彼岸。

作为企业的员工,对成功的追求与渴求非常正常,但必须把心态调整好,不可以急于求成,幻想在最短的时间里,在各个方面都做到最优秀。急于求成的心态往往会让我们与成功失之交臂。如果我们想取得长久、稳定的成功,就必须静下心来,摆脱速成心理的牵制,看清人生最根本的目的,一步一个脚印地走下去。只有这样,才能达到自己的目的,最终走上成功的道路。

在这个物欲横流的时代,人人都可能有过浮躁的心理,关键看你怎样去正确把握这种心理。我们的一生是同浮躁斗争的一生,只有能够调控自己心理的人,才能主宰自己的人生。只有真正拭去心灵深处的浮躁,才能找到幸福和快乐。

15 释放压力,让我们一起和浮躁说再见

如今人们最深的感受是忙和累!不仅生活紧张忙碌,身心疲惫,还承受着巨大的工作压力。压力太大,活得太累了,如果压力不能得到及时的宣泄和放松,那么只会越来越重,让你不堪重负,从而严重影响生活和工作。为了健康生活,我们要学会积极减压,给压力一个自然的出口。

张萌曾经是北京一家科技公司做销售代表。由于丈夫工作调动,她随丈夫南下来到上海。通过应聘,成功进入一家医药公司继续做销售代表。由于她在销售方面积累了较丰富的经验,很快成为了公司的销售精英。公司将她提拔为区域销售经理,

负责管理一个销售团队。张萌是一个责任心特别强的人，对下属的要求非常高。由于公司每个月都要进行业绩考核，她绝不允许自己团队的业绩比别的团队差。因此每当看到下属对工作不负责或者不能按时完成任务时，她就特别生气。为了完成销售业绩，她常常加班加点，不能很好地照顾两岁多的儿子。对此，丈夫不时有一些抱怨。最近，她越来越觉得工作与家庭难以兼顾，感到压力越来越大。公司又不断地再提高销售任务，她更感到吃不消，工作的热情迅速降温。她曾想辞掉工作，好好休整一下，但一想到儿子刚刚上幼儿园，家里积蓄不多，丈夫收入又不高，很快便打消了这个念头。张萌怀着忐忑不安的心情找到了心理医生，希望知道如何化解自己的压力？

心理医生与张萌深入的交流，发现张萌的语言表达能力、沟通能力非常强，喜欢与人交往、乐于助人，并且有较强的社会责任感，性格活泼开朗、兴趣广泛、办事积极干脆，适合做一名销售员。但她的组织能力、决策能力和领导能力相对较不足。心理医生认为：她的压力正是来源于她从职员升任为中层主管后，欠缺必要的管理技能所致。因为她可以很出色地完成自己的销售任务，但不能很好地领导团队，不能很好地协调团队成员之间的关系，再加上自己生性好强、喜欢追求完美，因而产生了很大的压力。

心理医生根据张萌的实际情况，给她提出了一些建议，告诉她如何消除压力源，如何提升管理能力，结合自己的优势，扬长避短等。通过与心理医生的沟通，张萌豁然开朗，轻松了很多。她说："此次心理咨询，不但清楚了自己的问题所在，还找到了解决问题的方法。在咨询过程中可以畅所欲言，让压抑的心情得到最大限度的释放，非常有效地缓解了工作压力。"

由于社会竞争越来越激烈，就业压力越来越大，职场人士每天都生活在巨大的压力之中。很多人的问题自己始终没有办法解决，此时，找专业的心理咨询师咨询是个不错的选择。不但让你摆脱痛苦，还能提供方法，为以后的工作、生活打下更好的基础。

压力虽然看不到，摸不着，但我们每个人都能感受到它的存在。当上司要求你在很短的时间内完成很多任务的时候,当知识飞速更新要求你不断掌握的时候……压力就存在于这些生活与工作的方方面面中,对我们时时发生着影响。

释放压力,可以感到心情轻松许多,不会再为压力而烦恼了,你就毫不犹豫地去做。压力没有了,浮躁也就没有了。以轻松的态度去做事才更容易成功!

浮躁是人生的大敌。浮躁的人缺乏一颗平常心、从容心和淡定心。他们的思想往往脱离实际,泛“空”、泛“大”。很多时候,浮躁的人只看到了火箭的速度,却看不见执著的精神;只愿享受飞翔的快感,却不愿脚踏实地、一步一个脚印地工作。在这种心态驱使下,盲目求“大”、求“高”、求“快”,用浮躁的心操控着自己,最后往往会在虚幻中迷失自己。

摒弃心中的浮躁,保持强烈的事业心和责任感,不为功名利禄所扰,耐得住寂寞,抗得住诱惑。正如诸葛亮所云:“非淡泊无以明志,非宁静无以致远。”

拒绝浮躁,要扎扎实实静下心来工作。浮躁往往会造出虚浮浅表的“泡沫”,使人得到暂时的鼓舞。但这往往是昙花一现,之后就没有什么可持续发展的了。人们的奋斗是一个从小至大的长期过程,不同时期有不同的目标,有的事情要干十几年,有的甚至需要付出终生的努力。不论时间长短,关键在于要有一个踏踏实实做事的态度。做学问也好,干工作也罢,都应该一步一个脚印、一步一个台阶地循序渐进。少些浮躁,多些脚踏实地。外界的环境,自身的修养,人生的经历,成长的环境,都会对我们产生或好或坏的影响,我们要学会鉴别、感悟和总结。

浮躁对应的是沉静。那是一种自省,也是一番彻悟;是柔韧的力,是洞明人生与命运的智慧。只有摒弃心灵深处的浮躁,才能找到幸福和快乐。幸福和快乐其实就在我们每个人的心里。只要你愿意,随时都可以支取。

愿我们每一个人,都有一份从容淡定的心态,让我们一起和浮躁说再见。

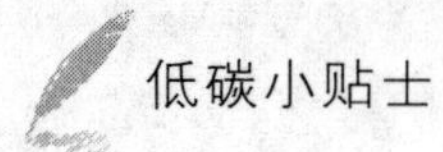

低碳小贴士

这些是你应该知道的

每天被我们丢弃的可乐瓶和被称为白色垃圾的塑料袋、一次性塑料餐盒，属于高分子聚合有机物，如果埋在地下的话，就是100年200年也烂不掉，它还会使土壤板结，降低土壤的肥力，甚至使土壤失去耕种的能力。

在我们的生活中，经常会扔掉各种各样的废塑料，经处理后还可制成纽扣、笔筒等用品。废塑料也是炼油的好原料，有人曾经形象地将它们比作“二次油田”。1吨废塑料至少能回炼600公斤的汽油和柴油。

在回收站，我们看到各种各样的废纸被送到这里，包括这些不起眼的小纸片。我们知道，好的纸张是用木材造成的，1吨废纸可再造700公斤好纸，可少砍17棵大树，还能减少生产纸浆过程中的水污染。

我国废纸的回收率只有20%左右，每年不得不大量进口废纸。我们为什么要从别的国家进口废纸来做造纸的原料？为什么我们不能最大限度的回收废纸，而是听任它们混在垃圾里埋掉或者是烧掉？中国的林木资源只有世界平均值的1/4，中国的江河湖泊已由于造纸的污水排放而严重污染。如果按照每人每周扔掉各种废纸平均半公斤的话，那么仅北京一个城市一周就要扔掉废纸6000多吨。

垃圾，只有混在一起的时候才是垃圾，一旦分类回收就都是宝贝，就连那种被称为“微型杀手”的废电池也是可以化害为利的。我们生活中用的电池，一般都含有汞或镉等有毒的重金属，这些重金属如果留在地下就很容易通过雨水浸入到地下水当中。这种污染是很难排除，生物学半衰期大概是30年，也就是30年才能排出一半。因此这个对人的危害特别大。废电池里含有多种有用的金属矿物，回收利用的价值很高。正因为废电池有严重的危害和特别的回收价值，许多国家严禁它们与垃圾混置，日本的社区专门有黄色的桶，将纽扣电池等分别投放。

中国有着回收废品的历史传统，我们过去回收废物，或许只是受贫困经济制约的不得已的手段;在逐渐富裕的今天,我们回收废纸,则是保护环境的自觉意识和行动。因为我们清楚的知道,我们所捡回来的不止是一张张的废纸,那是我们的子孙安身立命的森林和河流。

践行低碳生活方式,和谐你我共有家园!